THE CULTURAL CONSTRUCTION OF NANYANG CHINESE COMMUNITY IN LATE QING AND EARLY REPUBLICAN CHINA:

DISCOVERY OF A CULTURAL SPACE

薛莉清 著

晚清民初
南洋华人社群的文化建构
一种文化空间的发现

生活·讀書·新知 三联书店

图书在版编目（CIP）数据

晚清民初南洋华人社群的文化建构：一种文化空间的发现 / 薛莉清著. —北京：生活 · 读书 · 新知三联书店，2015.7
ISBN 978-7-108-05195-0

Ⅰ. ①晚… Ⅱ. ①薛… Ⅲ. ①南洋－华人社会－文化－研究－近现代 Ⅳ. ① D691.7

中国版本图书馆 CIP 数据核字（2014）第 282698 号

责任编辑 邵慧敏
装帧设计 康 健 张 婷
责任印制 宋 家
出版发行 生活 · 讀書 · 新知 三联书店
（北京市东城区美术馆东街 22 号 100010）
网 址 www.sdxjpc.com
经 销 新华书店
印 刷 北京市松源印刷有限公司
版 次 2015 年 7 月北京第 1 版
2015 年 7 月北京第 1 次印刷
开 本 635 毫米 × 965 毫米 1/16 印张 24
字 数 287 千字
印 数 0，001－6，000 册
定 价 46.00 元
（印装查询：01064002715；邮购查询：01084010542）

目 录

Acknowledgements

This is a good chance to express my strong gratitude to all who have helped and supported me during my dissertation writing period.

I would first like to thank my supervisor, Associate Professor Wong Sin Kiong of the Department of Chinese Studies, the National University of Singapore, for spending time on guiding and discussing with me. Without his encouragement and guidance, I cannot imagine that I can finish my dissertation. There is no word to express my gratitude and respects to my life-long mentor.

From the bottom of my heart, I am grateful to Assistant Professor Xu Lanjun (from the Department of Chinese Studies of NUS), who is a member of my dissertation committee. I cannot forget the experiences on dissertation writing that she shared with me. And I always felt her warm heart and it comforted me so many times, when I felt helpless, depressed and hopeless during the very hard time in my life.

Definitely, I must give a big thanks to Associate Professor Yang Bin (from History Department at NUS), and Associate Professor Cheng Yinghong (from History Department of University of Delaware and Senior Visiting Fellow of Asia Research Institute). Thank them for spending time on reading the draft of my dissertation and giving me so many brilliant advices.

I am also grateful to Associate Professor Xiao Chi, another member of my dissertation committee. His introduction of the newest research trends and lots of discussions on the social events always inspired me.

Assistant Professor Vivien Wei Yan, from Lingnan University, is whom I would like to express my gratitude to. I learnt a lot from her and we shared a lot of girl's secrets with tears and smiles. And her optimistic attitude always inspired me.

Big Thanks for faculty members in the Department of Chinese Studies of NUS. They are Associate Professor Lee Chee Hiang, Associate Professor Lo Yuet Keung, Associate Professor Yung Sai Shing, Associate Professor Ong Chang Woei, Associate Professor Koh Khee Heong, Associate Professor Lam Lap, Assistant Professor Nicolai Volland and Dr Yang Lijun.

I am also grateful to the inspirations from some faculty members of the History Department of NUS. Associate Professor Huang Jianli is always concerned about my dissertation. Assistant Professor Chua Ailin and Assistant Professor Lee Seung-joon always share their unique opinions on the Southeast Asia studies with me.

I would like to acknowledge all the administration staff and librarians of NUS. Thank them for the assistance and material support.

There are so many outstanding scholars at other universities I would like to express my strong gratitude to. Professor Paul. G. Pickowicz, from the History Department at UCSD, is always very generous and kind to share his sharp and creative ideas and research experiences with me. He discussed with me several times on the methods of the travel writing studies and his historical advices are always very deep. Professor Wu Xiao'an from Peking University, is the one that I owe a debt of gratitude. Professor Wu gave me a lot of training on Southeast Asian Chinese studies and also gave me a lot of advices on the research perspective. Assistant Professor Luo Liang, from Kentucky University, kindly discussed my research approaches with me and gave me some aspiring advices. Professor Zhuang Guotu and Professor Zhang Kai, both from Xiamen University, gave me so warmhearted support on research sources. Professor Chen Chunsheng, from Sun Yat-Sen University (Guangzhou), generously shared his research sources with me. Professor Xia Xiaohong, from Peking University, also offered me some clues on research source searching.

There is still a special person I would like to thank. He is Associate Professor Tee Kim Tong from National Sun Yat-Sen University in Taiwan. I still remember very clearly that Prof. Tee and I discussed the Chapter 3 of my dissertation in a cafe at Terminal 2 of the Changi Airport, from there he would fly back to Taiwan. When I write this, I am still touched by the scene.

Another scholar from Taiwan that I want to say thanks is Associate Professor Ko Chia Cian, from National Taiwan University. Professor Ko is very kind to share some research sources and his fantastic academic paper with me.

Research is often an interesting as well as isolated experience but this has been made much less so by the company of the other graduate students and friends. My sisters Dr. Zhang Huimei, Hong Lan, Pan Ping, Gu Haiying, Liu Yi and so on accompany me, help me, monitor me and comfort me all the way down. Without them, I would not be happy. A lot of my classmates gave me support. Thankful word is no need to them as I am always stand aside them. Guys, you know who you are.

I also would like to express my gratitude to a lot of local friends, who helped me generously and inspired me a lot. And I am always touched by their tolerance and humility and love to me.

When I was in the last phase of the dissertation, bad news came from my family that my father must have a medical surgery because of the heart attack. Luckily, he overcame it and recovered soon. Here, allow me to thank God first as my family is blessed. And I owe the debt of gratitude to my brother, Xue Fengqing. I appreciate him and his wife Chen Miaomiao of course, very much, as he took a very good care of our parents for so many years when I am abroad, even in the hard period. He also comforted me when I was nervous and anxious on some family matters. Thank you, brother! Our hearts are always together.

Some things do not change, I wish to thank my parents and family for always being there for me.

Abstract

This dissertation investigates some critical issues in the formation of the cultural identity of the Nanyang or Southeast Asian Chinese through analyzing cultural space of and in the Nanyang.

First of all, this thesis establishes the late 19th century as the formative era for the cultural identities of the ethnic community. The existing scholarship treats early period of the post-World War II (1950s-1960s) as the formative period of Southeast Asian Chinese identity. Before this period, the identity of Chinese in this region was taken for granted to be Huaqiao, which means overseas Chinese loyal to China and attached to China without their own subjectivity. This assumption leaves out the evidence of a developing sense of subjectivity and diverse natures of many locally formed Chinese communities in the region without reasonable explanation. This dissertation argues that the subjectivity of Nanyang Chinese was formed when they were named and controlled by different agencies during late Qing.

Secondly, the thesis argues that the Chinese travelers (literati, merchants, military officers, political activists, monks, etc) not only perceived and observed but participated in the formation of the cultural identities of the ethnic community, thus made the process more complex since the "Self" was mixed with the "Other" in the development. From the mid-1800s to the 1920s, more and more Chinese emigrated from China to Nanyang. At the same time, numerous Chinese travelers accompanying with this largest mass Chinese immigration wave, came to the Nanyang region for business, religious, political, educational, journalist and literary purposes. Their perception of the Nanyang was shaped by the literature of various types about the space they read prior to the journey, which they found later quite different from the ground reality. Different from non-Chinese travelers of the time who "gazed" at the local Chinese communities from distance, these Chinese travelers often felt compelled to or simply naturally engaged in socio-political activities of their fellow countrymen in the colony within spaces such as private houses, restaurants, markets, amusement parks, cinemas, mine fields, factories, museums, temples, schools, and rubber plantations. In this process they helped or even took leadership role of the local Chinese communities in their resisting, communicating and sometimes compromising with different powers (such as colonial, indigenous etc.) under different circumstances. It was in this process that the original perception of the Nanyang Chinese as the "Other" , constructed before they arriving the place, was tested, reconstructed and mixed with the knowledge and experience derived from their direct engagement in the place. Their own identity as an outside observer was also transformed to or mixed with an active participant of the local affairs. In other words, the "Other" and "Self " entered into each other.

Philip Kuhn's research from economic-history perspective leads to a similar conclusion : Chinese migrants and the creole populations started to form their own separate communities, as the competition between the two also grew (Kuhn 2008). Travelers acted like glue in bringing together not only the cultural elements of themselves and migrants from different parts of China, but also the elements of modern and traditional, Western and the colonial local cultures. The travelers created a common ideology within the

Nanyang Chinese community. Therefore, in this complex process that the unique ethnical-symbols (such as the type of cuisine, clothing, local dialects, associations, rituals and festivals and literature and arts) of Nanyang Chinese that combined the cultural elements of Southern China, Nanyang and the West gradually took form.

As the Chinese society faced different press groups in colonial Nanyang, this research tries to create a multi-poles model to replace the popular two-side interaction research model in Nanyang Chinese studies. This model puts the Nanyang Chinese community in a multi-power field with several types of cultural space and observes also measures the strategies that these Chinese migrants choose for interacting with others. From this, the research tries to reveal the Nanyang Chinese community's own cultural characters. The theory of urban studies such as Lefebvre's space theory was applied to discover and analyze the cultural space in Nanyang society.

My research, from a historically evolutionary perspective, shows that a culturally independent category of such an ethnic group had taken form long before the formation of the political identity. This approach can be applied to studies of the Chinese overseas elsewhere.

序

自从19世纪中叶大量华工出洋谋生，“南洋”一词就经常出现在中国人的口语和文献中。从清朝末年到民国初年，经过官员的报告、文人雅士的游记、归侨的口耳相传，不同地区和不同身份的中国人对南洋有许多不同的意象：蛮荒之地、遍地黄金之所、椰风蕉雨浪漫之境等，不一而足。有的惊讶于南洋地区群聚如此多的华工和华商，而建议政府委派领事保护侨民兼招商引资；有的迷惑于当地土著和土生华人的奇风异俗而大作惊艳文章；有的佩服华工的吃苦耐劳和爱乡爱国精神而大叹民气可用；有的目睹华侨艰苦办学传承文化而呼吁祖国支持教学和办报。此时，南洋和中国有了实质的联系和频繁的互动。

中国和南洋的关系和互动，早为学界所关注，但至今还是偏重于“从中国看世界”的角度。莉清博士收集大量的中国人所写的南洋游记，不是介绍和比较它们的内容，也不是一般所谓用文本分析来讨论“他者”南洋，而是抽丝剥茧地从实例中探究南洋文化主体性的建构，再配合西学理论的应用，为清末民初南洋华人社群的文化建构，作出学术上的新论。

和许多游记作者一样，莉清生长于中国。但不同的是，莉清在新加坡教学和进修多年，也广游东南亚各地，将自己置身于历史现场，细心观察东南亚的时代变迁和社会现象，并认真思索学术问题，这种跨地域研究的条件是她的第一个优势。其次，莉清的大学时代在中国接受严格的中国文学教育，来到新加坡后又接受史学和历史人类学研究方法的训练，最后再融合文史，朝向文化研究的学术路径前进，这种跨学术领域研究也是她的另外一个优势。她的学术结晶，可说是跨域研究的成果。

多年来有机会和莉清在学术上切磋，目睹一个有思想和常有独特学术见解的新生代学者的成长，更高兴看到她多年研究的成果出版成书，激发学界的讨论，也为她自己的阶段性学术成果留下完美的句点。可喜可贺，是为序。

黄贤强

新加坡国立大学
原中文系系主任

第一章　绪论

第一节　研究动机

一、从个人困惑到对群体以及区域历史的思考

根据统计，截至 2010 年 6 月，华人占新加坡总人口的 74% 强。[1]当笔者，一个讲普通话和方言的华人初入新加坡时，受到的最大冲击就是语言。语言的冲击问题又首先从华人姓名的识别上体现。一方面，新加坡的许多华人只保留了华人的姓，名字则是英文；另一方面，即使他们保留了华人的姓名，其姓名的拼音拼写法和发音也都根据各自的方言发音执行，这跟普通话的发音和拼写形式有极大的差异。

除了东南亚地区华人糅杂式语言发音带来的差异，另一些差异随着笔者在东南亚、欧洲等地的旅行而逐渐变得明晰。比如本地华人社会对中国大陆的认识与对中国台湾、香港认识的反差，本地社会对宗教信仰的态度，对华人传统文化以及其“华人性”呈现方式等，都让从大陆前来的旅者感到不解，而这种不解是相互的。这些文化上的差

---

[1] *Yearbook of Statistic Singapore, 2011.* http：//www.singstat.gov.sg/stats/themes/people/demo. html（2011 年 11 月 25 日）。

异，完全打破了笔者来新加坡前对一个“多数人为华人”的社会的文化想象和认同。

个人遭遇的文化困惑，促使笔者思考族群的认同、族群文化身份以及本地社会尤其是华人族群的文化特征和主体性等问题。而对这些问题的探究又引出了中国与东南亚的关系。Philip A. Kuhn 在 2006 年发表的文章《为什么中国历史学者必须研究离散华人，反之亦然》（*Why China Historians Should Study the Chinese Diaspora, and Vice-versa*）就从方法论和研究对象两方面提出中国历史与离散华人之间相互发现的观点。[1] 也就是说对东南亚华人社群文化建构及其主体性形成过程的探寻也能为重新发现中国、阐释中国历史或者阐释何谓“中国”提供另一个新鲜的视角，反之亦然。

而中国与东南亚的关系从历史到当下因为整个世界经济、政治、文化环境的变化而呈现出不同的面貌。换言之，东南亚华人族群文化认同以及文化主体性的问题，不仅需要用历史纵贯的角度从中国与东南亚的历史渊源着手探寻，也需要从历史横切面上的世界环境变化中找寻原因。

基于东南亚华人社群及其文化的重要性，笔者确定了本论文的研究方向：对 19 世纪末和 20 世纪初，中国近现代朝代更替时期爆发的大规模南洋移民潮与南洋本土社会华人社群文化的建构关系进行研究。本论文的研究目的是：一方面考察此社群文化本身形成的原因、过程以及表现特征；另一方面则考察其与生活在中国的华人族群之间的关系，同时考察该研究对重新阐释甚至重新书写中国近现代史的意义。

[1] Philip A. Kuhn, “Why China Historians Should Study the Chinese Diaspora, and Vice-versa”, *Journal of Chinese Overseas*, Vol.2, No.2, 2006, pp.163-172.

要达到此研究目的，笔者必须解决一些具体问题。自1511年葡萄牙人占领马六甲开始，欧美殖民者逐渐在南洋展开殖民统治。鸦片战争后，中国被迫开放国门，大批华工来到东南亚。为了保护东南亚的华人并拉拢他们心向大清，为大清的改革出钱出力，清朝于1877年在南洋（新加坡）设立了领事馆。当时的南洋华人富商胡亚基担任了大清驻南洋的第一任领事。更为复杂的是，20世纪初，日本也开始觊觎南洋。日本政府联合其南洋移民与南洋的华人移民之间展开经济争夺。在这样的背景下，本论文的问题意识是：19世纪末和20世纪初，在移民母国中国、殖民政府和马来土著政权以及南进的日本这几股势力的纠葛中，南洋华人如何形成主体性，具有何种主体性特征？他们如何构建南洋华人文化共同体/文化圈的意识？南洋华人文化共同体/文化圈和“侨民意识”之间有什么样的关系？除了中国移民外，中国来的旅行者在南洋华人文化建构中起了什么样的作用？

二、珍贵文本资料的发现

旅人在出发前大都会阅读各种史地资料、官方介绍以及旅行者的游记，从而对目的地进行了解。旅人的阅读资料对近现代南洋社会华人社群文化研究有着重要而特别的作用。笔者的导师在学术研究中早已收集到一些珍贵的近现代南洋游记，在研究材料上为笔者提供了宝贵的线索和文本。研读这批文本以及相关研究，让笔者发现了一些有趣的现象。第一，目前对于中国的游记，研究大都集中在古代山水游记部分，而且主要集中在文学研究的领域。这些研究着重分析、探究中国古代文人模山范水的范式、文体、文风、意蕴、文化符号的形成等。[1]第二，一些古代域外游记已经被广泛用于外国历史研究或者中外文化交流史的研究，比如法显的《佛国记》、马欢的《瀛涯胜览》、周达观的《真腊风土记》等，但数量并不多。第三，一些中国近现代域外游记开始受到重视。学者们纷纷展开对郭嵩焘、薛福成、梁启超、康有为、王韬、钱单士厘等人的日本或者欧美游记的研究。然而，中国旅行者的南洋游记却鲜少有人注意。

分析中国近现代出版业和出版书目信息，可知域外游记在近现代时期的出版达到了非常兴盛的阶段。根据贾鸿雁的统计，民国时期共出版了 608 种游记图书，而域外游记就有 226 种，[2]占出版游记的 37.1%。1912—1937 年战前时期出版游记 381 种，其中域外游记有 145 种，约占此时期出版之游记的 38%；南洋游记（包括专书和片）有 30 多本，约占此时期域外游记的 20.6%。[3]而南洋游记文章则散布于当时的各种报纸、杂志，数不胜数。

---

[1] 如小尾郊一著，邵毅平译：《中国文学中所表现的自然与自然观》，上海：上海古籍出版社，1989，原著作于 1962；王国璎：《中国山水诗研究》，台北：联经出版事业公司，1986；顾彬（Wolfgang Kubin）著，马树德译：《光明的山：中国文人的自然观》，上海：上海人民出版社，1990；丁成泉：《中国山水诗史》，武汉：华中师范大学出版社，1990；李文初：《中国山水诗史》，广州：广东高等教育出版社，1991；葛晓音：《山水田园诗派研究》，沈阳：辽宁大学出版社，1993；侯思孟（Donald Holzman）：《中国上古和中古早期的风景鉴赏：山水诗的诞生》（*Landscape Appreciation in Ancient and Early Medieval China : The Birth of Landscape Poetry : Six Lectures Given at National Tsing Hua University, February-March 1995*, Hsin-Chu, Taiwan : Program for Research of Intellectual-Cultural History, College of Humanities and Social Sciences, National Tsing Hua University, 1996）；陶文鹏、韦凤娟主编：《灵境诗心——中国古代山水诗史》，南京：凤凰出版社，2004；萧驰：《中国抒情传统》，台北：允辰文化股份有限公司，1999；萧驰：《佛法与诗境》，北京：中华书局，2005；林文月：《山水与古典》，台北：纯文学出版社有限公司，1984；章尚正：《中国山水文学研究》，上海：学林出版社，1997；蒋松源：《历代山水小品》，武汉：湖北辞书出版社，1994。以上著作都对模山范水式的中国古代游记进行了文学领域的研究。

[2] 贾鸿雁：《中国游记文献研究》，南京：东南大学出版社，2005，页 114，116。

[3] 此处涉及的数据为笔者根据贾鸿雁《中国游记文献研究》附录二“民国游记书目”进行统计得出。

这些域外游记的出现当然离不开当时的旅行热潮。近现代时期，引领文坛的创作者和批评者大都有域外旅游的经验，而且国内、国外游历之风潮已经波及整个中国的知识分子阶层。党、政、军、商、学、宗教等各个领域都涌现出一股或主动或被动出游的潮流。而这种潮流显然与魏晋南北朝时期开始，谢灵运等人向山林出游，寻求人生的感悟和美学境界，相比从目的、形式到内容的全然不同。[1]谈到旅行，当时的人们认为旅行是活的学问，“我们要研究自然科学，就该出去旅行，实地去看自然界的现象；要致力于社会科学，自然要到社会内层去探求”[2]。可惜的是，近现代大批域外游记尤其是南洋游记却既没有在文学研究领域也没有在历史研究领域、文化研究领域或者区域研究领域内获得足够的关注。

本论文认为游记不仅仅是文学的研究对象，它更是一种交叉性极强的跨学科文本。从文学的角度，除了可以采取从文本本身的美学角度和文学社会学角度来对其进行研究，还可以以比较文学的传统手法来研究游记中的异国形象和“我者”与“他者”之间的文化交流或交换。从文学史研究的角度对南洋游记甚至域外游记进行研究是近年来较为热门的话题。我们还可以从人类学角度来研究南洋游记文本，因为每一份游记都可被看作一种业余人类学家或者有些就是专业人类学家作的田野调查，如《南洋猎头民族考察记》[3]就是一部人类学家所作的带有田野调查性质的科学游记。研究南洋游记还有其他很多角度，比如心态史研究的角度、文化研究角度（政治、经济、宗教、教育）。随着新历史学的兴起和对传统史学材料的解构，越来越多的史学家敢

[1] 当然，魏晋南北朝时期除了谢灵运等开创的山林美学游以外，大多数是宦游。

[2] 赵君豪:《王云五先生访问记》，载《旅行杂志》，1937年，第11卷第1期，页109。

[3] Alfred Cort Haddon, *Head-hunters: Black, White and Brown*, London: Methuen, 1901.

于使用游记来进行历史学研究。近年来把游记作为地理学研究的材料也不乏实例，如对《徐霞客游记》的研究。而采取一个确切可行的、跨界的研究方法对南洋游记进行研究将使南洋游记发挥最大的文本作用。如何使用好这样一种以域外社会现实为观察、记录、评论对象的文本，将之很好地运用在海外华人社会文化研究的领域里，甚至南洋华人以及中国近现代历史研究的领域里？本论文将尝试在材料使用上作出方法论上的探索和贡献。

除了南洋游记是本论文的主要研究文本外，本论文还将使用官方档案、报纸、书信等材料，以与游记进行比较，或者以之考证游记所记内容是否符合史实，从而为接下来的分析打下史实基础。

第二节　研究范围

一、文本范围

本论文主要以近现代南洋游记为主要研究范围。游记现在仍是一个备受争议的课题。争议的关键在于游记是否为文学。按照中国文体分类系统，一部分游记被归类为“舆地”类，一部分则在“史”部，还有一些则在集部“散文”类。这种分类显然带来第二个争议：游记的文体是否属于散文。事实上，还有一部分游记如《老残游记》是属于游记小说类，而一些笔记、海员航海日记等从内容到形式都极其繁杂的游记文本则更难以被定位为一种确定的文类。在这种情形下，把游记当作一个次文类进行归类的心态，将使游记的概念界定显得混乱，并进而导致游记研究的被边缘化。那么游记是什么？我们是否一定要把它归属于某一门学科的门类？游记是否可以自成为一个研究话题从而跳出文类探讨的窠臼？英国诺丁汉大学游记研究中心的成立以及其学术期刊《游记研究》的出版标志着对游记研究的全新视野。研究中心宣称将宽泛地定义游记，鼓励（对游记文本进行）多样化、跨学科的研讨。[1]这样的一种研究原则是符合游记本身的特质的。争议三：游记的内容是否该包括神游、卧游等想象之游。一些学者例如郭少棠在其著作《旅行：跨文化想象》中就把旅行分为三种层次：旅游、行游和神游。[2]相应的就产生一些神游游记，郭少棠举了屈原的《远游》等“仙游诗”，《西游记》、《镜花缘》、《格列佛游记》、《堂·吉诃德》等游记小说。[3]而神游“划分的意义正是中国与西方旅行概念不同之所在”[4]。

针对第三项争议，我们有必要厘清“游记”包含的本质意义。“游”指从一地到另一地的过程。这个过程包含游的主体——游者，也包含游的客体——游者所接触到的外界。这个过程就是游的主体在从一地到另一地时沿途与游的客体之间的互动。这个过程包含的可能是无限的。“游”的主体可以是有目的的，也可以是无目的的，而这就直接导致“游”可能是有重点、有焦点的主动地与客体互动，也可能是零散而无焦点的被动地与客体互动。“记”，本身就是一个有意识的书写动作。当有意识地去记录一个从一地到另一地的过程时，这种写作意识直接决定了对于旅程中无数的可能进行选择、重组，然后记录的动作。因此，游记有了“记”的动作后，所记之“游”就都是有意识之游，它必须包括真实的游踪。因此，笔者根据以上“游记”的特征进行判断，

[1] http：//www.ntu.ac.uk/hum/centres/english/travel_writing.html 以及 http：//www.tandf.co.uk/journals/titles/13645145.asp（2010年10月20日）。

[2] 郭少棠：《旅行：跨文化想象》，北京：北京大学出版社，2005，前言，页3。

[3] 同上书，页151—187。

[4] 同上书，前言，页5。

认为梦游和神游不属于本论文的研究范围。

综上所述，我认为游记就是主体（游者）有意识地记录下其真实游踪中所遭遇的客体，以及因客体而引发的主体情绪和思考的文本。它体裁多样化，内容跨学科。如果一定要将笔者定义的游记跟我国古代文类中的“游记”进行区分的话，笔者认为本论文所研究的游记是广义上的游记，它包括杂记、笔记、日志，这类广义上的游记也可称为旅行书写。[1]

本研究关注的南洋游记主要是指游者离开居住国来到南洋旅行的游记。根据游者的居住国或居住区域，南洋游记又可分为中国人的南洋游记、日本人的南洋游记、欧洲人的南洋游记等等。本文主要讨论的是中国人的南洋游记。别国或地区旅行者所写之南洋游记对研究南洋文化、南洋华人社群文化同样具有相当高的研究价值，根据长期的研究计划的步骤，这将放在下一步的研究中进行单独的或者与中国旅行者南洋游记进行比较式的研究。

民国初年的南洋游记大量为单篇，散布在各种报纸杂志中，要在短时间内靠个人的力量收集齐是极困难的任务。另外，尽管在某些研究中，资料的数量能让研究更准确，但是资料数量并不是解决问题的关键。只要样本足够多样化，流通度足够广泛，就足够支持研究，利于解决问题。本研究对《全国总书目》、其他学者的研究以及对各图书馆馆藏进行调查，寻找到以下专书信息（有些南洋游记部分包含在世界类游记专书中）（见表一）：

[1] 为了叙述的方便，本论文依然使用“游记”一词，但它显然指广义的游记。

表一　民国初年南洋游记统计表

编号	出版年份	作者	作品名	出版地	作品形式（专书／片）
1	1914	曹鼎钟	《曹少将南洋游览记》	不详	专书
2	1923	傅绍曾	《南洋见闻录》	北京求知学社	专书
3	1920	侯鸿鉴	《南洋旅行记》	无锡竞志女校	专书
4	1924	梁绍文	《南洋旅行漫记》	上海中华书局	专书
5	1926	江亢虎	《江亢虎南游回想记》	上海中华书局	专书
6	1926	陈柏年	《铁蹄下之新加坡》	中国经济研究会	专书
7	1928	黄强	《马来鸿雪录》	上海商务印书馆	专书
8	1929	邬翰芳	《菲律宾考察记》	上海商务印书馆	专书
9	1929	沈美镇	《南居印象记》	上海开明书店	专书
10	1930	刘熏宇	《南洋游记》	上海开明书店	专书
11	1931	卓宏谋	《南洋群岛游记》	北京卓家大院（著者刊）	专书
12	1931	王志成	《南洋风土见闻录》	上海商务印书馆	专书
13	1931	许杰	《南洋漫记》	上海现代书局	专书
14	1932	罗井花	《南洋旅行记》	上海中华书局	专书
15	1933	刘仁航	《天南游记》	上海南洋编译社（先在申报连载，后印单行本）	专书
16	1933	陈枚安	《南洋生活》	上海世界书局	专书
17	1933	郑子健	《南洋三月记》	香港中华书局	专书
18	1936	招观海	《天南游记》	上海暨南大学	专书
19	1937	许瀚	《南洋丛谈》	杭州现代书局	专书
20	1917	景悫	《环球周游记》	上海中华书局	章节
21	（约）1919	乡下人	《欧战中世界旅行记》	著者刊	章节
22	1920	李煜堂口述，佘仲刚笔记	《欧战后十一国游历记》		章节
23	1921	孙绍康	《欧亚环游记》	哈尔滨商业印书局	章节
24	1929	邹鲁	《环游二十九国记》	上海世界书局	章节
25	1931	王勤堉	《世界一周》	上海商务印书馆	章节
26	1932	解人	《归心》	北平大学出版社	章节
27	1933	胡石青	《三十八国游记》（上下册）	著者刊	章节
28	1935	蒋维乔	《因是子游记》	上海商务印书馆	章节
29	1935	陈炳煌	《海外见闻录》	台湾基隆，著者刊	章节

二、区域范围

南洋分为广义的南洋和狭义的南洋。广义的南洋包括印度半岛、马来半岛、马来群岛、澳大利亚、新西兰、太平洋群岛、印度、锡兰。狭义的南洋即今所谓东南亚地区，包括中国以南、印度以东、澳大利亚以北地区。[1] 本文着重于狭义的南洋地区的游记。此处仅从地理学意义上对“南洋”进行简单的区域划分，本论文第一章以及第二章将着重对“南洋”这个文化空间进行阐述。

三、时间范围

本论文研究的时间范围着重在晚清到民国初这个时期。

（一）为什么是晚清到民国初年？

晚清以前，南洋游记写作较少。晚清时开始掀起一股域外游历及游历写作的高潮。这股潮流一直涌至民国初年。但处于这两个时期的域外游历高潮体现出其差异性。这种差异首先表现在游历的人群。晚清的域外游历者多为官派，如游历官员斌春父子、外交使团（蒲安臣使团）、驻外使节、留学生（清朝自 1872 年开始向美国派出四批赴美小留学生）和官派访问团（1887—1889 年清政府派遣的游历五洲二十多国的 12 人海外考察团），也有少数为流亡者如康有为、王韬等。民国时期的游历者虽然也仍然会有国家公派的外交使节、调查团，但是更多的是个体旅行者。他们有的是军人，有的是宗教人士，有的是学生，有的是商人，有的是教育家，还有的是文字工作者，因此，与清朝时期旅行者的差异之一是民国时期官方背景的旅行者比例比较小。

---

[1] 赵正平:《南洋之定义》，载《中国与南洋》，1918 年第 1 期，页 6 — 8。

如果说人群构成上的不同形成了晚清到民国初游历者的差异的话，这两个群体之间也具有内在的延续性：很多民国时期出国游历的官员以及具有一定影响力和号召力的人物大都出于晚清政权。因此，虽然有晚清和民国初两个时期，这些游历人群事实上有从帝国到共和的个体延续性。这就造成晚清和民国初的游历人群呈现一种人员重叠的情况。另外，能够将晚清与民国初的游历者合理衔接成一个虽然相对松散然而亦可将之视为一个整体的，是这两个时期游历者内在关注点的延续性和共通性。无论官派还是个体进行的游历，晚清和民国初的游历者都带有强烈的“救国家于衰亡之际”的意识和使命感。因此，笔者认为将晚清到民国初年的这群海外游历者放在一起进行讨论是合理的。

（二）尽管本论文认为人物和事件并不是在某个极其确定的时间点忽然发生，而认为事情发生具有酝酿期、发生期和延续期，因而不主张将晚清到民初的南洋游记划出一个时间分界的硬杠杠。然而，为了方便叙述，笔者只能提出本研究的起讫年代。本论文的研究起点为1877年，终点为1937年。起点放在1877年，是因为这一年南洋第一个驻外领事馆在新加坡建立，而同一年英国殖民政府也在南洋殖民地建立了华民护卫司（Chinese Protectorate），专门管理当地华人社群。这两大机构的成立，开启了中国政府在海外与殖民地政府对华人资源进行争夺的过程。这两种势力纷纷就“南洋华人”进行命名，并为此独特群体制定相应政策进行或控制，或拉拢的行政行为、政治行为。伴随着这两个机构划分人群的过程，面对其不同的治理方法，南洋华人灵活地借助与不同的势力展开对抗和对话，而南洋华人的主体性也就在这样的对抗或妥协的对话过程中逐渐浮现、清晰、巩固。

之所以将1937年定为下限，是因为1937年始中国进入抗日战争时期，而整个世界在1939年卷入“二战”，进入世界大战的紧急状态。在这样的背景下，南洋华人全力以赴地支持中国抗日，先前浮现、发展的南洋华人主体性暂时发生了某种新变——本论文认为这个战争紧急时期需要开展另外一个研究计划来进行研究，以便对以往的南洋华人“更加忠于中国”的既定结论进行重新省视和深度剖析。鉴于此，本论文的研究期限将设置在晚清到1937年之间，挖掘1937年前南洋华人主体性浮现、形成的过程和特征，并以此反思被多数研究者统一划分为海外华人华侨期——效忠认同中国期的南洋华人身份认同的研究误区。

第三节　研究理论与方法

一、研究理论

（一）旅行理论

杰姆·克利福德（James Clifford），对理论与旅行、旅行与文化、居住与旅行进行了具有启蒙意义的研究。他提出了一些关键问题：“一个群体如何就外部关系进行协商？文化如何成为他者旅行的处所？空间距离如何从外部得以穿越？一个群体的中心如何变成另一群体的边缘？……从这个角度看，把下列长串名单列入研究边缘大概没有什么问题：传教士、信徒、学者、受过教育的密探、混血儿、翻译家、政府官员、警察、商人、探险家、勘探家、观光客、旅行家、人种学家、香客、仆人、演员、流动的劳工、新来的移民等等。我只是想快点儿举出几个例子——注意以旅行的视角观察文化（连同传统与身份认同)。"[1]

杰姆·克利福德的说法一方面是说各种类型的旅行者都可以是人类学家，而他们的游记文本，不管是旅行日记、航海日志、官员笔记，还是普通的游记，都可以作为人类学家的田野调查笔记来进行社会研究，或者这些文本本身就是区域研究的先驱、开端。这一点我们从西方人的南洋游记中也能清楚地看出。廖文辉就在其论文《战前西方东南亚学研究溯源》中，指出战前西方人关于东南亚的旅行书写是西方人东南亚研究中一个重要的部分。[2]

另一方面，克利福德提出的这些问题也是本论文在对南洋游记进行研究时重点探讨的。除了提出问题外，克利福德对他的旅行文化理论和研究方法作了更明确的解释：他正以城市为中心，为旅行的历史、策略与实践描画一个文化研究比较方法概图，试图揭示居住中的旅行和旅行中的居住。由于旅行和性别、种族、阶级特权、特殊运输方式、修整过的道路、代理、边界等都有关联，他把旅行视作文化的比较。[3]换句话说，创造和从属于不同文化圈的个体的移动，往往造成文化圈相遇、冲突、对话、妥协的现象。因此无论是萨义德(Edward Waefie Said)还是安德森(Benedict Anderson)，在他们的论述中总是多次强

[1] James Clifford, "Travelling Cultures", Lawrence Grossberg et al. (eds.),*Cultural Studies*, New York: Routledge, 1992, p.101.

[2] 廖文辉:《战前西方东南亚学研究溯源》，载《南洋学报》，2009年，第63卷，页9—56。廖文辉此文爬梳了从古代至"二战"前西方游历者的南洋游历书写，资料详备。只是在游历文本与研究文本之间的区分还缺少一定的标准。因此产生了将可被后来学者作为研究资料的游历文本与本身即具有研究性质的文本混为一谈的瑕疵。但廖文是对西方南洋游历文字进行爬梳整理的开拓性文章，之后，定有更为细致的研究问世。

[3] James Clifford, "Travelling Cultures", Lawrence Grossberg et al. (eds.),*Cultural Studies*, New York: Routledge, 1992, pp.105-110.

调朝圣者[1]这个具有旅行者身份的群体在建构东方主义或民族国家过程中的重要性，并以“朝圣者”切入研究。

克利福德对于旅行文化研究所提的问题，其中一个核心是旅行研究中不可避免的“我者”与“他者”的身份建构问题。流行的旅行研究认为旅行是旅者在面对他者时的一种自我反思和自我定义。[2]也就是说，旅行帮助建构的是旅者自身的主体性。而本文的研究通过南洋这个案例，揭示旅行者与南洋华人移民群体之间常常发生“我者”与“他者”身份迁移与混杂的现象，并试图以此为根据重新评估旅行者与被旅行者观察的“他者”之间的关系，从而对旅行“他者”的理论进行补充。

（二）互动理论

在论述南洋华人社群时，一种常见的研究模式是中国—东南亚的两极互动研究模式。文化互动研究一直存在于文化交流以及交通史领域。陈达《南洋华侨与闽粤社会》[3]一书就是一个具体阐述这种文化互动的研究范式。而后曾少聪进行了闽粤地区与中国台湾、菲律宾地区的华人社会文化的互动和差异研究；[4]曾玲《越洋再建家园：新加坡华人社会文化研究》则以新加坡为视野，以“海洋国家与世界互

[1] 萨义德在《东方学》一书中以题为“朝圣者和朝圣行为，英国与法国”一小节来讨论从英国和法国前往东方朝圣的旅者，从拜伦、歌德、夏多布里昂到拉马丁等，是如何在其文学作品中建构东方形象的。而安德森在《想象的共同体》一书中则将殖民地的殖民者和被培养的双语殖民地精英返回或前往殖民母国者称之为朝圣者，而这些朝圣者因为自身带有混杂的文化特质而不被殖民母国接受，最终导致了大批殖民地的殖民者发起挣脱殖民母国建立现代民族国家的革命。

[2] Tabish Khair, “African and Asian Travel Texts in the Light of Europe : An Introduction”, Tabish Khair et al.(eds.), *Other Routes*, London : Single books, 2006, p.5.

[3] 陈达:《南洋华侨与闽粤社会》，上海：商务印书馆，1939。

[4] 曾少聪:《东洋航路移民：明清海洋移民台湾与菲律宾的比较》，南昌：江西高校出版社，1998。

动”理论为切入点，考察中国沿海区域与相关海洋区域、海外地区的特殊社会经济结构。[1] Vivienne Wee 和 Chan Yuk Wah 则提到了中国与东南亚华商的种族性和资本的互动。[2]David Kenley 关注的则是“五四”时期南洋尤其是新加坡华人对“五四运动”的认识和文化继承。[3]

林万菁[4]、郭惠芬[5]则对南来作家群进行研究，提供了一种文化互动关系的文人研究方式。郑一省提出了文化网络的互动概念，着重于研究广西侨乡与东南亚华人华侨的互动。[6] 这些仍主要偏重在或东南亚华人对中国侨乡，或中国对东南亚的单向文化输出上，互动的意义尚不够明显和深入。

刘宏则提出中国—东南亚研究的两极互动模式。[7]这个模式打破了以民族国家为研究对象的既有模式，引入 Mary Louise Pratt 的“接触区”概念来研究东南亚华人。不过 Pratt 的“接触区是指不同文化相遇、冲突和纠结的社会空间，它经常处于一种在支配和从属关系上高度不对称的关系，正如在殖民主义、奴隶制及其至今仍活跃于全球的两者的余波中的情况一样”[8]。这样的研究概念和方式从研究殖民政

[1] 曾玲：《越洋再建家园．新加坡华人社会文化研究》，南昌：江西高校出版社，2003。

[2] Vivienne Wee, Chan Yuk Wah, “Ethnicity and Capital : Changing Relations between China and Southeast Asia” , *Journal of Contemporary Asia*, Vol.36, Issue 3, 2006 , pp.328-349.

[3] David Kenley, *New Culture in a New World : The May Fourth Movement and the Chinese Diaspora in Singapore, 1919-1932* , New York : Routledge, 2003.

[4] 林万菁：《中国作家在新加坡及其影响，1927—1948》，新加坡：南洋大学硕士论文，1978。

[5] 郭惠芬：《中国南来作者与新马华文文学：1919—1949》，厦门：厦门大学出版社，1999。

[6] 郑一省：《多重网络的渗透与扩张：海外华侨华人与闽粤侨乡互动关系研究》，北京：世界知识出版社，2006。

[7] 刘宏：《中国——东南亚学：理论建构 · 互动模式 · 个案分析》，北京：中国社会科学出版社，2000。

[8] Mary Louise Pratt, *Imperial Eyes : Travel Writing and Transculturation*, London : Routledge,1992, pp.4-6.

府与殖民地关系的角度而言是适当的，然而它却无法满足对清末民初处于更复杂区域环境的“南洋”华人社群的研究需要。

1877 年当清政府以及英殖民政府分别在新加坡建立起管理南洋华人的政府机构——清朝驻南洋领事馆以及华民护卫司开始，自鸦片战争以来大批涌入南洋的华人移民即开始了他们被争夺、被压制和利用这种政治势力间的争斗获取自我生存空间的游戏。除了要面对来自移出地（中国）势力的拉拢或者敲诈，南洋华人也要面对当时盘踞南洋的各殖民势力。南洋地区不止一个殖民者。至 20 世纪初，除了暹罗（即后来的泰国）未被殖民外，南洋地区的被殖民情况如下：英国占有缅甸、马来亚、沙捞越、沙巴、文莱和新加坡，面积共 101 万平方公里；法国占有越南、老挝、柬埔寨，建立法属印度支那联邦，面积共 74 余万平方公里；荷兰占有印度尼西亚群岛，建立荷属东印度，面积共 190 万平方公里；葡萄牙占有东帝汶，面积 1.8 万平方公里；美国取代西班牙，占有菲律宾群岛，面积 29.9 万平方公里。[1] 不同的殖民政府在南洋的殖民地盘执行不同的殖民政策，而游走在南洋各个岛屿、陆地、城市和矿场的南洋华人移民也就要跟不同的殖民政府不断进行抗争、妥协和协商。

毫无悬念，本土的马来政权是另一股华人必须面对的势力。除此，另外需要格外关注的是南洋的日本势力。1871 年日本明治政府派出岩仓具视使节团到国外考察。使节团回国后，向政府提交了考察报告，其中“南洋篇”中提出“重视南洋资源论”[2]。自此，日本政府开始关注、鼓励并支持在南洋发展日本移民势力，而这股势力与南洋的华人移民

---

[1] 梁志明：《殖民主义史·东南亚卷》，北京：北京大学出版社，1999，页 19。

[2] 转引自陈艳云：《日据时期台湾总督府对南洋种养业的调查与日本南进政策》，载《求索》，2010 年，第 8 期，页 240。

展开了从文化到经济并进而演变成政治的角力。仍然必须考虑的一个重要因素还有南洋华人社群内部的关系。南洋华人既有其整体性形成的可能，更有内部差异存在的事实。这种内部的差异性既源自于，也产生了华人内部与各种势力之间的关系亲疏的差异。如果不把这种内部差异的因素考虑进去，那么研究会显得粗糙。

鉴于南洋华人处在如此复杂的势力场域，本研究尝试打破上面所举的两极互动模式，为战前（1937年以前）南洋华人研究建立以南洋华人为中心，以中国、日本、殖民帝国和土著为四个极点的交叉网络研究的新模式。（见图一）这种多极互动的新模式补充了两极互动模式的不足之处，同时显示出以南洋华人为中心的立场。需要说明的是，当时南洋华人面临几种势力场域交叉的复杂情况，但这几种势力对南洋华人的影响并不均衡，因此本论文既会关注上述所有的势力与南洋华人的互动，也会有所侧重。

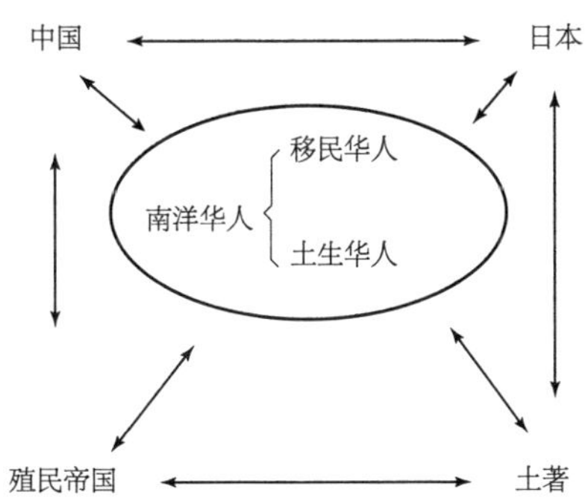

图一　南洋华人社群多极互动研究模式

（三）空间理论

鉴于游记涉及空间的移动和书写以及此两种行为对空间进行的生

产以及体现的空间的生产意义，本论文将采用空间理论作为研究的一种途径。20 世纪预示着一个空间时代的到来，我们正处于一个同时性和并置性的时代，我们所经历的世界更可能是一个点与点之间相互联结、团与团之间相互缠绕的风格。[1] 继福柯之后，以列斐伏尔（Henri Lefebvre）、爱德华 · 索亚（Edward W. Soja）、曼纽尔 · 卡斯特（Manuel Castells）、大卫 · 哈维（David Harvey）、沙朗 · 佐京（Sharon Zukin）、詹明信（Fredric Jameson）等为代表的西方学者致力于空间研究，引领了有关空间学术研究的一次重大转向，从而突破了以往仅从地理、物理概念出发形成的空间概念，形成了对空间思考的两种方向：空间或被视为具体的物质形式，可以被标示、被分析、被解释；或者被解释为一种精神的建构，关于空间及其生活意义表征的观念形态。

法国哲学家列斐伏尔 1974 年出版的《空间的生产》[2] 一书是当代关于空间问题最为重要的著作之一。他提出了社会空间理论，将历史性、社会性和空间性联系起来，引入了社会空间、生活空间以及社会实践和空间实践的概念。其空间概念之核心在于空间的生产。

空间生产这个概念在列斐伏尔那里论述得很深入甚至很透彻。其理论的发明源自于对 1968 年西方国家普遍发生的学生运动的反思。他把都市环境看成革命情绪和革命政治演化的关键。列斐伏尔认为："生产空间是令人惊异的说法：空间的生产，在概念上与实际上是最近才出现的，主要是表现在具有一定历史性的城市的急速扩张、社会的普遍都市化，以及空间性组织的问题等各方面。今日，对生产的分析显

[1] 米歇尔 · 福柯（Michel Foucault）：《不同空间的正文与上下文》，见包亚明编：《后现代性与地理学的政治》，上海：上海教育出版社，2001，页 18—28。

[2] Henri Lefebvre, Donald Nicholson-Smith (tr.), *The Production of Space*， Oxford：Blackwell,1991.

示我们已经由空间中事物的生产转向空间本身的生产。”[1]在以前的理论里，空间仅作为生活和生产的背景、条件出现，而不是作为社会和生产的对象出现。但是列斐伏尔观察到城市化是资本进行盈利的一种方式，城市的建构、重构、规划、交通设施、建筑物的安排，都是资本的意志的表达。这就造成空间首先是社会的。“它内含于财产关系（特别是土地的拥有）之中，也关联于形塑这块土地的生产力。空间里弥漫着社会关系；它不仅被社会关系支持，也在生产社会关系和被社会关系所生产。”[2]

其次，“自然空间已经无可挽回地消失了。虽然它仍是社会过程的起源，现在却已经被降贬为社会的生产力在其上操弄的物质”[3]。也就是说自然成为生产对象，已经缺乏自然属性了，而社会属性则更加明显。空间性的实践是自然空间社会化的过程，形成精神空间的过程。“每个社会都处于既定的生产模式架构里，内含于这个架构的特殊性质则形塑了空间。空间性的实践界定了空间，它在辩证性的互动里指定了空间，又以空间为其前提条件。”[4]经过这样的观察和分析，列斐伏尔认为必须将空间本身当成一种对象、过程、活动来进行研究。

列斐伏尔将空间划分为空间实践、空间表征和表征空间三种。大致对应着生活中的空间、精神性的空间和实际空间与精神空间的结合形成的空间。

所谓“空间实践”牵涉生产、使用、控制和改造这个空间的人类

[1] 列斐伏尔：《空间：社会产物与使用价值》，见包亚明编：《现代性与空间的生产》，上海：上海教育出版社，2001，页47。

[2] 同上书，页48。

[3] 同上。

[4] 同上。

行动、社会空间实践中空间的生产与再生产，以及空间区位与配置组合。属于构想层面的“空间表征”则泛指某种空间的呈现方式，包括空间本身的样貌与意义，以及我们呈现它的方式，包括模型、影像、文字、其他符号以及概念、思维方式等。“表征空间”则透过意象与象征而被直接由生活体现，属于生活经历和实践层面的空间。这些对空间理论的探索，使得空间因为相应的社会关系而被赋予形式、功能和社会意义。[1]

列斐伏尔的空间及其生产的思想影响比较大。后来，很多学者的有关研究都是以这种思想为逻辑起点的。继列斐伏尔之后另一位对空间理论作出极大贡献的是爱德华·索亚，他也是列斐伏尔的朋友。他在其《第三空间：去往洛杉矶和其他真实和想象地方的旅程》(*Thirdspace : Journeys to Los Angeles and Other Real-and-Imagined Places*)[2]一书中提出了“第三空间”这个重要概念。第三空间理论把空间的物质维度和精神维度均包括在内的同时，又超越了前两种空间，呈现出极大的开放性。当然，无可争辩的是，索亚的第三空间明显继承了列斐伏尔理论，有其空间理论三大核心概念架构的深刻烙印，但他又提炼了列斐伏尔的空间理论，使其在空间的分类中更具层次感，更具开放性。这样，空间将会在历史性和社会性结合中注入新的思考和解释模式。这有助于我们思考历史、社会和空间的共时性、物质性以及相互依赖性。[3]

---

[1] Henri Lefebvre, Donald Nicholson-Smith (tr.), *The Production of Space.*

[2] Edward W. Soja, *Thirdspace : Journeys to Los Angeles and Other Real-and-Imagined Places* , Cambridge, Mass. : Blackwell, 1996.

[3] 爱德华·索亚:《重描城市空间的地理性历史——〈后大都市〉第一部分导论》，见包亚明编:《后大都市与文化研究》，上海：上海教育出版社，2005。

在东南亚城市研究中，受到列斐伏尔空间理论启发所作的一份重要的研究是《殖民时期新加坡的竞争空间：权力关系与城市环境建设》[1]一书。此书虽然没有过多涉及殖民时期新加坡华人移民社群身份认同的问题，但是此书将空间与空间的竞争置入新加坡城市环境建设的权力场域进行考察的途径与方法将列斐伏尔的空间理论从研究西方当代城市的领域扩展至殖民时期的南洋，为本研究理论转用提供了直接的帮助，同时深刻启发了本论文使用空间进行压力集团场域研究的模式。

游记书写主要记录旅行者所到之地的所见所闻。也就是说，游记书写中包含物质的、可感知的空间，以及对此可感知空间的社会功能、历史意义以及正在发生的社会场景进行描摹。同时，这种描摹的背后也包含旅行者对空间以及空间中进行的社会活动、实践的参与。更有趣的是，旅行书写本身对空间的书写会因为出版、流通而赋予空间更丰富的社会、文化意义和内涵。因此，本论文认为列斐伏尔结合了历史性、社会性和空间三者的空间理论以及索亚在此基础上引申出的“第三空间”理论来对旅行书写进行研究，将有利于解释和揭示旅行书写中文化空间体现出来的社群文化形成以及特征。

二、研究方法

本论文主要从1877—1937年间的南洋游记切入，对以下几个方面进行分析和解读：一是对游记作者群、游记的产生以及市场流通、游记读者群等进行分析；二是对游记文本的各种不同空间以及其间的文化符号进行阐释，进一步深入探讨南洋华人社会场景中文化符号产生

[1] Brenda S.A.Yeoh, *Contesting Space in Colonial Singapore : Power Relations and the Urban Built Environment*, Singapore : Singapore University Press, 2003.

的原因；三是期望能从游记里体现的人际关系网络进入，进一步借助其他材料探讨南洋华人与中国的文化关系特点。本论文试图从这些原因的分析中找寻南洋华人文化圈主体地位浮现以及形成的轨迹并探索其特征。

在本研究中，除了宏观研究的视角，场景研究将是更重要的部分。本论文认为所谓场景包括空间、时间和人的活动几个要素。它既可以是公众舆论得以交流的那个平台，也可以强调在一个空间中发生的事件，但它更侧重于研究特定时空的、具体的景观，这种具体性和细节性有利于描述不同于宏观历史研究呈现的历史，是另一种必须得到重视的微观历史研究的方法。另外，与作为“在文学化，同时也是社会化的运作过程中对异国看法的总和”[1]这一单一刻板的文学形象研究相比，场景是运动的、微观的、立体的，具有历史现场感的。游记作品大都是场景的集合。而这种场景具有极强的写真性，即使这种写真有时也会被作者的意识形态、情绪等扭曲，而这种扭曲恰恰也是本论文颇感兴趣之处，因为这种扭曲的场景体现的是作者的心态的真实。1877—1937年的南洋游记中有无数个场景，根据本论文的问题意识以及研究模式，将选取较为宏观、抽象的“南洋”空间，微观、具体的土生华人和移民华人的家庭空间、学校、寺庙、博物馆等进行研究。本研究尤其关注这些空间场景中发生的具有文化沉淀功能的日常性、常规化活动。

本研究将采用历史学的方法，对作者、文本（即内容）和读者进行多方考证，以最大的可能接近历史的真相（尽管后现代历史学家对历史的“真相”有新的解释）。本研究也试图采用空间理论以及文化

[1] 孟华主编:《比较文学形象学》，北京：北京大学出版社，2001。

人类学的方法解读游记文本中典型场景的文化符号意义和功能，从而考察南洋华人文化圈的建构之原因以及表现特征。

其次，本文将采用文学社会学的研究理论，从作者、文本和读者三方面入手解读南洋游记。同时使用比较的方法，以互动的视角考察中国知识分子与南洋华人社会文化建构的关系及其在其中的地位和作用，探索启蒙中的半殖民地中国、积极扩张的日本以及南洋的欧洲殖民者与南洋华人文化上的相互刺激和作用的轨迹。

同时，作为互动研究，区域研究的方法是必须首先具备的。在此基础上对多极互动端之间的联系、交流、相互影响进行纵向和横向的比较研究。

第四节 学术研究回顾

根据本论文的问题意识，本研究主要涉及两个研究领域：第一，南洋游记研究；第二，南洋华人社会文化研究。

一、南洋游记研究回顾

在《旅行者的新加坡：选集》[1]一书的引言中，John Bastin 写道：大多数到新加坡的旅行者是欧洲人和美国人，但也有亚洲人，他们通常是静默的旅客——为他们的访问留下极少的证据，几乎没有他们对新加坡印象的记录。[2]这本选集里收集了一段马来人写的游记，两段日本人写的游记，一段也可能被证明是中国人写的。根据这本游记汇

[1] John Bastin, compiled, *Travelers' Singapore : An Anthology* , Kuala Lumpur & New York : Oxford University Press, 1994.

[2] Ibid., xxii.

编，这位西方的编者认为在19世纪仅在1887年有一位中国旅行者李钟珏（Li Chung Chu）留下了他在新加坡旅行的笔记，其他则即使到过新加坡也都静默。[1]这种偏颇甚至错误的说法和结论显示出该书作者只熟悉英文的材料，而对用华文书写的南洋游记完全不知。事实上，中国人来到南洋，对新加坡以及南洋各国、各区域的旅行书写除了有古代的，近现代也非常多，他们不仅不是“静默的旅行者”，反而可以用“众声喧哗”来指称他们具有广泛的关注层面、积极的参与层面的旅行书写及其涵盖的旅行行为、书写行为。尤其是19世纪末、20世纪初的南洋游记跟之前的游记相比，不仅在数量上，而且在关注的内容、书写的笔法以及流露的情感上都发生了重大的转变。

然而，尽管游记研究日益引起学者的重视，但游记研究的重心仍在古代的山水游记或者当代的作为旅游产业一部分的商业文化研究。相对而言，中国近现代游记所受的关注很少，而且着力上极不均衡。

南洋游记的研究成果目前体现在以下几个方面：

（一）文献资料方面的积累和校注

域外游记篇章的结集或丛书的出版意味着域外游记的独特性开始引起人们的兴趣和思考。中国从较早时期就对域外游记进行结集。由于中国和国际学者对游记研究重新发生兴趣，20世纪80年代开始，更多的学者将中国域外游记结成文集、文选或丛书，为进一步进行域外游记研究提供了坚实的材料基础。而域外游记中的南洋游记则主要散见于其他游记专编和丛书之中，专门编辑南洋游记的专著或丛书不多。王锡祺编的《小方壶斋舆地丛钞》及其“补编”和“再补编”是收录有清一代游记最多者，南洋游记主要被收录于第十帙和“再补编”

[1] John Bastin, compiled, *Travelers' Singapore : An Anthology*, xxii.

第十帙。[1]民国时期对游记进行结集非常繁盛，但是专收域外游记的选本以《国外游记汇刊》[2]较为有名，南洋游记存于其7—9卷。另一包含南洋游记的域外游记选集是孙叔季编注的《世界游记选》。[3]20世纪80年代，钟叔河主编的《走向世界》丛书收录了一百多本清代知识分子的域外游记作品，可以说是清代域外游记的集大成之著，其中包括了《海录》等南洋游记。

此外近现代域外游记作品还零星地出现在一些选集中。如1983年钱谷融主编《现代作家国外游记选》，其中收录了郁达夫等人的南洋游记。这本选集的意义主要还在于序言《关于旅游文学》的价值。钱谷融在序言中指出了域外游记之于国内游记的独特之处：

> 不同的民族，在不同的土壤上、不同的历史文化背景下生长的各国人民，无论对社会，对人生，甚至对自然风景都会有一些不同的看法。……特别从一个异国人的眼光看来，更必然有许多与他们本国人的感受很不相同的地方。所以，国外游记同时也是不同历史背景下的不同的民族心理和民族情趣的交流。[4]

这种异国的风情、异国的眼光正是域外游记的基本要素和最值得研究之处。这样的文集还有《现代中国人看世界》丛书[5]以及《旅外

[1] 王锡祺编:《小方壶斋舆地丛钞》，上海：著易堂，1891；王锡祺编:《小方壶斋舆地丛钞附补编》，上海：著易堂，1894；王锡祺编:《小方壶斋舆地丛钞补编，再补编》，上海：著易堂，1897。

[2] 姚祝萱编:《国外游记汇刊》，上海：中华书局，1924，共8册28卷本。

[3] 孙叔季编注:《世界游记选》，上海：亚细亚书局，1934。

[4] 钱谷融主编:《现代作家国外游记选》，上海：上海文艺出版社，1983。

[5]《现代中国人看世界》丛书，长沙：湖南人民出版社，1985。

游记选》。[1]

21世纪一本重要的关于游记文献资料研究的专著则是2005年贾鸿雁所著《中国游记文献研究》。[2]本书在对游记文献的全景式掌握的基础上，进一步对文献资料展开研究。作者从文献学研究的角度出发，对游记的概念、游记的分类等作了新的界定。同时作者也对浩瀚的游记文献"详细源流，梳理游记发展的纵向脉络，综述历代游记发展的各个横断面"[3]。

这本书在资料研究上的另一大贡献则是对中国民国时期域外游记的资料信息收集得非常详备，这给研究民国时期中国文学尤其是游记的人带来了极大的方便。作者在其"附录二"中附录了民国游记书目，（分类中看出南洋游记的资料）实在是填补了民国游记研究资料的空白。不过，因为作者只是罗列了各游记的书名、作者、出版年份、出版地等资料，有些散逸的或者藏书量很少的游记文本，研究者还必须到各图书馆去多番查找。作者在书中对这个问题也提出了自己的建议，认为应当让历代游记数据化，建立一个游记数据库，以更大范围地发挥游记文献的利用价值。

中国近代文人的南洋游记资料除了出现在上述的一些游记文集和丛书中，也被当作部分资料编进一些区域研究的专著。如《东南亚古代史中文文献提要》[4]一书收录了包括南洋游记在内的涉及南洋的古文献。《新加坡古事记》[5]、《中文古籍中的马来西亚资料汇

[1] 蒋静编:《旅外游记选》，长沙：湖南人民出版社，1982。

[2] 贾鸿雁:《中国游记文献研究》，南京：东南大学出版社，2005。

[3] 同上书，页11。

[4] 顾海:《东南亚古代史中文文献提要》，厦门：厦门大学出版社，1990。

[5] 饶宗颐主编:《新加坡古事记》，香港：香港中文大学出版社，1994。

编》[1]、《中国古籍中有关新加坡马来西亚资料汇编》[2]这些书以地区为中心，收集中国历代以来跟该地区有关的游记文字、史籍记载片断进行汇编。这些汇编资料中书写文体多样，并且大都是片断式记录。

除了结集，另外，对南洋游记进行翻译、校注、勘误和考证的研究也一直在海内外进行。19世纪的西方汉学家多注重翻译中国古代典籍。如法国学者伯希和（Paul Pelliot）就曾对古代南洋游记进行过翻译、校注和勘误。被翻译的南洋游记有法显的《佛国记》[雷缪萨（Abel Remusat）、理雅谷（Legge）、比尔（Beal）、翟理斯（H.A.Giles）都译过此书]、《法显传译注》、《真腊风土记》等，而义净的《南海寄归内法传》也被日本学者高楠顺次郎翻译成英文。20世纪初荷兰汉学家戴文达（Duyvendak）教授作《马欢书之再检讨》，对马欢的《瀛涯胜览》进行考证。美国汉学家柔克义（W. W. Rockhill）在《通报》（*Toung Pao*）上译注汪大渊的《岛夷志略》。日本学者齐田丰八也校注了《岛夷志略》。20世纪初中国学者冯承钧也对南洋游记在校注上着力很多，如《真腊风土记笺注》、《诸蕃志译注正误》等都是其力作。冯承钧还翻译了式岱司的《真腊风土记补注》。1935年出版了冯承钧校注的马欢的《瀛涯胜览》，1938年又有冯承钧校注的费信的《星槎胜览》。此外他还著有《历代求法取经录》、《海录注》、《诸蕃志校注》等。[3]当代的学者王国平从《小方壶斋舆地丛钞》中搜寻出大概作于清末同光

[1] 林远辉、张应龙主编：《中文古籍中的马来西亚资料汇编》，吉隆坡：马来西亚中华大会堂总会，1998。

[2] 余定邦、黄重言编：《中国古籍中有关新加坡马来西亚资料汇编》，北京：中华书局，2002。

[3] 许云樵：《50年来的南洋研究》，见刘问渠编：《这半个世纪（1910—1960）：〈光华日报〉金禧纪念增刊》，槟城：光华日报社，1960。

年间的《南洋游记三则》并将其整理、标点。[1]

（二）文学史方向的研究

对近现代域外游记的文学史层面的研究目前也取得一定的进展。一些中国散文史、近现代文学史、旅游文学史以及游记文学史等通史和断代史已经出现在域外游记研究的部分章节。这些章节从文学史发展的角度，对近现代中国文人域外游记展开以重要作者、作品为主，辅以对某历史时期域外游记总体特点的介绍性研究。如《中国现代纪游文学史》[2]就是我国较早研究域外游记的专著，不过这本书并没有收录、研究南洋游记。

近现代南洋游记仍然是以零星的状态出现在仅有的几部域外文学史专书中。《中国游记文学史》[3]是一本研究从魏晋到当代各历史时期游记文学发展历史的专著。朱平撰写的第十二章第二节在“旅外游记的全方位展开”中提出旅外游记在现代游记文学中有特别重要的地位，因为它对新文学运动乃至整个中国社会、政治、文化的变革产生了深远的影响，具有超越游记文学本身的重大意义。对本研究而言，此节更为重要之处在于将南洋游记作为一个独立的区域游记提出。作者在南洋游记中提及了许杰、马宁和梁绍文三位南洋游记作者并简析了他们的作品。作者认为南洋游记作品中“可贵的是，包含着对当地丑恶现象的不满以及对南洋人民悲苦生活的怜悯之情”[4]。笔者认为这样的结论在资料掌握不足的情况下即使不是对南洋游记的一种误读，也是一种简单化、极端化的解读。

---

[1] 王国平：《南洋游记三则》，载《东南亚》，1997年，第2期，页61—64。

[2] 朱德发主编：《中国现代纪游文学史》，山东：山东友谊书社，1990。

[3] 梅新林、俞樟华主编：《中国游记文学史》，上海：上海学林出版社，2004。

[4] 同上书，页432。

陈室如《近代域外游记研究（1840—1949）》[1]一书，对鸦片战争以后大量出现的域外游记作了全景扫描式的研究。地区覆盖全球，时间则跨越晚清与民国，由镜像与旅行理论切入，配合权力展现、媒体传播、图像思维等不同观点的分析，对中国近代域外游记展开了宏观研究。这本专著丰富了至目前为止对中国近代域外游记的研究。然而，由于此书涉及的文本多、空间广、理论繁杂，因此无法就某一个区域或者某一个专题作出深入的探讨。

（三）南洋游记的区域研究

使用中国的南洋游记来进行区域研究大概开始于 1986 年 O.W. Wolter 的文章。[2]他使用唐朝名僧义净《南海寄归内法传》、宋朝汪大渊《岛夷志略》等南洋游记作品对室利佛逝（Sriwijaya）古王朝的地理和社会情况进行考证。

杨明康则通过研究《真腊风土记》这本游记，认为古代柬埔寨和云南少数民族舞蹈在音乐以及表现手法上有很多共同特征。[3]

由于我国古代的南洋游记较多集中在安南地区（今越南部分地区），因此已经有多位学者开始使用记录安南的游记进行区域研究。2002 年，史富强在《论柬埔寨民族起源及扶南王国的产生与发展》一文中，使用收录于《南齐书》第 58 卷的《扶南传》中对古代扶南王国的历史进行研究。[4]作者认为柬埔寨民族起源于我国古代云南境内的昆明族（即吉蔑族），昆明族南下至今日的柬埔寨，建立了扶南国

[1] 陈室如:《近代域外游记研究（1840—1949）》，台湾：文津出版社，2008。

[2] O.W. Wolter, “Restudying Some Chinese Writings on Sriwijaya”, *Indonesia,* Vol.42, Oct.1986, pp.1-41.

[3] 杨明康:《从〈真腊风土记〉看古代柬埔寨与云南少数民族佛教乐舞》，载《南京艺术学院学报》，2009 年，第 3 期，页 27—34。

[4] 史富强:《论柬埔寨民族起源及扶南王国的产生与发展》，载《河南大学学报（社会科学版）》，2002 年，第 6 期，页 56—61。

和真腊帝国以后，才构成柬埔寨民族的主体。现代的柬埔寨是在古代扶南王国的基础上发展起来的一个多民族国家。

2002年，朱双一在《南洋游记·逃难记·狱中记——若干值得注意的早期东南亚文学作品》[1]文中主要观察了一些20世纪二三十年代的南洋游记，认为当时曾掀起一股“南洋热”，是“南洋游记”作品密集出现的一个时期。

2005年，梁元生论文《凝观与反照：十九世纪八十年代星沪之间两本游记的解读》[2]使用了李钟珏和李清辉的两本分别为中国的南洋游记和南洋华侨的祖国游记文本，从比较历史学的角度进行解读，从而勾勒出19世纪80年代星、沪两地的不同社会面貌。

2005年起，新加坡国立大学出现了一批对中国近现代南洋游记进行研究的博硕士论文。2005年南治国的博士论文《中国现代小说中的南洋之旅》主要关注中国现代文学中含有“南洋之旅”的小说。作者在比较文学研究的框架下对南洋旅行小说进行了剖析，运用形象学的研究方法，归纳出中国现代小说中的南洋图像。

同一年，夏菁的博士论文《欲望与思考之旅：中国现代作家的南洋与英美游记研究》[3]也同样在比较文学框架下对中国现代作家的南洋和英美游记进行研究。对于南洋游记，作者在泛述特点后，重点分析了徐志摩的《浓得化不开》、郁达夫的《马六甲游记》等三篇南洋游记文章以及老舍的小说《小坡的生日》。这份博士论文所运用的理

[1] 朱双一:《南洋游记·逃难记·狱中记——若干值得注意的早期东南亚文学作品》，载《世界华文文学论坛》，2002年，第2期，页19—24。

[2] 梁元生:《凝观与反照：十九世纪八十年代星沪之间两本游记的解读》，见梁元生:《新加坡华人社会史论》，新加坡：新加坡国立大学中文系、八方文化创作室，2005。

[3] 夏菁:《欲望与思考之旅：中国现代作家的南洋与英美游记研究》，台湾：文史哲出版社，2010。

论非常丰富，如形象学理论、文化场域等，可惜的是作者在运用理论进行分析时往往点到为止，未能展开深入的探讨和论证，以至论文结构还不够明晰，研究还有待深入。

2005年，黄嘉丽在《从侯鸿鉴的〈南洋旅行记〉看槟城的华文教育》[1]一文中，从历史的角度分三个方面：各校的组织结构、教学状况及教学重点，探讨了侯鸿鉴在其《南洋旅行记》中对槟城学校教育的描述、看法及意见。同一年，郭美丽《文人雅士游记中的槟城华人社会——1920—1930年代》[2]一文从文学和史学的角度切入，从游记的出版、作者背景、写作风格以及写作内容等方面比较黄强、梁绍文、许瀚、招观海、郑子健五人的南洋游记，勾勒出五游记中槟城华人社会的面貌。

2006年，薛莉清在《真实的幻象——20世纪初中国文人雅士对吉隆坡社会图像的构建》[3]一文中，分析、考证了侯鸿鉴、黄强、梁绍文三人的南洋游记中有关吉隆坡部分的记录，以考察当时吉隆坡社会，尤其是华人社会族群的生存环境和生存状态，同时也研究了三本游记真实性、虚幻性背后蕴藏的当时中国中层知识分子的群体意识概貌。此文主要从文化与思想史角度进行研究。同年，叶舒静的《中国文人雅士游记中的吉隆坡华人社会》[4]一文通过整理郑子健、招观海、刘仁航的南洋游记中记录吉隆坡的零散资料，综合成这几位文人雅士眼中的吉隆坡整体风貌。文章着重关注了当时吉隆坡社会的华文教育状况。

[1] 黄贤强主编:《槟城华人社会与文化》，新加坡：新加坡国立大学中文系，2005，页116—126。

[2] 同上书，页1—29。

[3] 黄贤强主编:《吉隆坡与槟城华人社会——历史书写与记忆》，新加坡：新加坡国立大学中文系，2006，页50—65。

[4] 同上书，页66—80。

域外游记在中国近现代文学中的重要地位已经开始浮出水面，引起了越来越多学者的关注。然而，目前域外游记中的南洋游记研究才刚刚起步，较少的一些研究成果大多集中在资料整理、介绍性的研究上。这与南洋游记本身的价值与重要性极不相称。

笔者在参考以上不多的南洋游记研究成果外，也将参考 Joshua A. Fogel 的著作 *The Literature of Travel in the Japanese Rediscovery of China 1862-1945*[1]。这本论著使用日本的中国游记对日本与中国在 1862—1945 年间的互动关系进行研究。另一本是 Emma Jinhua Teng 的英文著作 *Taiwan's Imagined Geography Chinese Colonial Travel Writing and Pictures, 1683-1895*[2]。这本著作以中国的台湾游记、地图、照片等为主要的研究材料，展开对台湾与清廷的互动关系的研究。两本著作都对本研究的材料使用有着重大的启发。

二、南洋华人文化研究回顾

海外华侨、华人是中国大陆学术界自 20 世纪 20 年代以来长期研究的传统课题。这个领域的研究成果从大型百科全书如《华侨华人百科全书》、《海外华人》丛书，专门著作到单篇论文，数量都十分惊人。根据徐云的《中国大陆华侨华人研究的文献计量分析报告》，仅从 1980 年至 2003 年在大陆发表的华侨华人的学术研究论文就达 11116 篇，内容涉及概况、政治、经济、社会、社团、移民、历史、文化、教育、人物、侨乡、侨务、华人研究等多种主题。由于东南亚是海外华人聚居人数

[1] Joshua A.Fogel, *The Literature of Travel in the Japanese Rediscovery of China, 1862-1945*，Stanford, Calif.：Stanford University Press, 1996.

[2] Emma Jinhua Teng, *Taiwan's Imagined Geography Chinese Colonial Travel Writing and Pictures, 1683-1895*，Cambridge, Mass.：Harvard University Asia Center：Distributed by Harvard University Press, 2004.

最多的区域，因此东南亚华人研究一向成为东南亚研究和华侨华人研究中的重要领域。研究东南亚华侨华人的学术论文达到 3507 篇。这里面也包括境外作者发表的研究论文。[1] 除中国大陆以外，中国台湾、香港、澳门地区以及日本、澳大利亚、英国、美国也都有研究机构和学者对东南亚华人进行研究，东南亚地区则主要有新加坡、马来西亚的学者从事这方面的研究，尤其是新、马地区，研究者众，研究成果多样。

在众多研究成果中，跟文化研究有关的有华人文化变迁和适应、报纸杂志研究、华文教育、文学研究、电影戏剧研究、宗教信仰研究、民间习俗研究、意识形态和价值观研究、文化互动研究、文化认同研究等。这里面精彩的内容和独到的见解以及独辟蹊径的方法在在皆是。如王慷鼎、杨松年、吴庆棠、徐艰奋着力的新马华文报纸的研究；[2] 周聿峨、黄昆章、吴元华、郑良树等致力的华文教育方面的研究；[3] 方修、杨松年、黄孟文、张锦忠对新马华文文学史的深入研究；[4] 王润华、张

[1] 徐云:《中国大陆华侨华人研究的文献计量分析报告》，载《华侨华人历史研究》，2004 年，第 4 期，页 8—10。

[2] 相关代表作有王慷鼎:《新加坡华文日报社论研究，1945—1959》，新加坡：新加坡国立大学中文系汉学研究中心，1995；杨松年:《〈槟城新报〉文艺副刊与早期马华文学》，新加坡：新加坡青年书局，2010；吴庆棠:《新加坡华文报业与中国》，上海：上海社会科学院出版社，1997；徐艰奋:《铁笔春秋：马来西亚〈益群报〉风云录》，新加坡：新社，2003。

[3] 相关代表作有周聿峨:《东南亚华文教育》，广州：暨南大学出版社，1996；郑良树:《马来西亚华文教育发展简史》，新山：南方学院出版社，2005；黄昆章:《印度尼西亚华文教育发展史》，雪兰莪：马来西亚华校教师总会，2005；吴元华:《务实的决策：人民行动党与政府的华文政策研究，1954—1965》，新加坡：联邦出版社，1999。

[4] 相关代表作有方修:《新马华文新文学六十年》，新加坡：新加坡青年书局，2006；杨松年:《战前新马文学本地意识的形成与发展》，新加坡：新加坡国立大学中文系，2001；黄孟文、徐迺翔编:《新加坡华文文学史初稿》，新加坡：新加坡国立大学中文系、八方文化创作室，2002；张锦忠、黄锦树、庄华兴编:《回到马来亚：华马小说七十年》，雪兰莪：大将出版社，2008。

锦忠、黄锦树、钟怡雯、庄华兴、黄秀爱等专攻的新马文学批评的研究；[1] 戏剧方面则有詹道玉、柯思仁、黄浩威、Andrew N. Weintraub [2] 等学者的独到眼光。近年以来在文化的研究中比较热门的则有东南亚华人的儒家思想研究、文化认同和文化网络研究。

文化认同的研究则是热点中的热点，争论尤其激烈。文化认同是身份认同的一种。身份认同起源自心理学的研究。1964 年开始，心理学家 Erik Erikson 逐步提出并形成至今仍极具影响力的身份认同理论。而身份认同的探讨也差不多在同时代成为海外华人研究中的一个极重要，也最为复杂的课题。因为它不仅牵涉政治、经济、文化，还牵涉心理、情感等方面，所以很多时候它也是政治论争、文化争夺甚至争取平等公民权（尤其是在马来西亚）的重要指标。

而东南亚华人研究中对华人身份认同的问题，大概无外于以下衡量、指涉的指标：第一，国籍；第二，种族或血统；第三，文化认同，以此架构出“华侨”、“华人”、“华裔”的概念模型。[3] 麦留芳根据这几个要素认为，若一个海外华人具有中国血统，个人本身亦对中国

---

[1] 相关代表作有王润华:《华文后殖民文学：中国，东南亚的个案研究》，上海：学林出版社，2001；张锦忠:《马华文学与文化属性》，台北：麦田出版社，2003；黄锦树:《马华文学与中国性》，台北：元尊文化企业股份有限公司，1998；钟怡雯:《马华文学史与浪漫传统》，台北：万卷楼图书股份有限公司，2009；庄华兴:《国家文学，宰制与回应》，吉隆坡：雪隆兴安会馆，雪兰莪：大将出版社，2006；黄秀爱:《二十年代末期新马小说语言研究的历史意义：从文学语言看作者对当时社会的态度》，新加坡：新加坡国立大学中文系，1995。

[2] 相关代表作有詹道玉:《战后初期的新加坡华文戏剧》，新加坡：新加坡国立大学中文系，2001；柯思仁:《战前新马的戏剧副刊与戏剧评论（1924—1941）》，新加坡：新加坡国立大学中文系，1994；黄浩威:《戏剧盒与新加坡的社会剧场：文化干预与艺术自主性》，新加坡：南洋理工大学中华语言文化中心、八方文化创作室，2011；Andrew N. Weintraub，*Power Plays : Wayang Golek Puppet Theater of West Java*，Ohio University Press, 2004。

[3] 麦留芳:《方言群认同：早期星马华人的分类法则》，台北：中研院民族学研究所，1985，页34—35。

文化认同，加上保有中国国籍，这个海外华人是不折不扣的“华侨”。他并界定说海外华人在清廷设使馆之前，已视自己为有实无名的“华侨”，至1907年，在新加坡创办的《中兴日报》把海外唐人看作“华侨”，华侨的实质意义才得到正名。[1]然而，正如海外华人社群自身的复杂一样，麦留芳又不得不承认海外华人是个“异质的社群，这个社群因国籍、社会文化认同及血统的不同而在实质上可分成至少四大副社群：华侨、华人、华族与华裔”[2]。麦留芳以三元素界定四华人副社群有其合理性，然而，这种划分的方法过分强调了国籍、种族和血统指标（因为这两个指标具极强的量化测量或调查的操作性），而对于社会与文化认同方面的认同分析，作者显然有些力不从心，以“本人认同中国文化”这样简单、单一、含糊的说法草草略过，也因此，其结论固然看似整齐理性，但华人身份认同中的复杂、纠结和流动性被忽略或者故意避开了。

王赓武则将海外华人移民划分成四种类型：华商、华工、华侨和华裔。他强调华侨型被赋予以及具有的政治意识形态。他认为：“华商型是最古老及最基本的；华工型增加了移民数量，但仅仅产生于19世纪50年代至20世纪20年代，是过渡性的。华侨型囊括全体，对海外华人生活的各个方面均有着保护和干涉的作用，但主要存在于20世纪的上半叶，直到50年代。而华裔型则是最新近的移民类型。”[3]然而，就这样的划分，王赓武也表达出忧虑，因为他意识到对于广阔的海外华人社会及华人文化，人们缺少系统探究。[4]显然，这个缺陷容

[1] 麦留芳：《方言群认同：早期星马华人的分类法则》，页33。

[2] 同上书，页41。

[3] 王赓武：《中国与海外华人》，台北：台湾商务印书馆，1994，页12。

[4] 同上书，页21。

易让人将这样的四种移民类型僵化处理，而忽略这些类型之间的重叠性、相互变动性和流动性。同时，其华侨型移民类型的研究，对外来权力对移民赋予命名和认同的部分过度强调，忽略了移民的自我认同与其被认同之间的差异。

将华人移民身份类型化的还有李元瑾。她通过对新加坡知识分子的个案研究，得出了三种华人知识分子对中西文化冲击进行回应的模式，指出分别以邱菽园、宋旺相、林文庆为代表的战前新加坡华人知识分子的三种身份认同意识：认同汉族和中华民族身份，热爱传统文化和宗教，关心中国政事和家乡情况的邱模式；认同峇峇身份，追求西方文化和宗教，绝对效忠英国政权，本土意识最强的宋模式；林模式则以峇峇自居，热切向汉民族认同，浸润于西方文化，又急迫地回归中华文化，珍惜英籍子民身份，还寻求各种机会为中国服务，对出生地感情深厚，却抵挡不了祖国的召唤。[1]这三种模式首先都集中于知识分子群体，这就无法很好地将大众层面的认同情况进行说明；其次，这三种模式显得泾渭分明，然而，即使是作者自己的论述也无法绕开三者联合一体的阶段和事实。那么，让三者联合起来的因素是什么？这个因素会对大众起什么作用？如果说李元瑾的三种模式旨在揭示新加坡华人社会内部的分歧的话，那么，南洋华人社会是否有共识？是否有一个可以称之为文化的共同体存在？很多学者在研究南洋华人身份认同的问题时，在长期的研究中，也会不停地修正自己以往的看法，比如李元瑾对林文庆的身份研究就从林文庆身份认同矛盾说，修正到林文庆中西沟通说。

在一些学者对南洋华人身份认同进行模式化的分析关怀以外，梁

[1] 李元瑾：《东西文化的撞击与新华知识分子的三种回应》，新加坡：新加坡国立大学中文系、八方文化创作室，2001，页374。

元生以及吴小安则提出华人“之间人”（in-between）的身份认同特色。[1]黄贤强则更关注南洋华人身份认同的复杂性和纠葛性特征。其《马来亚华人社会改革者与中国现代医学先驱：伍连德博士的祖国认同》[2]一文研究了海峡华人身份认同的问题，通过对伍连德的身份认同研究指出了海峡华人身份认同的复杂性、多元性的特点，更着重提出了“认同／被认同”两个因素在身份认同中都具有同样重要的作用，这样就纠正了以往关注身份认同时只关注自我认同面向或者只从他者认同的面向出发进行研究可能带来的缺陷。

南洋华人文化认同的研究里另一个值得注意的是晚清到民国初期，南洋华人文化主体性被忽略和遮盖的问题。许多学者都认为晚至第二次世界大战后或者 20 世纪五六十年代，南洋各殖民地开始独立建国时，南洋华人的身份认同才开始转向认同当地。此前，他们都是华侨，此前的时期也就是华侨时期。王赓武、麦留芳等就划分出这样的“华侨”时期（19 世纪末到 20 世纪五六十年代南洋各国开始独立前），并指出南洋华人的文化认同是完全从属于中国、效忠于中国文化的。崔贵强的结论是这种观念的代表：“直到第二次世界大战以前，在新、马华人的潜意识里，一直认同中国，他们重乡情，爱祖国。在居留地里，他们总是作客他乡，总希望有朝一日，衣锦还乡，落叶归根。可是第二次世界大战结束后，时移势变，为了生存与发展，华人的国家认同不得不跟着转向。”[3]廖建裕也同样这么认为，“在战后，东南亚各国纷

[1] 梁元生：《新加坡华人社会史论》，新加坡：新加坡国立大学中文系、八方文化创作室，2005。Wu Xiao'an, “A Prominent Chinese Towkay from the Periphery : The Choong Family”, Yeoh Seng Guan et al.(eds.), *Penang and Its Region*, Singapore : NUS Press, 2009, p.191.

[2] 黄贤强：《马来亚华人社会改革者与中国现代医学先驱：伍连德博士的祖国认同》，见张启雄编：《时代变局与海外华人的族国认同》，台北：海外华人研究学会，2005，页 351—367。

[3] 崔贵强：《新马华人国家认同的转向 1945—1959》，新加坡：新加坡青年书局，2007，页 6—7。

纷独立，东南亚进入了建国时期。大部分的东南亚华人，纷纷加入了当地的国籍。这意味着他们不再把自己当作‘华侨’，或者是暂时侨居在东南亚的外国人，而是落地生根的东南亚‘华人’”[1]。杨宜音在研究马来西亚的华人时，也认为马来西亚华人的文化认同转变也是始于马来西亚建国后。[2]

梁英明的看法有些不同，首先他也认为第二次世界大战结束后，东南亚各国的华侨陆续放弃了中国国籍，转化为各国的华裔公民，标志着他们的国家认同发生了根本改变。至于文化认同，作者认为，这些华人依然认同中华文化。[3]也就是说，这些结论都表明“侨民时期”，南洋华人的文化是完全的中国文化或者是在海外的中国文化附属。学者们得出这样的结论是有看起来非常合理的原因以及事实的。因为他们依据的报纸上的材料在在显示了这样的一种现象。然而针对这样的结论我们不妨反思：这些报纸（华文报）的主笔大都是来自中国的知识分子。他们的言论能影响南洋华人社群，但是并不能将他们的言论视为南洋华人社群的言论。社群文化除了通过知识分子的言论体现外，更重要的是普罗大众的日常文化实践，而就南洋华人社群而言，这两者之间是有差异的。

另外，如果我们从移民文化的变迁规律来探讨的话，我们也应该反思这种所谓“侨民时期”——尤其是南洋华人并不在中国政府的直接有效的管辖下——南洋华人文化自身的主体特征。移民文化本土化、

[1] 廖建裕：《华人与“南洋文化”》，见廖建裕：《东南亚与华人族群研究》，新加坡：新加坡青年书局，2008，页207。

[2] 杨宜音：《文化认同的独立性和动力性：以马来西亚华人文化认同的演进与创新为例》，见《海外华族研究论集第三卷：文化、教育与认同》，台湾：华侨协会总会出版，2002，页407—420。

[3] 梁英明：《多元文化社会是历史的选择——论东南亚华人文化认同问题》，见梁英明：《融合与发展》，香港：南岛出版社，1999，页151—166。

涵化或者被同化，长久来看是移民文化变迁的必然过程。也就是说，移民文化总会从移民前文化的母体中脱胎，逐渐与母体疏离，形成一个新生命。廖建裕认为："我们所指的华族文化的本土化，就是在华族文化中融入了不同程度的东南亚文化…… 一般上它不否认自己的华族文化认同，但已经不是'中国文化'。"[1]但，为什么会这样，廖建裕并没有解释。更为可惜的是，廖建裕仍然将文化认同等同于"族群认同"和"国家认同"[2]。

霍尔（Stuart Hall）分两种不同的方式来思考文化认同：首先，是把它视为唯一的、共有的、集体的真我，大家拥有共同的记忆和历史，在这层意义下，群体的文化认同反映出共同的历史经验，并共享文化符码；其次，霍尔提出"真正的我们是什么"和"我们成为什么"的辩证；在这层意义下，文化认同是一种转变，也是一种存在。[3]那么，文化变迁的过程中，探究它的存在特征应该从群体享有的共同历史经验以及共享的文化符码上来进行分析。

南洋华人的共同历史经验和共享的文化符码显然脱离不了中华传统文化的传承。然而以往的研究要么过多地或者单方面地挖掘中华文化对南洋华人的影响，要么单方面强调在住国对南洋华人文化变异的影响，从而要么认为南洋华人认同中华文化，甚至顽固地保持着中华文化的各种文化习俗，要么认为南洋华人因为在住国国家文化以及政策等的影响，被完全同化的结论。持有前者观点的上文已述，持有后者观点的则主要是研究泰国华人的学者。其中施坚雅（William G.

[1] 廖建裕：《华人与"南洋文化"》，页 206。

[2] 同上书，页 204。

[3] Stuart Hall, "Cultural Identity and Diaspora", Jonathan Rahterford (ed.), *Identity : Community , Culture, Difference*, London : Lawrence & Wishmart, 2000, pp.223-225.

Skinner）研究泰国华人移民的研究时就提出了“华人文化变迁和继续保持的模式”（1960年），其另一篇重要文章《海外华人文化的变异与保持：泰国和爪哇的比较》（1973年），以比较的方法对海外华人文化本土适应与中华文化关系进行了研究，也开创了此后文化研究的一个重要研究方法和范式。然而施坚雅模式只是从泰华出发而且关注的是族群文化信心和活力以及社会结构两个因素，对于文化圈冲突中的“强制”和“反抗”这组笔者认为非常重要的对立因素并没有多大关注。此后关注海外华人本土化适应以及与中国的关系两者结合的研究开始增多。如曹云华《变异与保持——东南亚华人的文化适应》[1]一书更广泛地使用这种研究范式来研究东南亚华人通过对华人文化的保持和变异进行文化适应的过程。

以上是史学研究领域对文化认同的一些研究及结论，在文学研究领域中，也有对南洋华人文化身份进行研究的。以往学者，一般认为南洋华人对本土和新家园的想象诉求萌芽于20世纪20年代，然后逐渐过渡到一个清醒、自觉的本土化建设过程。如治星马（新马）史和星马（新马）文学史的史学家方修认为，马华新文学的起点定在1919年10月新加坡《新国民日报》副刊《新国民杂志》的创刊，并按照文学的兴衰将1920—1956年间的马华新文学分为七个阶段，并把1920年至1925年定为马华新文学的萌芽期。而杨松年就以本地意识的演进为新马华文文学史分期。他将1919—1965年间的新马华文文学分为八个时期，其中1919年至1924年为侨民意识浓厚时期，1925年至1933年为南洋色彩萌芽与提倡时期。[2]黄孟文、徐迺翔编著的《新加坡华文文学史初稿》中则提出新华文学的初创时期约为1919—1937年，

[1] 曹云华：《变异与保持——东南亚华人的文化适应》，北京：中国华侨出版社，2001。

[2] 杨松年：《战前新马文学本地意识的形成与发展》，页10—18。

并认为这个时期的特点是从初期浓厚的侨民意识、大量移植中国新文学，到逐步地出现反殖意识的作品和“南洋色彩”作品，强调文学的“本土化”。……由于新华文学的“本土化”进程尚未完成，因此这个时期的文学仍然带有明显的萌芽色彩，真正的新华文学还只是一个雏形。[1]

从以上各文学史家的论述中，我们首先可以看到跟史学研究相比，文学研究领域的“本土化”及文化的变迁时代更早些，然而有一个问题是几乎所有的文学史家都将“本土意识”作为一个重要的史学分期的考量，而“本土意识”之前仍然是“侨民意识”期，同时他们也将“侨民意识”和“本土意识”作了一种二元对立的历时性的思考、陈述。文学史家作这样的身份认同分期思考大都是以报章杂志上出现“侨民意识”、“本土意识”概念作为基础，也就是说以文字为依据。这种思考和分期方式影响深远，例如直到2009年，李志仍然在他的文章中坚持此类史学分期逻辑。[2]

尽管史学界与文学界在看待文化认同或者文化变迁的发生期上有所差异，然而无论是史学家还是文学家、文学评论家显然随着南洋各国独立，开始建构本土国族想象时，都遇到了如何处理想象中的中华文化和本土国族文化的困难。面对这一个文化“难题”，建国初期的本土华文文化工作者在感时忧国的强烈社会责任感下，来不及对本土化作更为理性的分析。他们大都屈从于政治化的需要而采取种种方式忽略和压抑被想当然赋予了政治意味的中华文化，突出和强化政治意味浓厚的本土意识。他们将移民华人的“中华文化”等同于“中国文

[1] 黄孟文、徐迺翔:《新加坡华文文学史初稿》。

[2] 李志:《“侨民意识”与“本地意识”——文学传播学视角下的早期南洋华文文学意识之辨析》，载《南洋学报》，2009年，第63卷。

化”，再贴上如“侨民意识”这样的政治标签，将超越疆界的、文化想象范畴的中华文化等同于有明显政治疆域空间的中国文化（尽管它们有交集，但这两者绝对不是重合的），然后以“政治认同和效忠”的唯一标准，试图切断移民华人与其民族文化的纽带，以期达到建构新兴国族文化的目的。[1]

对此，黄锦树在《过客诗人的南洋色彩赘论——以康有为等为例》[2]一文中指出，马华文学史上的本土论争，理所当然地与中国认同为敌，切割出侨民文艺与马来亚文艺，清楚地道出它自身的意识形态基柢——认同比文学更根本。[3]这种简单的政治切割在谈及南洋／东南亚华人文化认同的著作和文章中并不少见。

谭天星在《战后东南亚华人文化变迁探讨》[4]一文中，把华侨、华人作了一个彻底的切割，认为国籍的改变是完全能区分华人、华侨的一个标准，是区分华人文化、华侨文化的一个分水岭。这种以国籍的更替来区分文化圈的做法，太过简单和技术主义。而陈衍德在《对抗、适应与融合——东南亚的民族主义与族际关系》[5]一书中通过考察华

[1] 黄锦树在《过客诗人的南洋色彩赘论——以康有为等为例》一文中就认为马华文学的“这本土纲领里，部分带着左翼色彩（启蒙、教化、唤醒，反殖反封建），同时要与中国文学作区隔，有当家做主的意味，以呼应当地民族国家独立的进程。但这种本地化的客观依据是什么呢？无非是当地的独特生活状况与场景，热带的风光与风土，此时此地的现实。更重要的是它的主观依据，对当地的政治认同”。“而最近庄华兴的系列论述，更强化了相关的政治色彩”。黄锦树的这篇文章在谈及本土南洋色彩时的论调似乎开始对其《马华文学与中国性》（台北：元尊文化企业股份有限公司，1998）一书的观点进行了部分的纠偏。

[2] 黄锦树：《过客诗人的南洋色彩赘论——以康有为等为例》，见《海洋文化 2007 国际学术研讨会会议论文》，台湾，2007。

[3] 黄锦树：《过客诗人的南洋色彩赘论——以康有为等为例》，页 12，有关马华文学本土性的政治化论争，参见庄华兴：《国家文学，宰制与回应》，吉隆坡：雪隆兴安会馆、大将出版社联合出版，2006。

[4] 杨松年、王慷鼎编：《东南亚华人文学与文化》，新加坡：新加坡亚洲研究学会，1995。

[5] 陈衍德：《对抗、适应与融合——东南亚的民族主义与族际关系》，长沙：岳麓书社，2004。

人文化与东南亚文化之间的双向互动的过程，提出了东南亚华人文化经历文化变迁—适应—涵化的过程。所谓涵化是指因不同文化传统的社会互相接触而导致手工制品、习俗和信仰的改变过程。依据促成发生变化的两种条件，涵化可分为两个主要类型：第一，文化因素的自由“借入”和改变，这是文化不同的民族在不以军事或政治统治对方的情况下，持续相互交流所产生的现象；第二，强制变化。作者主要从第一种类型出发考察了文化变迁，乐观地认为东南亚华人文化与当地主流文化将必然形成一种文化融合的现象。然而，对于强制变化部分，作者却并没有作出解释。而陈志明则指出在辨识华人之时，人的主观认同意识比语言等认同标志更重要，同时有必要区分组群、文化以及国家认同之间的差别。而在文化认同中，涉及语言教育作为某种自然或者强制性手段对文化涵化起着重要作用。[1]

李威宜《新加坡华人游移变异的我群观：语群，国家社群与族群》[2]一书则依历时性的历史区分，提出一条新加坡华人由“语群”到“国家社群”到“国家族群”三个论述主体先后出现的历史轴，通过“我群”观由方言群到民族主义的华人社群以及新加坡民族主义的国家社群之间的游移变异本质的揭示来定位新加坡华人族群文化建构。本论文对作者谈的三者之间是由一个语群产生历时变异的过程表示怀疑，认为这三者不是历时性过程，而是一个群体在历时性发展中体现的多种横断面，是不同层面的“我群”，而不是从一个原生体演变成另一个的过程。作者提出了“我群”游移的本质，但只注意了历时性中主

[1] 陈志明:《华裔族群、语言、文化与认同》，载《广西民族学院学报（哲学社会科学版）》，1999年，第21卷第4期。

[2] 李威宜:《新加坡华人游移变异的我群观：语群，国家社群与族群》，台北：唐山出版社，1999。

要体现的面向，而忽略了语群、国家社群、华人民族主义社群等不同群体同时存在的事实。

古鸿廷《东南亚华侨的认同问题　马来亚篇》[1]一书通过对南洋大学关闭事件的分析，认为事件的产生是由于独立后的新加坡政府急于消除华人的中华民族的民族意识以及对华族文化的文化认同。作者也分析了新加坡政府所面临的东南亚国家对华人社会的一种监视和敌视的态度，为了生存和发展而不得不塑造“新加坡人”的认同而舍弃“中国人”的认同。这样的分析体现了很多人，即使是学者都因为政治的因素无法认真地去分析新加坡人、中国人、华人三种不同的文化圈概念之间的分野。

钟怡雯《亚洲华文散文的中国图像 1949—1999》[2]讨论了文化母体的课题。在这个课题里作者撇清了中国文化与中华文化的关系。然而，作者一边赞同中华文化到了移民国土之后发生了变异，这种变异因为政治、经济等原因甚至已经被同化。另一边，作者举例认为“新加坡人”已经是一个具有新加坡认同意识的群体，他们的文化是新加坡文化而不是华人文化。明显的，她混淆了身份的多重性。一个新加坡人面对他国（国籍）人时是新加坡人，面对国内的马来人、印度人（如果这些族群并没有放弃他们的族群性的话），他的身份就不太可能用新加坡人来替代华人。除非新加坡的四大种族都放弃自己的族群身份认同，否则华人性仍然是华人在面对其他族群时拥有族群话语权的身份象征。一个人身上背负多重的身份是极其自然的事，也只有借着多重性，才可能与他人既融合又区分。因此如果像钟怡雯那样模糊华人性，并以模糊的华人性作为本土文化的代言品是不是最佳的选择？

[1] 古鸿廷：《东南亚华侨的认同问题　马来亚篇》，台北：联经出版事业部，1994。

[2] 钟怡雯：《亚洲华文散文的中国图像 1949 — 1999》，台北：万卷楼图书有限公司，2001。

同时，笔者认为作者并没有或者不愿意去面对东南亚国家华人失去华人性的深层原因，而是直接接受这种被国家政治过度操弄压抑的华文化的危机现状，并以重命名作为一种自我安慰。这可以看作是海外华文化在单一、狭隘的政治化本土意识情境下对自我族群文化过度排斥和疏离以符合本国政治化身份需要的一种妥协。而这妥协则可能带来本土华人在政治身份正名后与其他族群文化对话时的失语。

在这些文化认同研究中有一个基本的观点被反复提出，现在似乎已经是不言自明的定律，即南洋／东南亚的华人文化以东南亚各民主国家的政治独立为分水岭，文化认同分为侨民意识时期和本土意识时期。

这表明虽然学者们如王赓武、麦留芳、黄贤强、刘宏、张锦忠、黄锦树等已经思考并提醒大家应注意身份认同的多重性，然而在南洋／东南亚华人研究中以政治认同或国族文化认同压抑和取代其他面向的身份认同，诸如族群文化认同等，仍然是一种喧哗的主流之声。

不过，正像陈衍德在乐观预测东南亚华人文化与当地文化自然涵化背后流露出的担心一样，“在东南亚各国主体性的部族取得主导权后对国家层次上的民族主义产生双重影响：一方面是它可以统合其他文化形成统一的民族文化，从而促进国家层次民族主义的发展；另一方面它也可以排斥和压迫其他文化，从而削弱国家层次上的民族主义文化基础，并激起地方或部族层次上的民族主义的反弹”[1]。

因此，当文化认同越来越重要的今天，更深入地挖掘被现有历史阐述遮蔽的南洋／东南亚华人文化建构过程中被遗忘的面向，重新审视南洋华人文化形成和建构中的历史原因和特点就尤其显得迫切和必要。

[1] 陈衍德：《对抗、适应与融合——东南亚的民族主义与族际关系》，页272。

关于海外离散华人身份认同的理论之新创见是王爱华提出的“弹性公民身份”理论。王爱华（Aihwa Ong）研究移居北美的香港移民，发现这些富裕的华人想方设法将经济资本转换为文化资本（如去英国留学、学英文与掌握上流文化品位），并通过持有多国护照方式来维持“弹性公民身份”（flexible citizenship），以利在多个国度中取得身份与相应权利，从而寻求身份多元化背后的权利最大化。这些跨国移民者能够在多重的政治版图与全球贸易中游走，但他们在西方移居国，依然被视为低下的种族他者，他们进行文化资本积累的弹性策略仍面临结构性的限制。[1]王爱华的这个研究尽管着眼于当代华人移民，但其探讨华人游走在不同的政治势力之间采取的弹性策略以及由此获得弹性身份的课题对于本论文的研究深具启发意义。

第五节　论文结构及其说明

本研究将由绪论、五章主体加上结论共七个部分组成。

绪论部分主要交代研究动机、问题意识，并对研究材料和研究范围进行说明。在此基础上，对研究方法、研究理论以及本论文在这几方面的贡献进行预见性阐述。然后对相关领域：东南亚华人文化研究、南洋游记研究两个领域进行学术回顾，最后交代论文结构和章节安排。

在接下来的五章主体论述中，为了避免落入空洞、枯燥或者为理论而理论的博士论文写作窠臼，本论文一方面试图通过在各章论述时根据材料分析的需要使用不同的、适用的理论进行阐释，另一方面

---

[1] Aihwa Ong, *Flexible Citizenship : The Cultural Logics of Transnationality*, Durham, NC : Duke University Press,1999.

也试图通过主体章节结构的精心安排来对本论文所用理论中最重要的“空间理论”进行结构性解释。比如论文从概念空间进入，到与真实地理空间进行对比，接着论述空间中的学术空间、日常文化实践以及空间自身的势力体现，从而从结构上清晰展示列斐伏尔的“空间理论”所涉及的空间的生产、表征以及第三空间等概念和理论。

论文的第二章主要讨论书写中的“南洋”空间的建构。本章分析旅行者对“南洋空间”的旅行书写以及这些旅行书写的出版、流通对“南洋”空间概念的巩固。同时考察旅行者如何建构一个附属于中国的“南洋”空间，并通过建构这种中国附属的“南洋空间”概念策略性地反抗西方殖民主义。这一章的空间探索，主要集中在“空间的生产”。而这个“空间的生产”又略微与列斐伏尔不同，它更倾向于一种概念性的、“第三空间”的生产。

论文第三章主要通过旅行者的旅行地图建构和实际旅行路线来看旅行者在实践过程中建构的真实的南洋空间。此章与第一章构成想象空间与真实空间的对比，发现想象与实践中的差异，从而发现“南洋”与中国的疏离，以及南洋的独特位置。这一章侧重于探索南洋“地理空间”生产的过程和特点。

前面两章主要谈中国与“南洋”空间形成的关系，根据本论文的多极互动研究模式，论文第四章关注的则是殖民政府与南洋华人社群的关系。主要以新加坡莱佛士博物馆和海峡华人创办的《海峡华人》杂志为例，讨论华人在英国殖民文化体系中的地位。华人主动或者被动地在英国殖民文化体系中缺席，他们通过创建自我文化体系与殖民文化体系进行对话。这种建立自我文化话语，尤其是学术话语的文化行为，体现了一种南洋华人与殖民者之间的隐性对抗。这一章从列斐伏尔所论的“空间表征”和“表征空间”入手，先谈博物馆的空间建立、文物呈现等与社会群体之间的关系，然后拓展至“第三空间”——学术空间以及文化话语空间的分析和探讨。本论文认为此章的学术空间以及文化话语空间是体现族群关系和社会意义的“第三空间”的一种。

论文第五章则进入华人移民本土化或者说华人移民社群与南洋当地的关系。这章以马六甲海峡北端的殖民城市槟城的极乐寺为例，通过对极乐寺这个具有多重功能的空间的发现，探索其融合多种功能的动力和基本策略。这一章同样通过列斐伏尔的“空间生产”理论进入，从空间的形成、功能的改变、物品的呈现以及体现的意义等方面来探索空间的社会意义。通过对此空间的探索，本章探讨南洋华人文化通过一种灵活、妥协的策略完成从附属到确立自我的过程。

文化实践或者以列斐伏尔的说法为空间实践是空间理论的重要环节。而空间实践最关键的部分是日常生活。论文第六章将把研究视角放在日常生活中，通过南洋华人日常生活中的文化实践和文化呈现来探讨南洋华人文化的主体特征以及形成原因，并以日常生活中的文化主体体现与前面几章分别将南洋华人放在中国话语、殖民文化话语以及本土话语中的不同体现进行呼应。

论文的最后一章是结论。结论部分将主要从几个方面进行总结。一是关于南洋华人文化的主体性建构。主要就几个问题进行总结：南洋华人文化是否具有主体性；这种主体性从什么时候开始形成，又是在什么样情况下形成的；它具有什么样的特点。二是关于旅行者在南洋华人文化建构过程中的作用。三是总结游记研究的一种新方法以及东南亚华人研究的一个新视野和新途径。四是探讨继论文之后，本研究可能的拓展方向。

第二章　书写南洋

——旅行者南洋空间的一种建构方式

“南洋”一词的出现和演变标示着中国对“南洋”的发明以及南洋自我发现的轨迹。开始，中国人对南洋的认识着重在地理空间。然而哪里是南洋、南洋有多大，很有可能因为到达南洋者的不同，以及对南洋进行的不同书写而产生不同的空间范围，从而使人们对南洋产生模糊、不确定的认识；随着前往南洋、书写南洋的人越来越多，人们逐渐开始发现并思考另一种南洋空间，即以一种既模糊又确定的“地理南洋”为基础发展而成的“文化南洋”。因此，本章将着重关注中国与南洋主体建构的关系。

本章将主要以清末民初中国文人雅士的南洋游记为材料，考察在这个时期，南洋是如何在文本和文本书写中与旅者相遇、对话，并从中建构出其意义。

第一节　作为背景的地理意义上的南洋空间

何处是南洋？南洋是什么？这样的问题是所有前往南洋旅行者对目的地的首要思考。这看起来似乎应该是一个纯粹地理学上的问题。

然而，旅行者笔下的“南洋”却是一个在相对固定的地理空间中，由历史传承、交通技术、人员聚集、文化传播等各种因素影响下不断变化、不断扩充内涵、被生产出来的一种文化空间。这个空间在互动中被发明，并被发现，同时被扩展。

就“南洋”这个概念，李金生《一个南洋，各自界说：“南洋”概念的历史演变》一文进行的史料挖掘和爬梳工作相当细致。根据其文所述，“南洋”一词最早出现在宋朝赵抃（1008—1084年）著的《清献集》中的一首七律《次韵孔宗翰水磨圆亭》中，[1]用来指南边小溪之类的意思。其后，宋人也有用“南洋”指称江南岸外海域或泛指中国境内南部沿海地区及其岸外海域。而泛指中国境外南边海洋的“南洋”一词最早出现在元代姚燧撰的《牧庵集》中，[2]但这个说法当时并不流行；专指今南洋群岛一带海域的“南洋”一词出现在明朝陆楫编的《古今说海》中。这之前，此区域因为明时中国航海史上举足轻重的“郑和七下西洋”一事被称为“西洋”。如跟随郑和下西洋的巩珍在其游记《西洋蕃国志》中记录了南洋群岛的二十多国的情况。明末张燮《东西洋考》一书也将如今的南洋地区分成东洋和西洋。李金生认为真正对清末民初“南洋”概念界说有深远影响的是陈伦炯在《海国见闻录》（1730年）里对南洋的定义：南洋诸国，以中国偏东形势，用针取向，俱在丁未之间，合天地包含大西洋。自陈伦炯后官方文件甚至晚清与民国初期的南洋研究学人都沿用这种界说。[3]与此同时，“南洋”仍然被用来指称中国疆域内行政区域或泛指沿海之外洋，比如当时的南洋水师，

[1] 台湾商务印书馆：《景印文渊阁四库全书》，第1094册，页777。转引自李金生：《一个南洋，各自界说：“南洋”概念的历史演变》，载《亚洲文化》，2006年6月，第30期。

[2] 李金生：《一个南洋，各自界说：“南洋”概念的历史演变》，页114。

[3] 同上书，页117。

是指在江浙沿海执行海防的军队。

晚清民初，到南洋的中国旅行者越来越多，尽管在他们的认识中“南洋”仍然不是一个有精确地理范围的、具有唯一性的空间概念，但人们对“南洋”也渐渐有了更为清晰的认识。1918年，《中国与南洋》杂志第一期就刊登了赵正平《南洋的定义》一文，“综核各家之说，以广义狭义分之，可得四义也”。此文简要将空间范围逐渐扩大的“南洋”四义摘要如下：第一，总称亚洲大陆之东南，澳大利亚之西北的岛屿，包括马来半岛以及马来群岛，是为狭义的“南洋”；第二，位于澳大利亚之北与东，凡不属于美洲与亚洲的岛屿，都属于南洋的范围，包括巴布亚新几内亚；第三，凡散布在太平洋上的岛屿，东不属美洲、西不属亚洲，包括马来群岛及其东面的大小群岛、南面的澳大利亚与新西兰，此为广义的“南洋”。第四，最广义的“南洋”，指包括印度支那半岛[1]、马来半岛[2]、马来群岛[3]、大洋洲[4]各部的总称。[5]此文之后，在中国的旅行者和研究者的书写中，“南洋”的地理范围不断扩大。与此同时，从南洋内部发出的声音则略有不同：20世纪30年代开始南洋或者南洋的焦点就是指新马地区。对于“南洋”最后的定义，李金生认为许云樵在1961年著的《南洋史》中的说法是定论——“对于上述暧昧的南洋定义，终于有了明确的结论：南洋者，中国南方之海洋也。在地理学上，本为暧昧名词，范围无严格之限定，现以华侨中之东南亚各地为南洋。”[6]

[1] 今越南、泰国、缅甸、柬埔寨、老挝五国。

[2] 今西马来西亚和新加坡。

[3] 主要为今菲律宾、印度尼西亚、文莱、东帝汶等国。

[4] 今澳大利亚与新西兰两国。

[5] 赵正平：《南洋之定义》，页6—8。

[6] 李金生：《一个南洋：各自界说：“南洋”概念的历史演变》，页120。

这个被认为是“明确结论”的“南洋”定义事实上肯定了南洋作为范围无严格限定、暧昧不明的地理名词是个不争的事实。有趣的是，许云樵提及以“华侨中之东南亚各地为南洋”是以华人在南洋的聚集作为划定南洋范围的原则。也就是说南洋是华人足迹到处的“南洋”，这也就指明“南洋”本身是具有华人特性的空间概念。

事实上，秉持这种原则来界定南洋的说法并非如李金生一文认为的直到许云樵时期才提出，它在1929年就已经出现：“南洋为吾国习惯上沿用之名词，非地理上原有之区域。考其由来，当在清季海禁初开时，管理洋务以方向为标准：在本国之东者，称东洋；在本国之西者，称西洋，南洋一名亦依此习惯而产出。后之作者就中国移民最密之地点，规定其范围。”[1]这个定义显示，“南洋”一词的出现跟后来用来专指东南亚地区的南洋没有清晰的地理上之关系。南洋的地理空间是以中国大陆为基准，以航线航向为指标，向南呈开放性的一个空间。

除了以南洋华人移民所到、所聚集之地作为划定南洋范围的规则外，旅行者则从自己的角度出发，以自己在南洋的行踪来圈出南洋的范围。招观海[2]在《天南游记》[3]中谈及南洋之界说时写道：“依著者所

[1] 陈枚安：《南洋生活》，上海：世界书局，1933，页1。之所以说这个说法在1929年就已经产生，主要依据本书自序中显示陈枚安作序的时间是1929年，而书则在1930年由世界书局初版，1933年得以再版。

[2] 根据招观海在《天南游记》页319—321中的自叙可知：招观海，中国广州人。1896—1906年在南海乡间读书，1906—1914年，在广东岭南学校读书，后来兼当教员。1914—1918年赴美国加州大学就读，1919年就读耶鲁大学，获神学学士学位。1920年在美国芝加哥读大学一年同时被封立牧师。在美国期间修读宗教及教育。1920年学成归国，历任协和神学、岭南大学、中华基督教会教授、董事、牧师等职。1928—1929年（此年份根据游记前后对游历时间的零星记载整理得来），在南洋为广州惠爱堂平民义学、医院募捐。

[3] 招观海：《天南游记》（出版地不详，出版社不详，1933）。但根据正文前之序言可以得知此书是由暨南大学南洋文化事业部刘士木主稿，也许是由暨南大学南洋文化事业部编印。笔者找到了两个版本，另一个版本由上海暨南大学于1936年出版。1933年版本上的序以及前言部分意向比1936年版要丰富。因此笔者对两个版本都进行参考和使用。

经历之地方而定南洋之界说，大抵当以狭义之南洋（或里南洋）为标准，因著者所经历之地，只限于安南、暹罗、缅甸、马来半岛及东印度群岛之一部——爪哇，然间亦因足迹所至，而涉及广义之南洋（或外南洋）者，如印度是也。”[1]这个规则与以华人移民聚居为圈定南洋范围的规则事实上有异曲同工之妙：印证了华人足迹对于勾画南洋空间的重要。所谓“南洋空间”在以上定义的溯源中体现的是一个真实的、华人足迹所至、生活轨迹存在之空间。因为即使是旅行者按照自己的足迹来勾画南洋空间，他们的足迹也靠南洋各地的人脉来决定。由此，在南洋书写中，南洋是东南亚华人可以在内部自然流动的一个整体。

这种整体的破坏是在“二战”后，南洋各地“纷纷摆脱殖民枷锁而宣告独立，成为自主国家。这些新兴国家采取较战前严格的移民政策，改变了从前中国移民在东南亚各地相对自由流动的局面。华人心目中的南洋，已被政治现实分割成四分五裂的国土，再也不是以前的‘完整一块’”[2]。

那么，“二战”前，南洋为何能在华人心目中成为完整的一块，仅仅因为华人足迹能在东南亚殖民地之间相对自由的流动的原因吗？以下将试图从旅行文本阅读、旅行文本书写以及旅行文本出版流通等方面来探讨和解释南洋空间作为完整一块的一种原因以及特点。

第二节　古代南洋游记文本与南洋空间概念的形成

文献文本，尤其是以往的游记文本与一个旅者的“空间”概念的

[1] 招观海:《天南游记》，页2—3。

[2] 李金生:《一个南洋，各自界说:“南洋”概念的历史演变》，页121。

形成之间会产生什么样的关系？游记文本作者对空间会不会产生先验印象？这种先验印象从何而来？旅行者突出某种先验印象的书写策略的最终目的是什么？另外，出版物的流通又会对某个“空间”概念的形成和巩固带来什么样的作用？

本节试图通过对南洋游记文本的解读，尝试回答南洋游记文本与“南洋”这个空间概念形成之间的复杂关系。

一、旅行者对南洋的先验印象

对南洋印象进行研究的著作并不多。南治国、夏菁的论文简略提及部分南来作家的南洋小说、散文文学作品中刻画的“南洋印象”。两者的研究认为，当时的中国作家对南洋的文学想象使得南洋呈现出这样的南洋图像特征：“南洋是热带魅惑的神秘之地，是聚富敛财的淘金之处，是风情撩人的欲望之所，是远离礼法的化外之邦，以及南洋本土人是沉默、懒惰和不开化的一群。”[1] 南洋是拥有一种原始远古情韵的乐土，然而这些图像的研究是在中国现代文学中的域外题材研究的范畴。[2] 本文从区域研究以及海外华人研究的范畴来看，游记作者的南洋书写中，除了这些想象的南洋图像外，还有一些更为有趣的印象对探讨南洋空间的形成至关重要。首先，要谈及南洋游记作者对南洋的历史先验印象。

作为一个旅客，在出发前大都会寻找目的地的相关资料进行知识上的准备，以期对目的地有一个大概的了解，并通过这种准备获得到达目的地处理当地问题的基本经验。对南洋游记作者们而言，古代历

---

[1] 南治国：《中国现代小说中的南洋之旅》，新加坡：新加坡国立大学中文系博士学位论文，2005，页12。

[2] 同上书，页24。

史记载中对南洋的叙述对他们具有深刻的影响。尤其是在中国陷入被西方瓜分、“吾中国人在地球之上竟乏立足之地”[1]、民主共和国刚刚建立的时期，国家的政治、经济、文化各方面都处于积弱状态。此时，重温中国古代王朝的强盛国势以及对天朝以外区域的影响力对提升晚清民初中国人的自信心有着极其重要的历史价值和精神意义。

旅者们热衷于在游记的一开始就记录中国与南洋接触的交通史。招观海[2]在《天南游记》中以“南洋与我国之接触”开篇，将史籍中从秦汉以降中国人通过移民、旅行、战争等方式与南洋地区发生的联系进行了简洁扼要的历时性追溯。[3]而许瀚的《南洋丛谈》[4]更是将中国典籍中关于中国与南洋关系史作为全书重要的部分。作者在游记的第一部分就着重记叙“国人南进之历代史迹”，这个部分作者记录了越南、缅甸、暹罗、菲律宾、荷属东印度、马来亚几个被不同欧美国家殖民的南洋地区，而每一地的记录都涉及中国与其在历史上的关系。比如，在第一节“越南”中，作者以“越南隶属我国经过”为标题和叙述线索，介绍越南的历史、地理、人口、社会。[5]即使一时找不到

[1] 侯鸿鉴：《南洋旅行记》，无锡：锡城公司，1920，页 1。

[2] 根据“序五”可知，招观海在南洋游历两年有余，而《天南游记》第 78 页的内容显示 1928 年 9 月 11 日招观海在吉隆坡，而游记第十九编的内容透露出 1929 年他在吧城被荷兰殖民政府拘捕。因此，可以推断，招观海在南洋的时间是 1928—1929 年两年。

[3] 招观海：《天南游记》，页 1—2。

[4] 许瀚：《南洋丛谈》，杭州：现代书局，1937。根据本书“弁言”部分的叙述可知，作者于民国十八年（1929 年）到达南洋，在南洋四年，遍历英、美、法、荷各国属地，而以居留荷属东印度主办侨立培文中学校为时最久。

[5] 同上书，页 1—3。

证据证明中国曾经是马来半岛的主人，黄强[1]在其游记章节“马来半岛之新旧主人”中，以法显的游历、元代对爪哇的征服、明代在苏门答腊南部设置三佛齐宣慰使对其进行统治的历史作为开头，以证明中国人最先到达南洋。[2]南洋在一个长的历史时段中跟中国的皇朝确实存在朝贡关系。因此，从历史先验印象的角度而言，“中国的朝贡区域”是“南洋”的一个整体特征。

事实确实如此，根据中国史籍记载，最早跟中国形成朝贡关系的是越南。从15世纪左右开始，中国在其对外关系上，已经形成了以朝贡关系为核心的宽松的政治和贸易关系。对于朝贡体系，很多学者进行了深入、细致的研究。20世纪40年代，费正清开始系统阐述古代中国的朝贡体系，[3]从此，朝贡制度成了描述中国对外关系框架的一个范式。滨下武志强调了这种亚洲外交模式，认为“以中国为核心的与亚洲全境密切联系存在的朝贡关系即朝贡贸易关系，是亚洲而且只有亚洲才具有的唯一的历史体系。”[4]

但是庄国土并不完全认同。他认为朝贡制度并非前面两位学者所认为的那样是一种以中国为中心的亚洲国际秩序，而基本上是中国统治者虚骄的自我标榜和官吏文人为取悦皇帝的阿谀奉承，以及海外诸国统治者或官员和商人以朝贡为名义谋求经济利益之途。朝贡者和受

[1] 黄强（黄莫京），根据其《马来鸿雪录》页2记载可知他曾三渡南洋，1926年初夏在林发初的襄助下与李钟岳一起乘汽车环游马来半岛一周进行南洋社会调查，记录而为南洋游记《马来鸿雪录》。

[2] 黄强：《马来鸿雪录》，上海：商务印书馆，1928，页15。

[3] 费正清著，张理京译：《美国与中国》，北京：世界知识出版社，1999，页146—147。

[4] 滨下武志著，朱荫贵、欧阳菲译：《近代中国的国际契机——朝贡贸易体系与近代亚洲经济圈》，北京：中国社科出版社，1999，页30。

封一方，绝大多数时候并不表现或理解为是实质上的从属关系。[1]

综合而言，中国在许多朝代与南洋的一些国家之间确实形成了被称作朝贡贸易的贸易或者外交关系，[2]而即便如庄国土所说，两地的从属关系不是实质上的，一种表面上成立的从属关系也是有史籍记载，可通过文物考证的。《万历明会典》卷105—106“朝贡”记载，当时“东南夷（上）”的朝贡国包括朝鲜、日本、琉球、安南、真腊、暹罗、占城、爪哇等18地。“东南夷（下）”的朝贡国包括苏禄国、满剌加、锡兰等44地。这两卷的记载也显示明朝对朝贡的次数（三年一贡等等）、朝贡人员在北京会同馆的停留事项、进入的路线、人员数、各种仪式的次序等等均作了规定。[3]因此，这种南洋是中国皇朝朝贡体系中的朝贡者的史实和形象，在清末民初的南洋旅行书写中成了一种承袭范式。

二、旅行者对南洋先验印象的书写策略及其含义

为什么中国与南洋的交通史在晚清民初南洋旅行者的游记中得到如此的重视？除了中国游记尤其是被归为舆地类游记的写作范式中有对旅游地历史进行叙述的传统书写因素的承袭外，仔细审视晚清民初南洋游记中对南洋朝贡历史先验印象的书写，可以发现这种叙述的策略体现出清末民初，尤其是民国初期旅行者的国族主义意识。

他们突出中国人移民南洋的历史比欧洲人长，移民南洋的时间早

---

[1] 庄国土:《当代华商网络与华人移民——起源、兴起与发展》，台北：稻乡出版社，2005，页20。

[2] 滨下武志著，朱荫贵、欧阳菲译:《近代中国的国际契机——朝贡贸易体系与近代亚洲经济圈》，页60。

[3] 申时行等修:《明会典：万历朝重修本》，北京：中华书局，1987，页571—577。

于欧洲人。这就必然要引经据典地强调中国与南洋之间的历史关系，并且将古代中国—南洋交通史与当时的欧洲—南洋交通史进行比较。“欧人之先至（南洋）者首推葡人，时为1500年左右，抑已后我千年矣。”[1]而郑子健在指出郑和遍历南洋，宣示威德凡四十国而无新加坡的史实后，指出“华人到此（新加坡），当在二百年前，远在英人之先”[2]。黄强也曾发表这样的感慨：“本世纪工商业之进展，首推南洋群岛。其为世界所重视，盖不自今始矣。吾国一水之隔，移殖最早，徒以政府昏庸，昧于大势，竟让后我而来者，着着争先。”[3]这些认识和情感性的抒发无不着重一个要点：中国对南洋地区的发现、移殖比任何一个西方殖民国都早。

摆出中国人比西方殖民者更早移民到达南洋的事实，是旅行者国族主义书写策略的第一步。紧接着，他们的书写递进到另一个层次：进一步突出南洋与古代中国的从属关系。他们同样借助梳理历史的方法，来突出南洋与中国的朝贡、臣服关系。郑子健的《南洋三月记》就在“苏门答腊岛概略中”以细致的笔调交代了明朝时期梁道明等人占领巨港以及向明朝入贡的历史。亚齐入贡明室一事也被郑子健着重叙写。[4]许瀚则在《南洋丛谈》中大谈中缅关系史中的隶属和朝贡关系的贡与绝的过程，“1287年，……缅王始还请降，乃定岁贡方物，置邦牙宣慰司于蒲甘城，……1292年（元大德元年）又册封其王滴立普哇那阿迪提牙为缅王，赐以银印”。“明兴，以为缅甸宣慰使……与老挝诸土司并隶云南。”“一时为明之内附，然不久朝贡复绝。”“1651

[1] 黄强：《马来鸿雪录》，页15。

[2] 郑子健：《南洋三月记》，香港：中华书局，1933，页18。

[3] 黄强：《马来鸿雪录》，页1。

[4] 郑子健：《南洋三月记》，页172—173。

年，……不能如明初之分有其势，而缅遂立国于西南，不臣不贡。”[1]至于暹罗，许瀚记载：“元成宗时，暹王遣使入贡，历至明清，奉职惟谨，迄清道咸之交……贡道因之梗塞，暹罗使命遂绝。”与中国明朝的关系更是显示出暹罗与明洪武的政治依附：“王遣世子昭禄群膺来我国求爵，明太祖乃于洪武十年封之为暹罗王。”[2]

南洋与中国古代各朝之间的朝贡体系的历史，表明旅行者的“南洋”先验印象凝滞于历史时空。这种将“南洋”定格在中国古代历史中的策略，巩固了“南洋”是中国皇朝附属的空间含义。

南洋游记普遍体现，并不断承袭这种历史意识具有何种作用呢？晚清民初的旅行者继承古代南洋游记的传统，在当下书写中将南洋塑造成一个凝滞的或者延续至今的（事实上已经中断）中国朝贡体系中的朝贡区域。这种体现强烈的历史意识的书写行为体现出作者希望通过回忆南洋的过去，亲历它的现在，并对它的未来提出建议、规划和预测。

这样就能解释南洋游记从写中国与南洋的接触（移民、贸易、旅行、战争）到重申中国与南洋的朝贡历史关系后，进一步表达对当时西方殖民帝国对南洋地区拥有权的不悦并对其合法性进行质疑。比如许瀚在重述完中缅关系后紧接着写“英人取缅经过”一节，“自英国领有印度以后，地与缅邻，时生龃龉，遂起窥伺之端”。作者叙述了从道光年间始英国对缅甸的侵吞，最后“于是我之缅甸藩服，亦遂山川易主”[3]。也就是说，西方殖民者在南洋的殖民对中国古老的外交体系而言是一种挑战和抢夺——中国与南洋各国是一种和平的、体系化

[1] 许瀚：《南洋丛谈》，页4—6。

[2] 同上书，页12—13。

[3] 同上书，页10。

的朝贡体系，而西方殖民者则是通过武力抢占，这在合法性上是可疑的。而这种看法早就出现在1914年的一本游记中。时任陆军少将、广东侦探局局长、振武上将军行署军医课课长、进步党岭南支部名誉部长曹鼎钟也在其《曹少将南洋游览记》[1]的自序中毫不掩饰地认为中国的天然门户南洋沦为英、荷之手，是反客为主。

南洋最早是中国人先行到达开垦，并且曾经附属于中国政体的朝贡空间，旅行者对南洋的这种先验印象源自于他们出发前的阅读。

出发前，旅行者阅读的文本主要有以下几类：一是古代至清末民初的南洋游记文本，包括"地理志"；二是各朝史籍；三是他们生活时期的报纸、杂志。如招观海就记录道，"《天南游记》之作，虽要依赖三数十本书籍为参考资料"[2]，可见其对典籍有充分的阅读。[3]同时，招观海追溯"南洋与我国之接触"一节时，更明确指出其史实都是"据我国史籍所载"[4]。他也提到自己曾阅读陈经三编译的《关领东印度史》、《爪哇经济学大纲》等他那个时代出版的关于南洋的著作。[5]而许瀚的阅读面则更广，不仅对诸如《汉书·地理志》、宋史、南北朝史、隋唐文献通考诸籍、梁启超《千五百年前之留学生》、《南海寄归传》、《岛夷志略》、《异域志》、《瀛涯胜览》、《明史》、《广东通志》、《东西洋考》、《清季外交史料》[6]等中国古今史籍文章有所阅览，更阅

[1] 曹鼎钟：《曹少将南洋游览记》，出版地不详，1914。

[2] 招观海：《天南游记》，导言。

[3] 同上书，页315—349。

[4] 同上书，页1。

[5] 同上书，页273。

[6] 按照书籍名称在文中出现的顺序排列游记记载的页数。许瀚：《南洋丛谈》，页15、16、22、29、23、32、33、34、36、41。

读马来亚、日本、荷兰、阿拉伯人的历史记载、游记文本等。[1]从这些游记记载，我们可以得知古代典籍无论是史书、地理志还是南洋游记，都是旅行者出发前可能涉猎的阅读书籍，这些阅读构成了他们关于南洋空间概念的基本知识体系。

历史典籍不仅仅是旅行者，也是所有关心南洋的中国知识分子关于南洋知识和历史印象的来源。比如孙科，不仅阅读过这些古籍，而且对各种典籍的特点都有自己的观点和认识。“虽宋有赵汝适《诸番志》，元有汪大渊《岛夷志略》，大都得自转译。第矜异闻。至明遣郑和、王景宏等宣谕各岛，自是秉笔者渐多。如巩珍《西洋蕃国志》、马欢《瀛涯胜览》、黄衷《海语》、张燮《东西洋考》。书虽不以南洋为名，而所记实以南洋为主。清初陈伦炯《海国见闻录》遂专有南洋记斯，则山川道里民风物宜，一一备书，时代较近，语亦较翔洽矣。”[2]这体现出中国知识分子之间知识交流的一种模式，他们通过阅读，分享并且共享知识、认知和情感。而晚清民初中国知识分子以带有强烈国族主义的历史认知来对抗西方殖民主义的情绪也通过这种模式获得共鸣和传播。

史籍当然已经有“二十四史”的整理和出版，为之作详尽的统计，而游记文献尤其是古代的南洋文献则有必要进行一个整理，便于我们了解一个较为完整的知识传承体系。

三、南洋历史先验印象的文本溯源：古代南洋游记文献的梳理

从目前留存的游记文献来看，南洋游记可以算是中国最早的域外游记。3世纪中期，朱应、康泰奉吴大帝孙权之命出使扶南（疆域包

[1] 许瀚：《南洋丛谈》，页27—28。

[2] 招观海：《天南游记》，序一。

括今天的柬埔寨和越南的部分地区），回国后著有《扶南传》、《扶南异物志》。这两部作品可算是中国最早的南洋游记。

魏晋时期，佛教徒们由于西行印度取经而留下朝圣式游记。现存的魏晋佛教徒西行游记是成书于416年晋朝法显的《佛国记》。书中涉及的游历国有30个之多，而南洋的一些国家和地区，如今之苏门答腊等，亦在其行程和记录中。

继魏晋后，唐朝的僧徒逐渐掀起一股取经热潮。而取经路线也较魏晋时丰富。僧徒们不仅走陆路取西线至印度取经，还有的取海路南行至印度取经。成书约于8世纪初义净的《南海寄归内法传》就是义净取海路南行经南洋而至印度取经的游记。他的游历大大拓展了中国至南洋的航线，其游记相较于法显的《佛国记》，记载了更多在南洋的游历见闻和经历。

五代、两宋战事纷仍，出于政治需要，朝廷常派使节至北部邻国，因此宋朝的域外游记书写大都集中在北部少数民族地区，南洋游记则阙如。

金、元时期的域外游记也大都是出使记。13世纪末，徐明善作为副使出使安南，后作成《安南行记》。1297年元朝周达观随行出使真腊（今柬埔寨）归来后，完成《真腊风土记》。这本游记对当时真腊的社会状况作了全面而详细的记录，如今已经是研究柬埔寨吴哥时代极重要的文本之一。第一次有关南洋的商务旅行记则是14世纪中叶（1349—1350年）元朝汪大渊的《岛夷志略》。该游记记述了他两次随商船游历印度洋沿岸及南海诸岛国等东西洋220多个国家的经历。

明代的域外游记仍然是以出使游记为主。明朝外交史、航海史上最为著名的出使游是郑和率队七下西洋。分别随行出使的马欢（浙江会稽人）著《瀛涯胜览》，费信（江苏太仓人）著《星槎胜览》，巩珍

（南京人）著《西洋蕃国志》。三本书所记之国不尽相同，互作补充。这三本游记对南洋所述甚详，对研究明时南洋区域历史、地理、经济、政治、文化等具有非常重要的意义。此外，还有黄福撰写的有关安南的游记《奉使安南水程日记》。

清代，天主教徒樊守义（山西绛州人）尊康熙之命随西洋教士爱若瑟等出使罗马。历时13年，途经南洋、西班牙、葡萄牙、意大利等国，归国后著《身见录》。这是我国域外欧洲游记的开始，同时，此游记中亦有涉及南洋之记录。中国人到欧洲，由于航线的缘故，大都会经过南洋，并在南洋作短暂停靠。因此，晚清民初的欧洲游记中也会有少量的关于南洋的记录。

嘉庆年间，杨炳南按照曾随商船遍游海中诸国的谢清高（广州嘉应人）的口述，成《海录》。《海录》记录了谢清高所述在95个国家和地区的见闻，对贸易、工艺、人民生活记载颇多。这本域外游记不仅有对南洋诸地的观察，也是我国最早记录太平洋和白令海地区自然与人文地理情况的文本。17世纪康熙年间，释大汕（江苏吴县人）应越南所邀，渡海赴越，以诗文撰成《海外纪事》。这是一部南洋地区国别式游记。

18世纪乾隆年间，王大海（福建龙溪人）取海路前往爪哇，游历八年后成六卷本《海岛逸志》。清康熙二十七年潘鼎珪在去广东就职的海路上遇风，船行至安南，归国后，成《安南纪游》，这也是一本南洋游记中之国别游记。

由于鸦片战争的爆发，闭关锁国的清政府于1866年始向海外派出官员考察团。因此这一时期涌现了许多官员域外考察游记。如彬春、志刚、张德彝、郭嵩焘、黎庶昌、何如璋、薛福成等人皆作域外游记，其中大都有对南洋一鳞半爪的记录。如薛福成（江苏无锡人），1890—1894年出使英、法、意、比四国，作日记体游记，后刊印为《出使英法义比四国日记》，其子又将其日记遗稿整理出版为《出使日记续刻》。此两书涉及亚欧非等大陆的许多国家，其中亦有几处涉及南洋。

从以上整理出来的南洋游记历史发展脉络可以看出：民国前的南洋游记以专书形式留下的数量很少，但因为清末出使欧洲等国都须经过南洋，故清代有关南洋的游记以片断形式流传下来的数量较多。[1]

根据以上梳理，我们可以看出晚清民国时期的南洋游记所处的历史书写语境。而这种历史书写语境又在文人雅士们的日常生活中、朋友的相互交流中时时出现、相互提醒。比如，招观海的《天南游记》写好后请多位朋友、长官阅读写序。孙科就在其序中提及赵汝适《诸蕃志》、汪大渊《岛夷志略》、巩珍《西洋蕃国志》、马欢《瀛涯胜览》、黄衷海《语张燮东西洋考》、陈伦炯《海国见闻录》等书。[2]而招观海也记录他曾阅读过三十几本描述南洋方方面面的阅读物。

如果说南洋游记中对于南洋的先验印象是一种凝滞的朝贡历史空间，那么，晚清民初的这些旅行者出发前对既有文本的阅读行为，进一步巩固并通过其后的书写延续了这时间凝滞的“南洋”的历史含义。

四、晚清民初旅行书写的流通、出版与南洋空间

（一）此时期南洋游记出版情况概述

相较于古代的南洋游记文本，晚清民初的南洋游记众多，所记更

[1] 关于民国以前中国南洋游记的文本历史脉络，请参考表三。

[2] 招观海：《天南游记》，孙科序。

为丰富，更富有思想性和情感性。这是由于民国时期[1]，“我国的旅游开始了近代化历程”[2]。海陆空交通的迅速发展带给人们出游的有利条件，加上历代从国家领导人、政府官员到知识分子阶层累积形成的出游风气，以及旅游业形成后对旅游的推动，使得出游成了民国时期的风尚。近则郊游，远则赴游海外。而写游记的风气在一些报纸、刊物的刺激下也越来越盛。域外游记在这个时期呈现了前所未有的繁荣。根据贾鸿雁的统计，民国时期共出版了608种游记图书，而域外游记就有226种，[3]占出版游记的37.1%。1912—1937年期间出版游记381种，其中域外游记有145种，约占此时期出版之游记的38%；南洋游记（包括专书和片断）有30多本，约占此时期域外游记的20.6%。而南洋游记的单篇文章则多散布于当时的各种报纸、杂志上，例如《小说月报》、《旅行杂志》等等数不胜数。

与国内游记相比，包括南洋游记在内的域外游记作者大都带有强烈的国家意识和使命感，其游记着重观察域外国家的民间风俗、国家结构、政治情况、经济发展等层面，与中国传统山水游记形成两种截然不同的游记书写传统。民国前，南洋游记虽然间杂僧侣、商人等写的游记，但使者游记始终是南洋游记的主要内容。民国时期这种以域外出使为目的的游记发生了改变，主要体现在这几方面：第一、民国时期的南洋游记在出版传世的数量上比清以前所有域外游记的总和都多；第二，在作者群上也不再仅限于国家派出的外交使节，而是大量的知识分子，而中层知识分子是域外游记写作的中坚力量；第三，虽然从游记内容特点看，南洋游记都是关注社会层面而非自然山水的审

[1] 本文的“民国时期”按照惯例指1911—1949年。

[2] 贾鸿雁:《中国游记文献研究》，南京：东南大学出版社，2005，页95。

[3] 同上书，页114，116。

美，但与民国前的南洋游记相比，民国时期的南洋游记在对异域进行多角度观察的同时，更多地反思本国的问题，他们的游记中出现更多的是对本国和异域的双向思考，而不再局限于对异域进行单向记录和思考；[1]第四，由于新兴民族国家在此时期兴起并为人们所接受，因此，这个阶段的南洋游记从情感层面看，必然地包含着与传统帝国域外游记不同的、强烈的国族主义。

民国前中国几千年历史中留存下来的南洋游记文本不多，但已经成为重要的形塑南洋空间的文化遗产。而民国时期，短短几十年间的南洋游记的数量就远远超出了历史的总和。而这时期又以20世纪二三十年代为南洋游记乃至域外游记创作出版的顶峰时期（见表二、表三）。

表二　本论文主要使用的游记专书文本：
20世纪初年到30年代南洋游记[2]

编号	出版年份	作者	作品名	出版地	作品形式
1	1914	曹鼎钟[1]	《曹少将南洋游览记》	不详	专书
2	1920	侯鸿鉴[2]	《南洋旅行记》	无锡竞志女校	专书
3	1923	傅绍曾[3]	《南洋见闻录》	北京求知学社	专书
4	1924	梁绍文	《南洋旅行漫记》	上海中华书局	专书

[1] 尽管民国以前的域外游记在写西方时也会反观本国，但是这样的因素很少，并不构成其主要的特征。而民国时期本国和异域的双向的参照是明显的特征，已经构成了此时期域外游记的主要特点。

[2] 这里所列主要是作者收集到的20世纪初年到30年代南洋游记专书文本资料，包括以舆地类范式写作的游记以及以散文范式写作的游记。选择文本的最基本原则在于：第一，专书而非单篇文章；第二，文本必须是作者根据自己的南洋游历写作而成。资料的收集总有可能挂一漏万。因此，实际上当时出版的南洋游记专书数目可能比上表更多，还有待在今后的研究中有更多的文本发现。

续表

编号	出版年份	作者	作品名	出版地	作品形式
5	1926	江亢虎[4]	《江亢虎南游回想记》	上海中华书局	专书
6	1926	陈柏年	《铁蹄下之新加坡》	中国经济研究会	专书
7	1928	黄强[5]	《马来鸿雪录》	上海商务印书馆	专书
8	1929	邬翰芳	《菲律宾考察记》	上海商务印书馆	专书
9	1929	沈美镇	《南居印象记》	上海开明书店	专书
10	1930	刘熏宇	《南洋游记》	上海开明书店	专书
11	1931	卓宏谋[6]	《南洋群岛游记》	北京卓家大院（著者刊）	专书
12	1931	王志成	《南洋风土见闻录》	上海商务印书馆	专书
13	1931	许杰	《南洋漫记》	上海现代书局	专书
14	1932	罗井花	《南洋旅行记》	上海中华书局	专书
15	1933	刘仁航	《天南游记》	上海南洋编译社（先在申报连载，后印单行本）	专书
16	1933	陈枚安	《南洋生活》	上海世界书局	专书
17	1933	郑子健[7]	《南洋三月记》	香港中华书局	专书
18	1936	招观海	《天南游记》	上海暨南大学	专书
19	1937	许瀚[8]	《南洋丛谈》	杭州现代书局	专书

1. 曹鼎钟，陆军少将，广东侦探局局长，振武上将军行署军医课课长，进步党岭南支部名誉部长。见曹鼎钟:《曹少将南洋游览记》扉页肖像。

2. 侯鸿鉴（1872—1961 年），字葆三（保三），无锡人，南社成员。其母梦狮而生，因此自号“梦狮”，晚年自称“病骥老人”、“汗漫生”等。十七岁时，在无锡西溪结“诗文社”，因愤恨慈禧荒淫无道，酒后作讥刺诗《落花篇》，一时传为美谈，同辈称其为“侯落花”。光绪二十二年（1896 年），在西溪成立算学研究会，提倡数学研究。后投考上海南洋公学师范部，边学习边兼为下院生讲中文课程，同时为上海《时务晚报》主笔。光绪戊戌（1898 年），侯鸿鉴由上海返回无锡，考中秀才，在杨模创办的俟实学堂任教。他创办了《积志学会月报》，同时帮助裘廷梁、裘毓芳编印《(无锡)白话报》，为“新政”呐喊助威。1902 年（壬寅）底，他在杨模等的资助下携妻留学日本，入日本弘文学院师范科学习，和袁叔畬、经亨颐、刘揆一等为同学，与吴玉章等结为挚友。1902 年 5 月，留日学生兴起办报之风，鼓吹爱乡爱国情结，宣传自治、革命等理论，江苏同乡会也在日本创办了《江苏》。侯鸿鉴在创刊号上以“侯生”、“保三”等为名，先后发表了多篇文章。1904 年，侯鸿鉴夫妇学成回国，于 1905 年正月创设了私立无锡竞志女校。1906 年任江苏省视学，以视察所见写成《视学报告》和《教育镜》。1908 年，在竹场巷办商业实习学校，又继任无锡俟实学堂校长、南菁学校学监等职，与妻夏冰兰创办了女子理科研究会，以提高当地妇女科学知识水平。民国元年 7 月，蔡元培、范源濂主持召开由五十二人参加的民国临时教育会会议，侯鸿鉴被选为全国临时教育会议员出席会议，并提出了“请明定教育方针”议案。此后连续三次当选无锡县教育会会长，又奉教育部视察之命，到各地视察教育，并先后受沈阳、天津、泉州诸校之聘，讲学所及，几乎半个中国。1919 年，侯鸿鉴受聘福建泉州明新乡村师范任校长一职。1919 年前往南洋，边游历边考察南洋地区华人社群的教育。1924 年起，先后赴亚、美、欧、非十一国考察教育，写了大量以考察教学为内容的游记。侯鸿鉴一生著作甚丰，留下了图书文献研究、教育学专著、诗文集和教科书作品 60 部之多。关于侯鸿鉴的生平，本文参考了侯鸿鉴:《南洋旅行记》(无锡：竞志女校，1920)，郑逸梅:《南社丛谈》(上海：上海出版社，1981 年)，赵永良:《无锡名人辞典》(南京：南京大学出版社，1989)。

3. 傅绍曾，1916 年毕业于北京高等师范历史地理部。1917 年由北京高等师范前校长、当时的教育次长陈筱庄，前北京大学校长胡仁源，北京英使馆参赞巴尔屯先生介绍，到槟榔屿华侨学校充国文国语教员。曾历马六甲、新加坡、荷属望加丽等埠游历两年有余。见傅绍曾:《南洋见闻录》，自序，页 9—10。

4. 江亢虎(1883—1954 年)，原名绍铨，字康弧，出生于江西。曾任清廷四品京官，历任北洋编译局总办、《北洋官报》总纂、京师大学堂教习。1900 年底在北京创办智学会，1901 年在京创办东文学社、《爱国报》，1905 年创办了四个“女学传习所”，于 1901—1907 年三次赴日留学，1910 年赴欧游历，由提倡“三无主义”的无政府主义者转变为社会主义者。20 世纪初，他以爱国维新志士的姿态活跃在政治舞台。在中国他是第一个发表“社会主义”演讲的人(1911 年)，也是“社会主义研究会”(1911 年)、“中国社会党”的创办人。在民国初年积极开展社会主义活动，而这些运动对中国的社会主义发展有着重要的作用。1913—1920 年逃亡至美国加利福尼亚州立大学任教。1921—1922 年访苏及进行二次欧游。1923 年 11 月至 1924 年 3 月访问、游历南洋，遭到殖民当局的百般阻挠。由于政治斗争的特殊性，自 1925 年起，江亢虎逐渐在政坛被揭发出丑闻，直至背上“汉奸”之名。关于江亢虎的生平参见江亢虎:《江亢虎南游回想记》以及汪佩伟:《江亢虎研究》(武汉：武汉出版社，1998)。

5. 黄强(1887—1974 年)，字莫京，广东省龙川县附城镇人。1904 年 17 岁时毕业于广州天主教圣心书院。通法文，后任滇越铁路公司法文翻译。1907 年夏，从保定陆军速成学堂第一期炮科肄业。1908 年起任两广督练公所委员，北洋陆军炮兵第二十五标二营排长、四营队官。1910 年，参加广州新军之役。1911 年辛亥革命时，任北伐军少校参谋。1913 年参与反对袁世凯称帝的二次革命，失败后逃亡法国。回国后追随陈炯明，1916 年任广东省长公署咨议。1917 年任粤军兵站总监、肇庆军务院航空处处长、广东工艺局局长。1920 年 8 月任潮州海关监督兼汕头交涉员(有说是“粤海关监督”)。1921 年起任粤军第七路少将司令、陈炯明侍从副官、粤军总司令部中将总参议。1927 年任北伐军福建漳泉留守处主任。1928 年 3 月调任广东省南区善后公署参谋长、海南岛警备司令及琼崖实业专员，负责雷州半岛及海南岛开发建设事务，成为陈铭枢亲信。1930 年任广东省保安处长兼第十九路军教导队主任。1931 年任“剿匪军”右翼集团总司令部总参议，广州国民政府军事委员会委员。1932 年任第十九路军参谋长。1933 年 11 月十九路军参与反对蒋介石的“闽变”。同年 12 月 13 日，身为漳厦警备司令的黄强被任命兼任“厦门特别市”第二任市长。1933 年冬任福建政府军事委员会参谋团主任。1936年秋任广东第九区（海南岛）行政督察专员兼保安司令。二度掌管负责海南岛政务。此间黄强设立农业种植场，大力发展海南经济。抗日战争爆发后，任西南运输处河内及海防分处长，中国战区昆明指挥部高级参谋，第二方面军总部第五处副处长。1945年9月28日，黄强因精通法语，遂以行政院特派员身份，随卢汉一同前往北越河内接受侵越日军投降。1946年7月以陆军中将身份退役。1947年8月，任高雄市长。同年底出任制宪国民大会代表。1948年夏任台湾省政府顾问、高雄市长。20世纪50年代移居法属马达加斯加岛（具体年份不详），1974年黄强在台北去世，享年87岁。其著作有《马来鸿雪录》（上海：商务印书馆，1928）、《台湾别府鸿雪录》（香港：商务印书馆，1928）、《五指山问黎记》（香港：商务印书馆，1928）、《黄莫京将军自述》（香港:《大成》杂志1979年6月至9月号连载）。黄强1926年得林义顺赞助到马来西亚旅行，后作《马来鸿雪录》。本处黄强生平简介参考黄强的《马来鸿雪录》、《台湾别府鸿雪录》以及《黄莫京将军自述》等文。

6. 卓宏谋，清朝官员，与农工商部官员一起前往南洋抚慰侨民。

7. 郑健庐，字子健，曾任中华书局香港等地的监理。

8. 许瀚，根据许瀚的游记可知，他曾在南洋各殖民地工作过，以留在荷属东印度最久，在那里主办了侨立培文中学。许瀚《南洋丛谈》中的一些篇章曾刊登在中国以及南洋各报章刊物之上。见许瀚：《南洋丛谈》弁言。

表三 民国前中国的南洋游记

编号	作品名	作者	南游时间	作品形式	出游目的及出游地
1	《扶南异物志》	朱应	3世纪孙吴	专书	出使柬埔寨
2	《外国传》	康泰	3世纪孙吴	专书	出使柬埔寨
3	《佛国记》	法显	5世纪晋	片断	去印度取经
4	《南海寄归内法传》	义净	约7世纪唐朝	片断	去印度取经
5	《安南行记》	徐明善	13世纪末	专书	随使安南
6	《真腊风土记》	周达观	约13世纪元朝	专书	随使柬埔寨
7	《岛夷志略》	汪大渊	约14世纪中叶元朝	片断	商业旅行
8	《奉使安南水程日记》	黄福	明朝	专书	出使安南
9	《瀛涯胜览》	马欢	明朝	专书	随使西洋
10	《星槎胜览》	费信	明朝	专书	随使西洋
11	《西洋蕃国志》	巩珍	明朝	专书	随使西洋
12	《身见录》	樊守义	清康熙年间	片断	随西洋传教士出游
13	《海外纪事》	释大汕	17世纪清康熙年间	专书	应邀出游越南
14	《海岛逸志》	王大海	18世纪清乾隆年间	专书	泛海而游
15	《安南纪游》	潘鼎珪	清朝	专书	去广州遇难漂流

续表

编号	作品名	作者	南游时间	作品形式	出游目的及出游地
16	《吕宋纪略》	叶羌镛	1820年后	专书	未详
17	《康西纪行》	姚莹	1844年	片断	奉使出行西藏
18	《吕宋纪略》	黄可垂	清朝	专书	未详
19	《海国见闻录》	陈伦炯	清朝	片断	未详
20	《出使英法义比四国日记》、《出使日记续刻》	薛福成	清末	片断	出使欧洲
21	《南行日记》	吴广霈	清末	专书	出使印度
22	《接护越南贡使日记》	贾臻	清咸丰年间	专书	护送贡使
23	《航海述奇》、《随使日记》	张德彝	清末	片断	随使欧洲
24	《乘槎笔记》	斌椿	1866年	片断	出使欧洲
25	《履勘滇边事记》	周正朝	清朝	片断	奉命勘查滇边疆
26	《护送越南贡使日记》、《再送越南贡使日记》	马先登	1869年	专书	送贡使回国
27	《漫游随录》	王韬	同治间刊	片断	逃避追捕出游
28	《英轺私记》	刘锡鸿	1876年	片断	随使考察欧洲
29	《使西纪程》	郭嵩焘	1876年	片断	奉使出游欧洲
30	《越南辑略》	徐延旭	1877年	专书	两次出使越南
31	《西酉日记》	黄懋材	1878年	片断	随使考察欧洲
32	《出使英法日记》	曾纪泽	1878年	片断	出使英法
33	《欧游杂录》	徐建寅	1879年	片断	奉命出访欧洲考察机械科技
34	《南行记》	马建忠	1881年	片断	奉命前往印度
35	《欧游随笔》	钱德培	1883年后	片断	奉使出游欧洲
36	《海国公余辑录》	张煜南	1885年	片断	出任槟榔屿副领事
37	《新加坡风土记》	李钟珏	1887年	专书	拜访左秉隆
38	《西海纪行》	潘飞声	1887年	片断	应邀出国讲学

（二）晚清民初出版界的“南洋热”现象

晚清民初，中国对“南洋”形成一种关注的热潮。李金生在《一个南洋，各自界说：南洋概念的历史演变》一文中指出：“从1906年至1955年这五十年间，我们却看到了数以千计的书报、刊物、社团、学校、机构、商店纷纷冠以‘南洋’二字，竞相涌现，形成一股挥之不去的南洋热。”不过，根据1905年的《南洋通志》可知，第一本以“南洋”为名的书，是1905年上海格致书室出版的地理书《南洋志略》。同一年在新加坡出版了《南洋总汇报》。自此，各大出版社掀起介绍南洋热，一些南洋游记文本因而得以被这些出版社邀稿出版，各大报纸和杂志也开始刊登一些介绍南洋的文章。

这股出版界、新闻界关注南洋的热潮还可以从一些出版物的说明或者书后的出版社广告信息中，得到一种更为具体、细节性的了解。1915年泰东图书局出版了夏思痛的《南洋》，在这本书的末尾附有一份“泰东图书局书目”，介绍泰东已出版的一些书。其中1912年出版的殷汝骊《亡国鉴 附国耻录》一书，介绍“越南、朝鲜、缅甸、印度、波兰、埃及六国之灭亡痛史，并附录吾国七十年来之外侮及此次中日交涉全案以为国耻。国人快读此书皆识亡国之痛，吾国庶有豸乎”。而商务印书馆至1930年，已经出版了很多游记类图书。在1930年出版的藤山雷太著、冯筱译的《南洋丛谈》一书书尾正文及附录结束后附有商务印书馆出版书籍的广告。其中一幅广告介绍了四本商务印书馆出版的南洋地区游记以及华侨情况的图书。一为邬翰芳著《菲律宾考察记》一册，一为黄强著《马来鸿雪录》上册，一为郑民编《菲列宾》一册，另一则为MacNair著、岑德彰译的《华侨志》一册。另一幅广告则是商务印书馆出版的《少年史地丛书》介绍，广告写道：“（此丛书）用游记或笔记体裁，记述各国历史地理政教风俗物产名胜等等，地理部分已出三十余种，书名列下。”从下面罗列的书名可知当时已出38种，均为编译类作品。作品分为“亚洲之部、澳洲之部、非洲之部、欧洲之部、美洲之部”，既有国内游记，更多为外国游记，其中南洋游记不少。书名格式统一，都以“×××一瞥”为题，如《缅甸一瞥》。同样，另一大书局中华书局至1932年也出版了好几本关于南洋的书籍。例如在1932年出版的罗井花《南洋旅行记》一书的末页，就有中华书局的出版广告。第一份标号为“新(049)”的广告中介绍了三本书。书名、作者、价钱以及书的简单摘要一一罗列。这三本书分别是黄栩圆编《南洋》一册、梁绍文著《南洋旅行漫记》一册、江亢虎著《江亢虎南游回想记》一册。[1]而1933年商务印书馆出版发行的东方杂志社三十周年纪念刊《南洋华侨》,[2]由王云武主编，包含李长傅的《中国殖民南洋小史》、李钧节译的《在荷属东印度的华侨》、黄泽苍的《英属缅甸华侨之概况》、姚蔚生的《英属新嘉坡历届人口统计中之华侨地位》、刘元亨的《澳洲与在澳洲的华侨》五篇介绍南洋华侨的文章。

这些例子从微观而具体的角度恢复了当时出版界南洋热的情形——当时的出版社不仅出版中国人写的南洋游记、南洋史地等书，同时也关注日本人、欧美人的南洋书写。

从以上的例子中，无论是从当时南洋主题类书籍出版的数量、种类，还是从游记在各个出版社和书局出版、介绍的具体情况来看，一股关注南洋、介绍南洋的意识在中国通过出版界，通过南洋书写正在全社会传播。而这些南洋书写中对南洋空间的认识和介绍也就自然而然影响了大批的读者。尽管我们无法统计出读者群的精确数字，然而我们仍然可以从一些具体的记载中了解这些文本被阅读的情形。比如，孙季叔编注的《世界游记选》是“供中等学校作为国文科及地理科补充教本之用。但其他读者无论旅行家居，既可以作指南，亦可以当卧游，读之亦无不适宜”[3]。

[1] 罗井花:《南洋旅行记》，上海：中华书局，1932，正文结束后之末页。

[2] 王云武编:《南洋华侨》，上海：商务印书馆，1933。

[3] 孙季叔编注:《世界游记选》，上海：亚细亚书局，1934，其中亚洲部就有相当的篇幅是南洋诸地的游记。

再如1928年到南洋旅行的招观海在叙述自己因在泗水拜见苏加诺而被荷兰殖民政府拘押在吧城（巴达维亚）的经历时，提到他在南洋旅行途中带着1920年到南洋旅行的梁绍文写的《南洋游记》。[1]他也阅读了1924年出版的陈以益编的游记《爪哇鸿爪》等。[2]

另外，从1928年江亢虎的《江亢虎南游回想记》书后的出版信息中可以看出，这本书1924年初版，到1928年已经发行第五版。可见，此书有很大的读者市场。从南洋拥有广泛的读者群这点来看，旅行者们对“南洋”概念的建构和想象是能够在社会上一个不小的范围内得到传播和流通的。

而这些读者的阅读又很有可能形成日常生活中的话题。游记的序文内容足以证明这点。比如1920年出版的侯鸿鉴的《南洋旅行记》中就有天津胡家琪、同邑（无锡）严毓芳、好友黄龙骧、武进李法章、无锡钱基博等五人作序，可见读到此稿者地域分布较广。而招观海的游记前更有六个序，分别是孙科，岭南大学钟荣光、梁寒操、周启刚、张仁任、张廷选，由刘士木为跋。请人为著作写序，不是请好友，就是请在社会上德高望重者。例如侯鸿鉴1919年南洋旅行时，在菲律宾马尼拉遇到了著名报人傅无闷，[3]侯鸿鉴在离开马尼拉时，傅无闷为他

[1] 梁绍文所著南洋游记为《南洋旅行漫记》，上海：中华书局，1924。

[2] 招观海:《天南游记》，页273。

[3] 侯鸿鉴:《南洋旅行记》，页57—65。侯鸿鉴在马尼拉经傅无闷、庄烜生介绍给当地华商杨臧厚作家传。后因杨臧厚的处事方式被侯认为不尊重自己而产生了嫌隙。傅无闷，福建泉州南安人，国民党党员，因在泉州创办《民钟报》、组织移风剧社等，1918年因言获罪，而避难菲律宾。据侯鸿鉴记录，侯鸿鉴南游时，傅无闷正在马尼拉组织工党，并任《平民日报》主笔。与此同时，傅无闷昔日泉州同仁王泉笙则在马尼拉创办并担任普智学校校长。（侯鸿鉴:《南洋旅行记》，页22）此处为网站资料，出处：http：//www.jinying.org/wx/Print.asp？ ArticleID=11754&Page=1（2011年10月1日）。

作《〈沧海漫游录〉序》。[1]

这些序的产生表明早在游记未被出版前，书稿已经被传阅、谈论。出版后，这种读者群之间就南洋形成话题也就显而易见了。

（三）“南洋”引起出版界关注的原因

此时期在中国的知识界、出版界产生“南洋热”，可能主要由以下从清朝而民国的历史坐标轴上纵深上的政策发展和横切面上当时社会竞争局势这两个相互关联的因素共同推动造成。

自鸦片战争后，清朝被迫打开门户。1860 年，中英《北京条约》续增条款第五条标志着从明至清延续了两个朝代的海禁政策，至此获得了一定程度的解禁。[2]这个条款的意义一方面在于承认了出海的合法性，另一方面则是对劳工输出的一种准许。对劳工输出开口子的这款条约是由于买卖黑奴制度自 1807 年在英国遭到禁止，19 世纪 50 年代美国解放黑奴，影响了西班牙等在中南美洲的黑奴劳工的来源。殖民国急切地需要在海外市场找寻新的能替代非洲黑奴的劳工来开发殖民地。虽然，1823 年新加坡就有契约华工存在，但规模不大。如今，英殖民者有了条约保护就大规模地从中国掠夺劳力，血腥的苦力贸易发展起来。[3]客观上，这开启了自清末到民初一个长时段的移民潮。如此众多的移民到南洋后，少数发财致富的华人通过相对独立于马来

[1] 侯鸿鉴：《南洋旅行记》，页 70。

[2] 这款条约写道：“戊午年订约互换以后，大清大皇帝允于即日降谕各省督抚大吏，以凡有华民情甘出口，或在英国所属各处，或在外洋别地承工，俱准予与英民立约为凭，无论单身或愿携带家属，一并赴通商各口下英国船只，毫无禁阻……”虽然中英《北京条约》续增条约第五条答应列强开放在中国合法招工，且人民可以自由出洋，但，一直到光绪十九年（1893 年）薛福成上奏建议废除旧有海禁令，鼓励人民出洋谋生，以回馈国家、支持建设，清廷始批准正式彻底废除海禁政策。薛福成：《请豁除旧禁招徕华民疏》，见《出使奏疏》，卷下，页 6—7。

[3] 崔贵强：《新加坡华人——从开埠到建国》，新加坡：宗乡会馆联合总会，1994，页 10，31。

政权和殖民政权的华人社群建立起自己的经济王国；即使没有暴富的劳工也每年将大量的财物从南洋通过各种途径输入中国的家乡。南洋华人的经济价值随着移民南洋的人数越来越众，在当地经济中占有越来越重要的地位而引起中国清政府以及各种政治势力的注意。

清末时，政府对南洋华侨群体及其价值和作用开始关注。同治五年（1866年），广东巡抚蒋益澧就建议朝廷在海外设官护侨，利用海外华人来振兴商务；[1]同治六年时任江苏巡抚的丁日昌亦上书提出“精选忠勇才干官员如彼国之领事”[2]；同治十三年福建巡抚王凯泰更为具体地分析海外华人的人口、分布以及设领事的意义：

> 华人在外洋者，闻暹罗有二三十万，吕宋约有二三万人，新加坡约有数十万人，……此经商佣工并记之。……行见海外华人争思自奋，况中国殷商之外洋有官护持，丝茶大贾皆可广为招徕，自行运销，不受洋人抑勒，是又暗收利权也。洋人之在中国者，……或以千计，或以万计，终不敌华人在洋之数。果能官为联络，中国多得一助，即外国多数一敌，而中国之气日盛，外国之气日弱矣。[3]

可见，“用侨”以向内辐射振兴中国经济、向外抗衡洋人的思想从同治年间已经发生。这一思想自清发轫、发展，到民国时达到鼎盛阶段。

---

[1]《筹办夷务始末》，卷四十三，同治朝，页16。

[2] 同上书，卷五十五，同治朝，页21。

[3] 同上书，卷九十九，同治朝，页49—50。

而南洋对民国时期的中国而言，意味着什么呢？“欧战以来，南洋天产为交战国战后弥补疮痍恢复元气所取资。而其市场，则为宣泄壅塞挹注盈枯之枢要。南洋一隅，益为列强所注意，积学之士，争以采得秘奥，为贡献其邦人之礼物。冠盖之徒，借以鼓舞其国人南进之勇气。向之以蛮方视南洋者，今皆赞美讴歌，以南洋为海洋之乐园，世界之谷仓矣。”[1]可见，当时的南洋对民国而言是海洋之乐园、世界之谷仓。清末，保皇党如康有为前来南洋宣扬“救国”思想，革命派孙中山等更是依靠南洋华侨的财力、物力和人力与清廷抗争并最终推翻了清朝，建立了民国。因此，南洋对中国除了经济上还有政治上的重要意义。

另一方面，由于日本觊觎南洋并在南洋与华侨在经济上展开争夺，因此，民国时期，“用侨”的意义还在于以华侨之力打击抗衡日本。关于日本人对南洋的觊觎，日本旅行者就在《南洋丛谈》中明确表示：无论就产业之现状，或人口之趋势以观，皆有渐趋绝地之慨。挽救之策唯有望于海外发展一途。[2]日本人口每年增殖七八十万至百万人，人口问题食粮问题之解决，已急若燃眉之火。况列国均虎视眈眈，力谋南洋方面势力范围之扩张。我国若不急起直追，则有坐失良机之虑。[3]藤山雷太提出：通观各方面之关系，日本无论如何必须以南洋为经济领土，为国内制品之贩卖市场，为有望之投资地，为多数人口之移殖所。[4]可见，源于其国内人口增长与产业结构之间的矛盾，以南洋为经济之国来解决日本国内之困境也是日本人的一大主张。而

[1] 陈枚安：《南洋生活》，自序部分。

[2] 藤山雷太著，冯攸译：《南洋丛谈》，上海，商务印书馆，1930，页6。

[3] 同上书，页96。

[4] 同上。

日本在南洋推展的南进政策，对华侨起到了威胁作用。梁绍文在《南洋旅行漫记》中认为清光宣之季，日人到南洋的寥寥无几，到1920年作者南游之时，日本人在南进政策的鼓舞下，在南洋一带隐然有与华侨竞争雄长之概。而“日本人原来在南洋的地位与华侨一样受殖民政府的歧视，现在到处都高视阔步，目空一切”[1]。

因此，出版界关注日本人的南洋书写是因为中国的出版者以及研究南洋者真切地感受到在华侨众多的南洋，华人也遭受着这些势力的压迫和竞争，因此他们翻译日本人的作品，以让读者在比较阅读中激发出认识南洋、开发南洋资源、建设南洋华人族群的斗志。《日本之南生命线》的译者刘士木就在“译者序”中写道：

> 菲律宾及荷属土人独立运动，暹罗排斥华侨等，据传亦有日本从中操纵，日荷会商事件，则竟欲喧宾夺主。彼对于欧美殖民地之南洋势力，尚且欲与之争衡，而达其南进之大目的，以为其国之生命所在，举国并力，拼命以赴，何况吾南洋华侨，毫不知改良进步，屡经他人欺凌压迫，亦毫不觉醒，毫无组织，如一盘散沙……
>
> “支配热带者支配世界”，南洋有大利可图，为日本国之生命线，日人在南洋，日与华侨拼死活，争进退，日本人活，则华侨死，华侨活，则日本人不死亦濒于死；华侨进则日本人退，日本人进则华侨退。
>
> 华侨之危机现在已至千钧一发……
>
> 译者本“他山攻玉”、“旁观者清”之旨，特为译出以供国人

[1] 梁绍文:《南洋旅行漫记》，页94—95。此书1924年已经初版，本文使用的是1933年版。

及侨胞，参考借鉴，国人及侨胞阅者，亦将有感于斯文，而为之惊心动魄急起直追，以图挽救者乎？[1]

刘士木的序文以夸张的排比句法来表达华侨与日本人在南洋“你死我活”、“你进我退”的白热化竞争，呼吁读者借鉴日本人对南洋的观察和意图，他译此文的目的带有让读者知己知彼从而抗衡日本的策略，他对阅读者大声疾呼希望他们能够意识到危机并急起直追。

刘士木的担心不是没有道理。日本政府早有向东南亚市场进军之意。日本学人热心南洋研究，重视华侨问题，在明治时期比较著名的为福本日南，别号日南子，他遍游南洋群岛，和华侨有不少接触，回国后更是笔耕不辍，著有不下二十种南洋著作。[2]随着这批有影响力的学人对南洋的研究，日本政府对南洋的各种经济资源备感兴趣。在日治时期的台湾，日本人以总督府为基地，收集大量东南亚各地的官方文报。而南洋华侨以及中国广东、福建两省的资料也收集了很多。[3]陈育崧在参观过仍然保留在台湾的这一批资料库后，指出：日本人对华侨既嫉视又畏惧，给他们起了一个徽号叫“南洋的霸者”。他们的研究，用一种窥伺、侦察、密访、暗查的态度和方式，制造种种情报，供应一小撮的野心家。[4]

民国建立后，因为中国一直无法找到好的办法强大起来，知识分子对于国家的积弱延续至清朝感到忧心忡忡，“救国”的焦虑更加强烈，

[1] 松村金著，刘士木译：《日本之南生命线》，中南文化协会，1935，译者序，页4—6。

[2] 陈育崧：《日本的华侨研究蠡测》，见《耶荫馆文存》第1卷，新加坡：新加坡南洋学会，1983，页206。

[3] 同上书，页205。

[4] 同上书，页206。

而经济救国被认为是一个重要的途径。赵正平在《中国与南洋》第一期上作《中华民国之前途》一文，指出：

今之中国不幸极矣。宪法未颁，国会未集，政府虽设，等于无有。

南北争持，无时解决。武人专横，万端俱废。其在中央，则复军需浩繁，外债山积，财政紊乱，金融败坏。其在地方，则东北灾祲，西南兵燹。实业恐慌，交通阻滞。纸币之害，甚于洪水。全国人民，怨苦无告……[1]

文章从内治与外交方面谈中国还是有救、可救的。[2]因为南洋物产丰富、市场活跃，华人在经济上具有较高的地位，掌握了一定的主导权，因此，南洋成为经济救国、政治救国重要战场的不二之选。于是，提高国人对南洋以及华侨的认知、传播南洋知识就成了救国策略的一个重要组成部分。在意识到海外华侨对救国的意义后，南洋旅行者抱持的就不是一般意义上游山玩水的旅行目的，而是将自己的南洋旅行视为负有救国意义的使命。

比较这种富有救国意义的书写使命，旅行本身的救国目的则更为强烈。旅行对南洋旅行者而言，是根据自己所长，到南洋探索各种救国途径。在《南洋旅行记》绪言中作者这么写道：

此鸿鉴所以欲一考其究竟尔即其可法可效者，与可愤可耻者，为吾国社会考镜之资，且为个人学识补助之料也。……以及个人

[1] 赵正平:《中华民国之前途》，载《中国与南洋》，第1期，页1。

[2] 同上书，页5。

之交际，社会之风习，国耻之感受，无不一一详记之，以供国人之考镜，而资履行之实验焉。[1]

这里透露出侯鸿鉴来南洋考察的目的是找寻可效法之处，从而作为中国可以借鉴之资。同时，因为中国时局动荡不安，在国际社会中备受屈辱，因此侯鸿鉴尤其注意“可愤可耻者”，注重记载“国耻之感受”以供国人参考，激发国人的国族意识。因此，其游记中充满了从孱弱国度而来之知识分子的悲情和希望在南洋寻求到一些救国救民之良方的迫切之心。

旅行者主要从多种途径入手，对南洋进行考察。其中一种是以教育救国论角度入手，如侯鸿鉴。其救国救族意识之强烈在其游记的绪言前之《题辞四首》[2]可见一斑：

光怪拿腾菲律宾　探奇兴学倍精神
国魂倘逐吟魂起　不负商歌斫地人

芒芒禹迹欲何言　海峡书来共断魂
奴性已无天可吁　要与教育识根源

婆罗泗水几人游　风虐云昏不自由
欲救众生先入狱　泪河迸血看神州

万劫不回柔佛国　烧天格禄极恢奇

[1] 侯鸿鉴:《南洋旅行记》，页1。

[2] 同上书，序，页5。

酒阑历数经行地　郁勃肝肠吐与谁

这几首辞无一不体现出作者虽为一介书生，在备受祖国沉沦的伤痛之时，愿意为了国族的振兴而出生入死的英雄气概。而其为国家寻找良方的切入点是教育，认为要存国保种必须“与教育识根源”。

梁绍文是一位来自上海的调查教育的官员，曾在北京求学，与中共党员恽代英是同学兼好友，是个“有过激思想的人”[1]。他在其游记中写道：

> 到了南洋之后，我觉得华侨所以能立足的，在于能作工和会做生意。因此，我的预定计划是先调查华侨工商两界的情形，然后再看他们学校状况。……[2]
>
> 在我的蠡见，国内应当每年组织一班南洋旅行队；由学生与商人共同组织，一方面可以调查华侨的工商业，他方面可以联络华侨的学生界——直接与青年华侨携手。华侨呢，每年亦应有一次国内旅行团，一面可以明了祖国的文物典制和国家现象（四五百年未回过中国的，举目皆是，故对于祖国感情，不免消失），再一面可以移资回国，协力发展国内各种工商实业。像现在四处民不聊生的局面，许多人想吃草根木叶都办不到，遑论作工！但是南洋这一条路作尾闾，实在不能不说是救贫的乐国。[3]

[1] 梁绍文：《南洋旅行漫记》上卷，页 87；田子渝、任武雄、李良明：《恽代英传》，武汉：湖北人民出版社，1984，页 1—13。

[2] 梁绍文：《南洋旅行漫记》，页 21。

[3] 同上书，页 59。

梁绍文同样是心系祖国之人，他来南洋考察甚至冒了被遣送的风险。[1]而其考察的目的一方面要在南洋华侨工商界寻求救贫之良方，另一方面是考察南洋教育之状况。站在中国的立场，他当然一方面希望南洋的华侨能利用他们的优势和资源帮助祖国振兴经济，救民于贫困之中；另一方面希望南洋华侨能加强国族意识，加强对祖国（尽管有些土生华人并不认同中国是祖国）的认同之情。

黄强，又名黄莫京，此人是一名军人，曾任国民党十九路军参谋长，还著有《台湾鸿雪录》。在其《马来鸿雪录》中，黄莫京表达了自己南洋之行目的在于学习南洋华侨经营实业的经验，以便在“政治纳于轨道之时，国人可以借鉴南洋的经验，发展实业，使百姓能在自己的国土之上得以安居乐业”[2]。

从以上的例子可知，这类旅行者之来南洋不为谋生，非为贸易，而是希望从南洋华侨处寻找经济上之支持以挽救国家、民族于危难之际。抱着救国之志的南洋旅行者往往还带着一种保护当地华侨、帮助当地华人进行文化建设、帮助当地弱小民族的心态，也就是说在“用侨”策略之外还有“爱侨”的责任和义务。许瀚就在《南洋丛谈》弁言中申明“是本著之印行，不仅欲供国人‘卧游’南国之助，抑欲借此唤起国人爱国与爱侨之热忱云尔”[3]。

“爱侨”的提议事实上一开始就伴随着“用侨”的策略，因为尽

[1] 梁绍文：《南洋旅行漫记》，参考第85—90页内容，可知当时荷兰政府在东南亚殖民地防范过激党人甚严。梁绍文在上海荷兰领事馆办签证时，上海领事即把其基本资料及政治倾向、政治活动的情况写信告知棉兰移民局。故当梁绍文来到棉兰时差点被移民局拘留和遣送出境。后幸亏中国驻棉兰领事张步青亲自与驻爪哇的荷兰总督交涉，棉兰移民局才同意梁绍文在棉兰逗留7日进行考察。

[2] 黄强：《马来鸿雪录》，页58，59。

[3] 许瀚：《南洋丛谈》，弁言，页2。

管有一部分华人富商掌握了南洋的经济权利，然而另一方面，旅行者们认为南洋的环境恶劣，这里普通的华人华侨尤其是“猪仔”遭受着殖民者欺凌。清末李钟珏在游记里写道：“贩卖人口出洋者，名曰猪仔[1]，设馆于澳门，公然买卖。沿海人民或被骗或被劫，一入番舶如载豚豕。西人以卖者贱视之即亦虐役之，其惨有不可言状者。迭经查禁一时稍戢，日久网疏。”[2]卖“猪仔”的情况随着殖民者的扩展始终在南洋存在，这种情况无法得到彻底的解决，据李钟珏1887年在新加坡的观察，“在叻华官绅屡欲清其源而为英官所持，卒不得行”[3]。猪仔于是在南洋各地盛行多年，而猪仔的生存状况极其糟糕。[4]清末，清廷固然因为希望能利用南洋华人的经济力量，另一方面也出于保护南洋侨民的目的，于1887年在新加坡设立领事馆以保护和运用华人的力量。然而直到1920年华人侨民受虐的情形仍然让南游的梁绍文观察、感受到“猪仔”现象产生的罪恶源头——殖民者对劳力的需求和贩卖。[5]

除了“猪仔”，其他到南洋的华人在1920年之前，绝大多数遭受过殖民者的羞辱。当他们乘坐各种式样的船到达南洋的中转站新加坡

[1] 契约华工因为过着非人的生活，被当成畜生一样对待，因此常常被称为“猪仔”或“苦力”。吴凤斌：《契约华工史》，南昌：江西人民出版社，1998，页26—28。

[2] 李钟珏：《新加坡风土记》，新加坡：南洋书局有限公司，1947，页17。

[3] 同上书，页17。

[4] 关于契约华工的悲惨遭遇，清朝曾派官员前往一些国家和地区进行调查，都证明华工在海外遭受了非人的待遇。《清季外交史料》保存了大量清朝官员的调查奏折。而陈翰笙主编的《出国华工史料汇编》，北京：中华书局，1980，以及刘玉遵的访问录《猪仔华工访问录》，广州：中山大学东南亚历史研究所，1979，两书更是收集主要为民国时期的契约华工的资料。吴凤斌的《契约华工史》则对这些资料进行了历史勾勒和学术探讨。无论是资料还是学术著作，都揭示了契约华工在殖民地确实受到非人待遇，下场极其凄惨。

[5] 梁绍文在其《南洋旅行漫记》一书中用“什么叫‘卖猪仔’”、“卖猪仔的黑幕”、“活人阿鼻地狱的猪仔”三节介绍了南洋猪仔产生的原因以及受虐待的现状。

时，男女一律被要求脱光，然后一个个被英国官员、医生和马来族的扞手仔细地检查，如有一个被认为健康存在问题，整船的华人一律被送往蜞樟山（新加坡对海一个荒山，专留容有病的来客），隔离七天到两星期。[1] 华人在南洋还面临其他方面的种种剥削和不公平。例如没有相应的政治地位、没有完善的教育发展体系等。可以说，华人的文化建设和发展受到殖民政府严格控制和打压。

基于以上种种原因，从清朝到民国，中国领事来到新加坡的任务主要在于落实几项海外华民政策：一是以保护及管理华民为主；二是劝诱华人向中国国内捐官和投资；三是凝聚华人对清皇室（民国时期则是对中华民国）的崇敬和忠诚；四是发展海外华人教育；五则是筹建海外总商会，促使华社统一。[2] 这几条海外华民政策，包含了对华民几方面的关照。他们一方面希望华民在海外得到良好的经济和文化发展，另一方面希望能拉动海外华民关注移出国的发展，这个政策在当时海外华民没有政治权利、饱受殖民政府欺压的情况下是无可厚非的。而“爱侨”的观念通过自上而下的宣传，自然在知识分子中形成了某种共识。将自己在南洋看到的华侨所受的欺凌压迫如实记录也是“爱侨”的一部分，他们将这种记录传回中国，让国人参考，可以激发国内人们的爱侨情感。于是，“于其游踪所到之地，则更将其所见所闻之侨胞疾苦，及为异族所欺凌压迫之危险状态，一一纪出，编为游记，为之大声疾呼，以供国人及侨胞参考，其言皆洞见症结，深足以资借镜”[3]，这成为南洋旅行者国族主义责任。

[1] 梁绍文：《南洋旅行漫记》，页10—11。

[2] 蔡佩蓉：《清季驻新加坡领事之探讨（1877—1911）》，新加坡：新加坡国立大学中文系、八方文化创作室，2002，页189。此后的国民政府对海外侨民的政策基本沿袭了清廷的原则。

[3] 招观海：《天南游记》，序四，周启刚所作。

晚清民初，域外旅行书写对于救国具有极重要的作用似乎是当时人的一种普遍看法。比如，他们直接将日本南进归功于竹樾氏《南国记》一书，并由此认为中国人之寄托于荷属者，百倍于日本。那么，中国的南洋游记也可引领国人南进或者可以用以维持中国在南洋的固有势力。[1] 由此，当时的知识分子是完全认同旅行和旅行书写对于国族发展是有重要意义，并且为此意义而竭力去做好游记的写作工作的。

既然救国、护侨的意识以及书写文本对于救国、护侨有着实际而直接的作用是一种社会共识，那么，出版社关注这样的一种独特的书写文本也就是顺理成章的了。

（四）清末民初南洋游记出版、流通的一般模式及其影响

从清末民初对南洋游记的研究看，此时期结集出版的南洋旅行书写主要有四种情况。一，旅行行将结束时根据回忆记录。如江亢虎是在其 1923 年的南洋旅行结束时，在从马尼拉回返的船上六日间回忆南洋旅行过程记录而成，[2] 虽然没有日记等参考，但是行程尚未结束之际，记忆犹新，而所记之事更是在脑海里留下深刻印象之事；二，先登报刊，再结集出版，如许瀚的《南洋丛谈》即如此；三，根据调查报告结集，如《南洋调查实录》；[3] 四，将日记、笔记进行整理然后成书，如郑子健的《南洋三月记》。但这几种情况有时是重叠的。

其中，先登报刊再出版的方式最为普遍。许瀚在其游记《南洋丛谈》弁言中写道："余在南洋四年……间就观感所得，先后为文载诸南洋及国内各报章刊物之上……" 可见，其著作最先也是登载在报刊上的。罗靖华也在《长夏的南洋》中写道："这本稿子是我在爪哇荷属

[1] 林有壬编:《南洋调查实录》，上海：商务印书馆，1918，序二。

[2] 江亢虎:《江亢虎南游回想录》，上海：中华书局，1928。

[3] 林有壬编:《南洋调查实录》，上海：商务印书馆，1918，序二。

巴达维亚的《天声日报》于1929年、1930年两年之间所拉杂写的。”[1]

刘仁航在其所著《南洋游记》的“自序”中详细谈论了自己这本游记的产生过程，借此，我们可以很好地为今人还原和解释南洋游记书写、出版、流通的各个环节与渠道的情形。刘仁航记载道：“余于民十九年游南洋英法属地，其游记随时发表《申报》之《自由谈》，历时数年，未及重印单行本。民廿四年十一月，京中开五全大会，门人刘士木以其所搜存报载旧稿又请人抄出将以重梓。”[2]这段话指出当他在1930年游南洋之时已经在上海《申报》上随时刊载自己所到之处的游记。《申报》在当时的上海发行量很大，1920年就已经达到三万份。可见，刘仁航的南洋游记受众很多。1935年，刘士木将其单独的篇章集中起来重新结集印成单行本。刘士木的这种出版活动并不是个人的、偶然的，而是作为暨南大学南洋文化事业部整体的出版计划进行的。南洋文化事业部编有《南洋研究月刊》，虽有此月刊可以做指导华侨和宣传文化的利器，但因所取材料以片断为多，要系统地记载，非编印丛书不可。当时他们出版的南洋丛书包括《南洋华侨殖民伟人传》、《马来半岛土人之生活》、《荷属东印度的实业教育》、《南洋华侨史》、《华侨教育论文集》、《中华民族之海外发展》共计六种。已编好的有：《南洋概况》、《三十年来日人南进之实况》、《南洋通史》、《南洋槟榔屿开辟史》等共计三十种。另外还有《马来半岛地图》、《南洋略图》、《荷属东印度地图》也在绘画印刷中。[3]可见，暨南大学作为学术机构积极参与南洋的调查研究，并通过出版将这种调查研究的关注扩大至

[1] 罗靖华：《长夏的南洋》，上海：中华书局，1934，页1。

[2] 刘仁航：《南洋游记》，不详：南洋编译社，1935，页1。

[3] 国立暨南大学南洋文化事业部：《国立暨南大学南洋文化事业部工作报告》，上海：国立暨南大学南洋文化事业部，1929，页13—14。

整个社会。

那么，这些文章的刊登、专书的出版对形成一个南洋想象共同体具有什么样的作用？许瀚的文章曾刊登于南洋以及国内两地的报刊，这使得旅行书写借助两地的报章连接起两地读报者的想象空间，从而使两地形成一种共同话题成为可能。招观海的游记部分也曾由“香港《大光报》及上海《真光报》转载”[1]，这显示不仅是中国大陆、南洋两地，香港也加入参与了南洋想象共同体的建构。刘仁航的《南洋游记》不仅在国内出版，影响国内的读者，这个自称“世界坤化大同新村联邦学者”[2]的留洋博士还在南洋到处演讲，而他的“世界大同”的意识形态，以演讲的形式在南洋地区得到传播。[3]也就说，刘仁航的南洋空间概念，在中国大陆和南洋地区都得到过广泛而有效的传播。

学术机构、媒体报章、出版社团与个体的书写结合起来，使得南洋空间引起社会对南洋的关注与好奇，南洋也就在这样的流通中建构出另一番图景和意义。这就使得南洋游记从个体书写层面扩大而为启蒙群体认知的层面。同时，在全社会激发一种关注南洋的热潮，也推动和鼓励了中国知识分子认识和参与南洋华人文化建设的行为。

（五）诗、文、画作酬赠：另一种南洋空间概念的建构、传播和流通

除了通过出版社、报社这些机构对南洋游记进行出版和流通，从而将既具有历史层累的南洋历史先验印象，又具有中国南洋旅行者真实的旅行经验积累的南洋空间概念进行建构、传播和流通外，旅行者在南洋的诗、文、画作的酬赠活动也是旅行者建构、传播和流通南

[1] 招观海:《天南游记》，页315。

[2] 刘仁航:《南洋游记》，1935，页3。

[3] 同上书，页1。

洋空间概念的重要文化行为。这一行为主要发生在南洋华人社会，发生在旅人的旅程中，因此这种概念建构、传播和流通方式的互动性更强。

诗、文、画作酬赠是中国文人雅士交际应酬的传统而文雅的方式。而晚清民初来自中国的一些南洋旅行者，身处朝代更迭的年代，反而让他们既接受到现代新教育或者具备西方留学背景又没有完全失去中国古典诗文的写作能力，有些更是具有中国画的文化功底。因此，这些旅行者来到南洋以酬赠诗、文、画作这些中国式的文化交际方式与南洋华人应酬交际。这些酬赠诗歌大都以五言、七言古诗的形式出现，画作则以中国水墨画为主，文章则以为书作序的形式出现。例如，1914 年曹鼎钟游南洋时就曾赠诗给李教员：

知君抱负不凡才，远渡重瀛曾化裁。
卓识早谋强国策，满门桃李为君开。
天性生来最热忱，海天万里细谈心。
共图良计扶民国，漫学隆中梁父吟。
天演竞争优劣分，全凭人力转乾坤，
从来立国观民气，公理强权不足论。
教育何时国富强，研求路矿技先长。
再加全国兴工艺，世界强权我主张。[1]

作为民国官员，其诗作寄托了一种希望南洋华人支援民国富强的愿望。侯鸿鉴在 1919 年到南洋旅行时，在菲律宾与时任中华民国

[1] 曹鼎钟：《曹少将南洋游览记》，页 50。

驻马尼拉总领事桂埴（任期 1917—1919 年）相见，桂埴将自己的旧日诗文示于侯，两人畅谈文学，其后，侯鸿鉴更写楹联数副以赠之。[1]侯鸿鉴在南洋期间与桂埴之间不断有诗歌、楹联的来往酬赠，这加深了两人的关系，以至于桂埴多次关心地过问侯鸿鉴在菲律宾为其竞志女校募捐一事，不仅帮助介绍当地华人富商，并邀他在马尼拉游山玩水。

除了与中国领事进行这种文人雅士的交际方式外，侯鸿鉴还为在南洋的许多华人画画、作诗，而用手指作墨竹图更是一绝，在菲律宾就常常当着当地友人的面现场表演并将其作品赠送。比如他为马尼拉华侨公学叶校长以指蘸墨画竹数纸，且题咏五言绝句一首：“一夜潇湘雨，晓烟笼竹枝。一竿枯不死，海外有相知。”而其赠给庄烜生的指墨画则题一七言绝句：“莫将食指轻相视，也写潇湘泪数行。海外无人识病骥，聊将淡墨洒斜阳。”[2]侯鸿鉴的指画墨竹法在南洋华人眼中更具有一种表演性，观者纷纷询问其秘诀。[3]而这一互动的过程，显然直接或者间接地让中国的文化得到了表演、阐释、推广。

旅行者除了跟具有清廷科举考试经历的官员、教育工作者以及报业界人士，进行诗、文、画作酬赠以外，他们还有更为广泛的酬赠群体。而这个酬赠群体的行业、区域分布是非常广泛的。招观海的诗歌酬赠活动可以让我们一窥这样的一种广泛的南洋华文诗文空间的建构、传播和规模。

在酬赠诗歌方面着力最深的当属招观海。招观海在美国浸淫多年，获得神学博士学位，同时，他也具备旧体诗文功底。来到南洋后，以

[1] 侯鸿鉴：《南洋旅行记》，页 21。

[2] 同上书，页 23。

[3] 同上书，页 65。

诗文会友几乎成了他的一个例常手段。招观海的《天南游记》共有二十编，从第四编开始几乎每编都收集一组诗歌。这些诗歌共有 360 首之多。酬赠往来的南洋的同学、亲友达一百多人。[1] 酬赠诗歌对象分布在南洋的各个主要华人聚居区，比如当时为英国殖民地的新加坡、马六甲、槟城、吉隆坡、文东、金保、芙蓉、怡保、万挠，缅甸的仰光、眉苗，泰国的曼谷，法属越南，荷属爪哇等地。酬赠诗歌的对象从保险公司职员到华商、社会名流、文人、教员、亲友等都有。其中最为有趣的一组诗是招观海在槟城写的《槟城旅次夜雨思家》。这组诗共有六首，招观海旅行至爪哇时，将诗作发表在爪哇的 1929 年 7 月 13 日的《侨声日报》上。而这组诗歌引起了读者的反响。其中一位与招观海素未谋面的读者叔平为之和了六首。后招观海又为此作和诗。可见，这些旅行者在南洋所写的诗文除了具有现场感，也因为有报纸进行登载而具有及时的流通，从而为旅行者构建书写的南洋空间提供了扩大空间、传播空间概念的途径。[2] 同时，这些例子也充分证明旅行者的诗歌酬赠空间规模大，在南洋的网络既广又密。

分析以上事例可知，在南洋旅行者与在南洋的移民以及本土生者相互之间酬赠诗歌、画作的互动行为具有三个方面的作用。

其一，酬赠诗歌、画作这种文人雅士的交际方式示范了一种中国文化的传统方式，唤起并且巩固了当地华人的族群文化记忆，在行为的演示和文本两个方面参与建构了南洋的华人社会文化。 酬赠五言、七言古诗的交际行为在南洋华人社会成为可能有两个前提。首先，这些酬赠行为主要发生在旅行者和旅居南洋的南来知识分子之间；其次，本身体现了南洋华人文化的一种培育方式。根据李钟珏《新加坡风土

[1] 招观海:《天南游记》。

[2] 同上书，页 47。

记》的记载，“闽广士子在叻授徒者颇不乏人。叻中子弟读书图回籍考试者亦不少”[1]。可见，在晚清时期，有一部分在新加坡的华人子弟仍然接受中国传统文化教育并以回中国靠功名获得社会名望的上升途径。而中国南来文人对南洋华人的文化教育以及领事馆对南洋华人族群文化的推广起了重要作用。[2]

其二，酬赠诗中对南洋空间的概念和形象的建构在这种关系空间获得了一种传播和流通，这种流通更具有现场感和个人性。更为有趣的是，这些旅行者会将旅程中的酬赠诗歌刊载在报纸或者收录于旅行书写里，再通过文本的出版将自己建构的南洋空间印象以及在南洋搭建的文化互动空间进一步地流通到读者群，影响读者群的南洋空间想象。

其三，酬赠诗歌这种行为本身在酬赠和应和者之间搭建起关系空

[1] 李钟珏:《新加坡风土记》，页10。

[2] 同上。这两点正是与梁元生对创办于1887年的《叻报》的研究发现一致。梁元生认为19世纪80年代，新华社会就出现了一个人数相当多的士人集团。而这个士人集团的出现，是由两个条件结合而成的：一是中国文人的南来，二是本地知识分子的兴起。这个南洋士人集团在左秉隆前来南洋担任新加坡领事期间形成。左秉隆两次前往新加坡，分别担任新加坡领事（1881年9月—1891年5月）和南洋总领事（1907年10月—1910年10月）。第一次任新加坡领事期间，左秉隆积极推动当地的文教。一大批华文学校开始兴起，而南洋华人薛有礼创办的第一份华文报《叻报》也是在左秉隆来新加坡几个月之后（1881年12月）创办的。从此，左秉隆通过华文学校、《叻报》以及领事馆，积极开展文士及文社聚会的艺文活动。毕业自同文馆的左秉隆精通中西文化，他创办了英文雄辩会（Celestial Reasoning Association），积极地与当地讲英文的土生华人联络情感，1882年创办会贤社，以文会友，并在《叻报》上刊登“月课”之题，鼓励南来和当地的士人以道德学问互相砥砺，以诗词歌赋抒怀述志。根据梁元生的统计，1887—1891年间参加会贤社文会的人数达到千人以上，月课实际得奖人有291人。左秉隆对中国文化的推动使得南洋华人社会出现了本土士人集团，提高了当地华人和南来知识分子的艺文素质。其后的领事黄遵宪更进一步将这个士人集团以及文人风气在南洋鼓动并巩固起来。这种南来的旅行者们对南洋华人的族群文化建构为此时期以及后来的旅行者跟南洋华人之间进行文化互动创造了前提条件。

间。而这种关系空间的建立一方面是南洋与中国的华人空间的衔接性建构；另一方面，通过酬赠诗歌搭建的这个在南洋本土发生的中国—南洋两地华人的互动空间消解了地理空间的界限，形成了一个基于族群文化基础的文化空间。同时，由于诗歌酬赠的活动发生在南洋，而出版物则大都在中国，因此，南洋和中国有了一种共享旅行者书写南洋空间想象的条件和可能。

南洋游记承载着历史层累的南洋空间先验印象、南洋旅行者真实旅行中产生的新南洋空间概念，以及南洋旅行者在南洋的文化互动行为中搭建的族群文化空间。其出版原因以及出版、流通模式的研究表明，这个时期这些来自中国的游客不仅在业务上，家庭关系上，经济网络上以及政治、宗教等意识形态上，与南洋社会都有着极其密切的联系和互动；另一方面，则表明中国游客在南洋旅行中不仅传播思想、激活南洋华人的族群文化要素，而且他们的南洋旅程、南洋演讲以及对南洋的书写都成为南洋华人文化建构的一个重要的部分。这说明，在晚清到民初，去南洋旅行的中国游客不仅仅是南洋文化的观察者，更是南洋华人文化的参与者、建设者甚至策划者。

结　论

通过南洋书写的出版和流通，本来仅仅存在于有限的历史文献文本以及少数旅行者印象和体验中的南洋空间概念在南洋，香港，以及大陆一些城市如北京、上海等得到了大范围的传播。南洋以另一种不同于地理概念的空间形式存在于书写，流通于出版，扩大于读者之中。因为南洋旅行和书写经验，南洋的空间从一种地理的固定领域转变为一种灵活的，既有实际地理意义又同时具有想象的社群意义，更是一种具有文化意义的建构出来的空间概念和概念空间。

南洋旅行者在谈及南洋空间的先验历史印象时，都将南洋沦为西方的殖民地归结为中国政府无能，或者西方殖民者的武力强夺，这种观点的产生当然都建立在以中国为中心看待南洋的立场，将南洋当作中国朝贡体系中的一个附庸。然而，这种观点是旅行者在出发之前的先验历史印象。当他们真正开始南洋旅程时，他们的观点因为环境的转变、对南洋空间的真实触摸而发生变化。随着他们在南洋空间的足迹的扩大，他们对南洋华人社会的观察视角发生了改变，他们的先验印象一路受到拷问和反思，他们的身份、与南洋华人社会的关系以及互动也发生了改变。第三章到第六章将以旅行者在南洋的实际旅行空间作为探讨起点，在探讨这些空间的同时将殖民者与华人移民、华人移民与中国以及当地社会的关系编织进去，进行详细分析。

第三章　航向南洋

——旅行者南洋空间的丈量

当我们追溯了文本书写中南洋空间概念及其含义发展形成的过程，探讨了对南洋空间进行书写的行为以及文本流通对南洋空间建构的意义之后，我们必须思考一个问题：除了古代的史、地文本对我们重新诠释空间具有重要的先验意义以外，影响旅行者对南洋空间建构的因素还有哪些？旅程和旅行中的互动对旅行者认识一个空间、参与一个空间文化的建构具有什么样的意义？

本章将以旅行者的实际旅行路程作为切入点，分析南洋和旅行者是如何在旅途经验中相互伴随；为什么是在南洋，旅行者得以在“我者”和“他者”的身份坐标间游移转换。考察这些问题，是为了进一步认识清末民初中国旅行者是为何以及如何进入当地，参与，甚至一定程度上主导了当地的文化建构的。同时，当我们解决了上述问题后，我们将对那个时段的南洋旅行者有一个更为深入的认识，而随之而来的是关于旅行者和旅行书写如何能与旅行地文化建构产生密切关系的疑问也将迎刃而解。

第一节 旅行准备与南洋空间的形成

19世纪末20世纪初，交通虽然比以前更加发达，然而从海路出发，从上海、厦门、汕头、广州、香港到达南洋仍然是中国人主要的下南洋路线。那么，旅行者在下南洋之前要做哪些准备？这些准备与他们的南洋认识有何关联？

一、财物上的准备与旅者跟南洋的关系

去南洋旅行，文人雅士首先要在旅费上做准备。旅费来源基本上有几种情况。一是个人自费。1887年5月，李钟珏前往新加坡拜访好友——当时的清朝驻南洋总领事左秉隆。这属于私人会友的性质，因此，他自己准备了旅行所需旅费。到达新加坡后则由左秉隆招待。[1]二是公费支出。中华书局的经理郑子健是1933年“奉中华书局总经理陆费伯鸿先生（陆费逵）命”，到南洋英暹荷各属“大小三十余处”调查教育、视察业务。[2]因此，他的旅行属于公务旅行，由中华书局公费支出。三是友人赞助。根据黄强《马来鸿雪录》记载，当他“民国十五年[3]（1926年）初夏与林君发初（即林义顺）有菲律宾之游。回抵星洲，客窗有暇，并得林君襄助，乃决心致力于各项事业之调查。卒以三十日时间，偕友人李君钟岳乘汽车环游马来半岛一周。见闻所及，拉杂记之，聊以备留心南洋问题者之参考云尔”[4]。可见，黄强的南洋旅行是受到南洋华人的资助的。在这些方式中，尤其是从第三种

[1] 侯鸿鉴:《南洋旅行记：病骥冒险旅行之二》，绪言。

[2] 郑子健:《南洋三月记》，1935，自序以及页1。

[3] 黄强:《马来鸿雪录》上册，页2。

[4] 同上书，序。

方式中可以看出，旅行者在行前已经跟南洋取得了较良好的联系，中国旅行者受到了南洋华人的欢迎，并获得了南洋华人在旅行经费上的财务赞助。

二、护照办理

（一）护照与身份

护照，在中国有着悠久的发展历史，上可追溯到战国时代。古代的中国人用竹简、布帛、木板、金玉或纸张做成的封传、契、照牒、过所、符节、符传、路证、路引等证件出入边塞关津，记载其上的是类似现代签证的内容。清朝康熙年间，中国已有现代意义上的护照。1689 年，中俄《尼布楚条约》规定："凡两国人民持有护照者，得过界来往，并许其贸易互市。"清朝的中国护照是公文形式的纸张，记载有持照人姓名、籍贯、年龄、职业及发照机关和主管官员姓名、发照日期、盖官方印鉴等，又因为 19 世纪末 20 世纪初的中国护照并无照片，为正确辨别持照人真伪，护照多用文字描述持照人的体貌特征，如身高、体态等。[1]

进入 20 世纪，清廷重视对护照的管理，出现了"游历护照"的类别。中华民国时期，中央政府制定了比较完整的护照制度，1932 年 1 月 31 日国民政府公布了护照条例。[2]

护照对于个人的身份以及现代国家疆界的认知以及外交关系都有其重要性。晚清民初，旅者在国内旅行基本上不再需要重新置办代表

[1]《照会琼海关税务司查照办理出洋护照式样》，见广东省档案馆、广州华侨志编委会、广州华侨研究会、广州师范学院合编:《华侨与侨务史料选编（广东）》，广州：广东人民出版社，1991。

[2]"中国护照的发展历史"，http：//gothenburg.china-consulate.org/chn/lszj/zjzs/t215854.htm（2011 年 11 月 20 日）。

身份的证件，因此身份问题在国内旅行中并不会被刻意提醒。域外旅行则不同，因为旅行者面对着办理护照的问题。护照对于身份的明确、提醒以及相关的权利具有标志性的意义。办理护照是旅者在行前深入认识自己身份的重要过程。这个过程对正处于从古老传统的帝国向现代国家转型的中国人而言有着特别的意义。因为这是旅人认识自我与世界关系的关于国家、疆界大概念的鲜活的个体体验。

有趣的是，护照并不仅仅在出洋时需要办理，回中国的移民也同样需要在海外办理回国护照。晚清民初，就有由清廷驻海外领事馆发放给海外侨民保护他们安全归国的护照。这种护照最先由黄遵宪发明。由于清廷的海禁政策，直到 19 世纪晚期，海外侨民回国仍然会受到诸多限制或者受到当地官员的敲诈勒索。为了保护华侨，黄遵宪上书驻英公使薛福成，催请他向朝廷上书要求解除海禁。1893 年 9 月 13 日，清廷终于“下谕准华侨归国，并严禁嗦扰勒索等弊”[1]。黄遵宪也为南洋的侨民制作了护照：将他们的姓名、地址登记入册，制成护照，发给将返国的华侨。这样，归国的华侨就能得到一定的保护。[2]

目前，笔者发现的最早刊登一份完整的护照照片的南洋游记，是署名为爪哇伤心者（从书中所记事略可以推测作者为在荷属井里汶任教的湖南长沙人任寿华）编，1906 年由彪蒙印室所印制的《南洋志略》。这份护照是其回返中国时南洋的中国领事馆开具的，旨在保护归国侨民免受地方官员的欺压。任寿华这份护照，申明了其海外侨民身份，写明其原籍、姓名以及年龄，这帮助任寿华向地方官员展示其侨民身份并予以特别的保护政策。

[1] 高维廉：《黄公度先生就任新加坡总领事考》，见郑子瑜：《人境庐丛考》，新加坡：商务印书馆，1959。

[2] 郑海麟：《黄遵宪与新、马华侨》，载《文史知识》，2006 年，第 3 期，页 74。

图二 任寿华护照

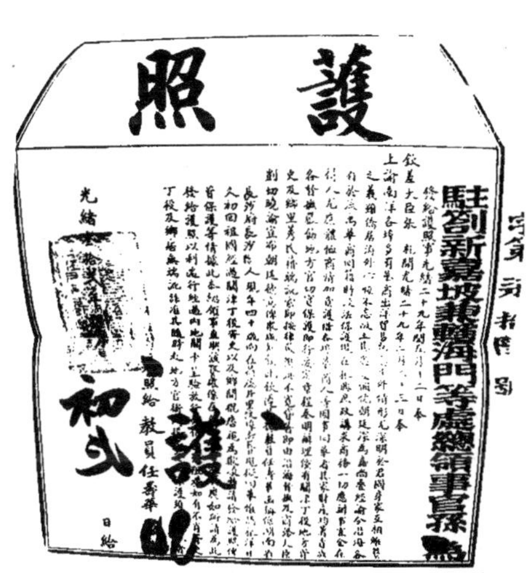

资料来源:《南洋志略》[1]

其次，晚清民国初，从中国到南洋，除了合约式苦力以及搭乘末等舱位者不用办理护照外，其他人都必须办理护照。因此，办理护照不仅仅是提醒国与国疆界的程序，还是一个在去南洋者群体内部区别身份的程序，“船例三等票到坡必须护照，四等不要。张君未有，竟不得上，为之怅然”[2]。鉴于此两点，很多旅人都详尽记录了自己第一次办理护照的经过。

办理护照不仅对旅者个人而言是一种身份的重新认识过程，它同样也是认识南洋与中国关系的重要过程。通过护照办理，旅者明确认

[1] 爪哇伤心者编:《南洋志略》，上海：彪蒙印室所，1906。

[2] 刘仁航:《南洋游记》，上海：南洋编译社，1935，页4。

识到南洋与中国的界线，可以说，护照的办理将南洋从“中国朝贡体系附属”的身份中脱离出来，这让旅者不得不面对南洋已经脱离了中国的事实。

（二）护照体现的南洋内部的割裂

侯鸿鉴对办理这份意味着出洋去国意义的护照的过程写得极详细。因为“此次南游，所亟亟预备者，即办理游历护照一事，最为周折”[1]。为了方便后来的旅行者对办理去南洋的护照一事有清楚的了解，侯鸿鉴详细记录了自己的办照过程，从拍照、交费、财产申报、护照送交、领事签字……事无巨细，一一写明。[2]

郑子健对办理护照的描写，则体现了到南洋必须到不同的殖民政府去办理不同的护照。他在其游记第一节专门写了“准备放洋手续”。

他在1933年春前往南洋之前，乃先赴广州市公安局，领取护照。……护照为外交部颁行者，内贴二寸半身照片，列明姓名、年岁、职业、籍贯、身量、相貌，并注明前往英属殖民地、荷属东印度群岛及暹罗国，视察商务（going to straits settlements, Dutch East Indies and Siam to investigate commerce）。盖地名区域稍不精确，则登岸恐生问题。护照既得，因须往英、荷属即向广州英、荷两国领事馆签字。……唯广州荷领未签护照，遂由其具函介绍，嘱向香港荷领接洽。……至暹罗领事馆，粤港均未设立，俟由英属入暹时再向该地暹罗领事请签而已。[3]

郑子健等人对办理护照的重视以及详细描写，一方面固然是为了照顾和帮助后来者通过阅读了解出洋的办法，以达到“促成国人到南

[1] 侯鸿鉴：《南洋旅行记：病骥冒险旅行之二》，页2。

[2] 同上书，页2—3。

[3] 郑子健：《南洋三月记》，页1—2。

洋发展之企图”[1]。同时，也是对自己经受了一次身份认证过程的重要思考。

如果说办护照是对自我的认知，那么对自我的认知往往参照着对他者界限和属性的认知。江亢虎在其《江亢虎南游回想记》记录道：

> 办护照也，欧战前华人出洋除俄、美两国外均可不用护照。今则除日本、暹罗及香港外，任何国及任何国属地皆需护照，即就进向江苏交涉公署请领之。……护照本不难办，而办者往往迁延多日，尤有一事，地名区域稍不精准，恒生问题。即如此次护照原载赴英属星加坡，比诣英领签字，谈及欲往槟榔屿、麻六甲，谓须改用英领海峡殖民地字样。因此，展转又费钱数日。其后抵星加坡，始知此名仍未赅括，必须分领海峡殖民地及马来联邦，然后可以周历英领马来半岛。……此外，如赴法属者，须写法领印度支那，不可写安南，更不可但写西贡。赴荷属者，须写荷领东印度群岛，不可但写爪哇或苏门答腊，更不可但写巴达威亚或三宝垄也。[2]

以上郑子健与江亢虎对办护照的描写片段中均注重区分了他们办理了不同的南洋内部地区的护照签证，比如赴英属、赴法属、赴荷属或者前往暹罗，均需要去不同的领事馆办理手续。这样的记录显然凸显了南洋内部的割裂。本论文第二章探讨过旅行者的南洋先验印象是南洋呈现一种整体的、中国朝贡体系中的附属。然而旅行者在即将开始接触到南洋的时刻，从护照的办理中清楚地认识到此

[1]《国立暨南大学南洋文化事业部工作报告》，页5。

[2] 江亢虎：《江亢虎南游回想记》，页1—2。

时的南洋是个疆界分明、规则繁多、不再是朝贡附属的殖民地南洋。这样的南洋内部因为有多个殖民国侵入而形成众多明确的边界划分，而这种边界的划分跟此前中国与南洋之间发生朝贡关系时的南洋边界印象很不相同，这就造成中国旅行者在办理护照时发现自己的先验印象与当下事实有很大的差异，而这差异因为殖民国现代疆界划分体系和准入体系的建立让旅行者认识到南洋与中国在疆界和外交关系方面的变化。

通过办理护照，南洋旅行者也对出发地国家和到达地国家的政治界限和政治地位之间的差异有了具体认知，并反思国与国之间的关系。梁绍文从海峡殖民地前往荷属苏门答腊的遭遇以及他的感受最能说明这样的问题。梁绍文在槟城购买前往棉兰的船票时遇上护照办理的麻烦事。从他的记录中可知，虽然槟城到棉兰只是一夜航程，但他要先去领事馆办理护照，然后去荷兰领事署签字，再被告知要拍一张四寸全身相片。“前后白等了十天以上，吃麻烦已五六次”才买到船票。[1]梁绍文认为荷属南洋对于中国人入口的极其苛刻，主要出于几个原因。一是国内军阀混战国势不张，“故人皆以奴隶视我，贱种目我”[2]，另一个原因则是苏联苏维埃政府成立后，共产主义风气开始弥漫全球，居留政府害怕共产空气在南洋华侨及岛民中得到传播从而发生大乱。[3]

梁绍文的自我身份与国家的政治气氛使得他在到达棉兰后经历了更为严峻的考验。到达棉兰的入关经历对梁绍文而言让他确知南洋人所处的一种看似自由实则高压的社会氛围。这个社会只允许生意人和苦力存在，对于华人知识分子则是动辄投监、遣返，管制极严。因

[1] 梁绍文：《南洋旅行漫记》，页84。

[2] 同上。

[3] 同上。

此当本地的华人领梁绍文办理入关手续时嘱咐他对移民官称自己是生意人而不是读书人。然而，荷属棉兰的殖民官对于从中国来的这个年轻激进的知识分子的个人信息了如指掌。原来从梁绍文在上海荷兰领事馆办理护照签字开始，他的档案信息已经被直接知会了远在南洋的荷属移民官。而这样一种跨区域的移民跟踪和管制造成的直接结果是当荷属移民官拿出一张上海来的信，同时点出梁绍文是从北京出来的学生，来南洋调查华侨教育而不是做生意的真实目的后，"我觉得很怪骇"[1]。

南洋的荷属殖民地对护照签发以及对护照申请人身份审查的严格带来的对于国家与国家之间政治上的思考也体现在招观海身上。招观海在泗水期间与本土人民党领袖苏加诺见面，之后在巴达维亚被荷兰殖民政府关押四十二天。他感慨道:"被居留政府拘留是我侨胞的'家常便饭'，用不着大惊小怪。"[2]"谁叫你做中国人！"[3]这些感性的情感抒发，体现了当事人对荷兰歧视中国的愤慨，但也揭示了中国的旅行者再也没有出发前对南洋的那种"中国历史附庸"的先验印象，而是实实在在地感受到南洋与中国的疆域隔离和政治隔离。这是南洋旅行者从出发前手续办理到登陆后入境手续的办理过程中不断增强的一种对南洋空间的新认识和体会。

三、人际网络的准备

清末民初，私人出洋旅行不像当代社会般方便。一来旅行社少，二来手续烦琐，三来花费颇巨，四来如果在南洋殖民地没有亲属担保

[1] 梁绍文:《南洋旅行漫记》，页85—86。

[2] 招观海:《天南游记》，页316。

[3] 同上书，页319。

会比较困难。因此，这个阶段来南洋旅行者大都在出洋前通过各种渠道与南洋的各行业人士建立起人际网络。

业务上的联络是旅客到南洋的一种主要联络方式和空间搭建的基础。由于中国与南洋的贸易往来密切，许多大的公司在南洋、中国香港和中国大陆有自己的分行。例如中华书局的郑子健到南洋进行商务考察之旅时，南洋地方的中华书局分支机构就是他稳定的公务联络地。1933 年，郑子健一到新加坡"乃由曼士君伴至中华书局，先访经理徐采明君，并晤同事陆维路、刘锦源、严启东诸君等"。随后，徐采明陪伴其游星洲大世界并共赴晚宴。其后（5 月 24 日），徐采明亦陪伴他同去中华书局，并介绍来自湖南长沙、毕业自德国第必宁大学的哲学博士罗公陶与之相识，此君来新三年，曾任南洋女校教员、《星洲日报》记者，对南洋华侨教育研究有素，让郑子健觉得获益匪浅。[1]郑子健来到新加坡数日，《星洲日报》即登新闻："上海中华书局粤、桂、闽、滇、港、叻分局监理郑健卢（郑子健）君，由香港南来，连日参观学校工厂，游览本坡名胜，实地考察华侨教育及风土人情，以便编辑南洋华侨适用书籍。闻不日偕星局经理徐采明君，首途出发四州府及暹荷各属。"[2]可见，公务上的联络是前来公干的旅行者最主要的活动空间拓展因素，借由这些分支机构的负责人再介绍南洋地区的相关人物与之联络，整个南洋的业务空间由旅行者和在地者共同编织起来。

郑子健在游记中还记录了另一群联络人，如光在写新加坡的旅行中，就提及了与之吃饭、参观、介绍朋友的好友，如在邮轮上认识的同行者杨善培（新加坡南洋烟草公司经理），邮轮医生詹锦章（原籍广东饶平，生长在槟榔屿，香港大学校医科），杨天保（厦门人，生

[1] 郑子健：《南洋三月记》，页 21—27。

[2] 同上书，页 41。

长在暹罗合艾，开设珍美公司，营锡米业，年二十八）；星洲好友黄曼士，南洋烟草公司吴叔平、曾怡保、黄石头；宗亲则有郑抱林、郑逸臣；老友则有聂荫传、梁小夏；结识的当地名流则有福安公司林炯轩、林竹轩、林谋炎昆仲，《星洲日报》记者罗公陶，徐采明夫人方文钧（崇本女校校长），王盛治（闽南人，《南洋商报》记者，星岛文豪邱菽园的女婿），林天民（黄曼士之婿），林邦彦（厦门人，南源烟行主人），傅无闷（厦门人，《星洲日报》总编辑），其夫人刘韵仙（南洋女子中学校长），林庆年（原顺街林金泰茶庄，林庆年当时为中华总商会副会长、福建会馆教育科主任），周献瑞（福建会馆董事，曾任“中央”侨务委员会委员），颜世芳（福建会馆董事），黄锦源（福建会馆教育科委员黄肖岩侄子），赖大年（潮安人，端蒙学校教务主任），吕伟觉（新会人，养正学校校长），李天游（同安人，道南学校校长），钟岳南（梅县人，启发学校校长）等等。[1] 这些人中，既有他在前来南洋的邮船上结识的南洋朋友，也有移居南洋的族人、亲戚，还有在中国认识后前来南洋的一些朋友，不过大多为商界和文化界人士。他们带郑子健参观南洋各地名胜，结交当地华人，介绍南洋华人社会的风土人情以及政治、经济、教育等情况。这些人脉让郑子健得以将中华书局在南洋的业务网络扩大到更大、更细的生活空间，构成了其立体的南洋文化空间。

招观海的旅行经历则从宗教组织方面说明了南洋的佛教、基督教等组织也与中国有着密切的相互往来关系。侯鸿鉴的旅行则具体说明了在教育行业中国与南洋之间的联系。除此以外，熟人介绍熟人的情况在私人自费旅行的侯鸿鉴经验里有更为明显的体现。侯鸿

[1] 郑子健:《南洋三月记》，页2—78。

鉴在《南洋旅行记：病骥冒险旅行之二》中详细记录了他出游前在福建进行的南洋旅行人际关系网络准备的情况："托黄君孟圭致绍介书与驻菲总领事桂君东原及中西学校教员蓝君季献。白君桂林致绍介书于普智学校校长王君泉笙。黄君莪生致绍介书于平民报馆主笔傅君无闷。偕白君往访暨南局总理龚君仲谦致绍介书于中西学校校长颜君文初。"[1]

如果说护照办理在政治上让中国的南洋旅行者感受到修正南洋空间的先验印象的必要，感受到当下南洋鲜明的疆界和政治隔离感，那么人际网络上的准备却具有打破这种来自殖民集团带来的割裂感的作用。旅行者在这种穿越了南洋内部殖民政权疆界的南洋人脉空间里，仍然能够感受到一个基于华人社会的南洋整体。同时，南洋人脉空间整合了中国和南洋的人际关系。这种人际空间已经不仅仅是形成"接触区"，而是能促使"我者"和"他者"相互转换和融合的人文空间。

第二节　轮船——海上浮动的南洋空间

自然环境如山水，能形成天然的物理边界。大陆与岛屿之间的海洋，分割了南洋与陆地的连接，标示着海洋旅行与陆地旅行的区别——一踏入海洋，就意味着与熟悉空间隔离，而新空间形成。旅行者 Washington Irving 曾经这么描写海洋带来的割裂空间的感受："大洋顿时将我们割断了，使我们感觉到活像从一个安乐土被流放到一所可疑的地方。回看家乡，中间横亘着一个恐怖的海峡。只是些狂风骇浪，

[1] 侯鸿鉴：《南洋旅行记：病骥冒险旅行之二》，页 2—4。

眼见得地角天涯生还非易了。”[1]可见，海洋对于旅人来说会带来强烈的空间感。而航行在海洋上的轮船也就成了一个封闭的小型人类社会。当南洋旅行者乘搭轮船离开港口，驶向南洋，海洋割裂空间的作用以及轮船这种隔绝的空间，标示着旅行者的南洋旅途不再停留在书写和想象中，而是真正开始了。

一、多元化人群：南洋社会特性初接触

既然同一艘船的旅客目的地大致相同，那么，在船上，中国旅行者接触到的人群以及他们之间进行的互动，可能展现一种边界的提醒和跨越、身份的强调和觉醒，也可能勾画出一幅南洋社会生活初体验的场景。

对游记文本的研究发现，中国旅行者在船上遇见了欧洲人、南洋移民、印度人、日本人等，他们之间的互动非常多样化。多元的人群使得中国旅行者穿梭在文化的各种边界中。他们既找到了文化的相同，也发现了文化的差异。无论是相同性还是差异性都不断让旅行者参照、反省自我身份，不断地在主动进行的互动中进行文化的微调。

比如梁绍文与一位在汉口行商十多年的英国商人相遇、交谈。这位英国商人不断提醒梁绍文国内官僚体系的严重问题，“（英国商人板着严肃可怕的面孔，发出愤恨不平的声音）说：‘你们中国的情形不说便罢，说起来实在可恨。我在汉口十多年，以汉口来讲，我见中国的官没有一个不中饱的，即以前任的江汉关监督丁士源来讲，他在汉口中饱得来的钱，至少有一百万以上；那些什么汉口商场督办，简直和人身的虱一样，一件事情没做出来，整日只晓得吸百姓的膏血，

[1] Washington Irving 著，陈心纯译：《海程》，载陈光甫、赵君豪主编：《旅行杂志》，1929 年，第 3 期，页 65。

更有那班最无耻的就是省议会的议员，他们的行为实在和妓女差不多。'"[1]外国人对中国的愤怒显然让中国的旅行者感到难堪、尴尬，甚至可能进一步刺激了旅行者到南洋去寻求救国方法的旅行目的。

邬翰芳则在船上遇见了名叫阿三的侍役，这让他不断重温国家刚刚过去或者还将继续存在的社会革命的现实和爱国激情。这位侍役来自广东，在船上跟邬翰芳等谈起“五卅”案件发生后水手们种种的行为。他说起水手们怎样的同情和愤慨，怎样的准备罢工，怎样的被船主察觉软禁，一时不易达到目的，怎样的储蓄款项救济罢工同胞等等。邬翰芳认为他说话时神气活现，慷慨激昂，这些人都是真正的爱国者，不能不令人佩服。[2]刘仁航也对邮轮上的中国茶房赞赏有加：“茶房仆人，大抵凡经行中国及南洋一带之船而周航世界者皆用中国茶房。可惜其所讲均闽粤语也……吾人不能不佩服闽粤人之创造世界力……其以为茶房之役，能走遍全球，隐然在世界劳工界占一大势力，岂不伟大欤？”[3]这些普通的南洋华人移民的创造力、吃苦耐劳的精神，让旅者对南洋的华人移民群体有了一个初步的印象。

而苦力们也为中国旅行者所观察。住一、二等舱办理了护照的旅行者对于苦力是同情的，然而这种同情多少有居高临下之意，两者间绝少互动。郑健庐就常常观察到苦力们住的大舱的恶劣环境：“窗户紧闭，空气窒塞，蓬头垢面，局促一隅，呕吐狼藉，不可向迩，食惟粗粝不堪之糙米，睡惟污秽难忍之地板，此与监牢何异。”[4]

往返在南洋与中国之间的商人则让旅者们心情复杂。他们在南洋

[1] 梁绍文:《南洋旅行漫记》，页4。

[2] 邬翰芳:《菲律宾考察记》，上海：商务印书馆，1929，页6。

[3] 刘仁航:《南洋游记》，页18。

[4] 郑子健:《南洋三月记》，页7。

多年，在公司里担任要职或者家产殷厚，然而在很多方面却让中国旅行者看不惯。比如梁绍文就觉得在新加坡爱国公司任采办的林先生，喜欢吃完甘蔗后将蔗渣抛得满地都是，讨人厌极了。而马六甲一个资产有千万以上的琼州帮郭姓富商，在外面看他不过一个乡里人样子，并且不喜欢讲话，终日吃了就睡，醒了或者起身望一下海景，总不肯和人好好地谈说一会儿。这种似乎并不友好的态度让梁绍文猜测是不是有钱人的脾气。[1]而南洋的一些商人在海外经商十多年，在中国与南洋之间往返六七次，却不通西语，不谙西俗，[2]这让有海外留学经验的江亢虎感到意外，并屡屡因为他们在西人的餐厅就餐时，“披衣（靸）履以入食堂，刀叉飞战于盘中，肴核狼藉于几上”[3]的不符合西方就餐礼仪的行为感到不解、难堪，江亢虎此刻的角色变成了南洋华商西方就餐礼仪的指导者和督促者，他“时时耳提面命之”[4]。

尽管有一些华商让旅者感受到其礼仪之不足而不甚愉悦，却也有与旅行者相谈甚欢者。而这些人往往告诉旅者一些南洋之地的法律，尤其是关于入境这个直接关系到旅者的最迫切的课题。从郑子健的游记记录中，郑子健与其所搭乘的荷兰电船万福士号上的詹锦章医生相处得非常融洽。原籍广东饶平，生长于槟榔屿，毕业自香港大学校医科的詹锦章为他介绍英属殖民地和荷属棉兰的入境情况。20世纪30年代初经济衰退时期，英属殖民地总督颁布限制华人入口的条例，登岸者须在移民局领登岸证，缴费叻银五元，方准上岸；而荷属棉兰管理更严，须先缴入口税荷银一百五十盾，并在移民局详细问话，取具

[1] 梁绍文:《南洋旅行漫记》，页4—5。

[2] 江亢虎:《江亢虎南游回想记》，页4。

[3] 同上。

[4] 同上。

担保，方准入境。这些情况的介绍帮助郑子健清楚地了解到即将面临的登岸问题。除了政治，詹锦章还为中国旅行者介绍当时南洋经济凋敝的情况。[1] 由于世界经济恐慌，南洋经济凋敝，失业工人比比皆是，或自行回国，或遣配出境，[2] 当中国向南洋解除移民禁令后，决定华人去南洋还是回中国的重要因素转变成南洋的经济兴衰。比如自从 1929 年经济大萧条后，广州的《民国日报》在 1930 年、1931 年多次报道了华侨失业归国的新闻，里面也列出了具体的人数。1930 年 9 月 11 日，《广州民国日报》有一条消息说：潮梅华侨出入口调查回国比出洋多。新闻统计了当年 8 月潮梅华侨出入口人数，并作了对比。其中出国的共计 8098 人，而归国的达到了 8751 人。[3]

移民潮的涨、退和移民的回归，一次次影响着中国和南洋文化上不同因子的交融和冲突，也决定着南洋的移民很大程度上是南洋和中国两地之间的旅行者的性质。除了经济的原因造成移民和移民回归的旅行性质，南洋华人也会主动地回中国旅行，郑子健在船上遇到的祖籍厦门的暹罗合艾华人杨天保、祖籍琼州的王亚伟、祖籍厦门的陈亚成，就搭乘火车从泰国而越南再入广西而后广东最后福建，游历了南中国，体会了中国的政治以及民风，对中国人信仰外人较重于本国深感痛心。[4] 然而，南洋华人回中国旅行者虽然人数众多，却因为多为商人、苦力，而少有文字著述留存，不可谓不是一件憾事。

郑子健在船上跟南洋华人的交往细节同样耐人寻味。面对土生华人，郑子健与之交流的除了听取他们对南洋经济、政治的叙说，也将

[1] 郑子健：《南洋三月记》，页 3。

[2] 同上书，页 6。

[3]《广州民国日报》，1930 年 9 月 11 日。

[4] 郑子健：《南洋三月记》，页 5。

自己的文化对南洋华人叙说。而这些既跟中国传统文化相关，又与当下他的生活经历和方式有关。他与槟城土生华人詹锦章就自己家族的茶叶生意谈开去，讨论的是中国的茶文化，而他与暹罗土生华人杨天保以及詹锦章谈到自己吃蔬食的生活方式时，詹锦章从西方医学的角度来解释，郑子健则从孟子哲学进入，阐释中国古代哲学家关于平等、仁爱的观念。这种观念，让杨天保“深以为然”[1]。

从梁绍文、江亢虎、邬翰芳到郑子健的记录，我们看到南洋华人的不同的面目，也看到中国旅行者对南洋华人的不同的看法。他们与南洋华人之间的互动或者对他们进行纠正，或者跟他们互通文化上的有无，而中国旅行者对南洋华人不仅是进行再华化，事实上也帮助南洋华人西化。

二、西方与东方的融合和对抗

旅行者前往南洋的船大都是西方殖民国的，因此，旅行者在船上首先遭遇了西方以及船所承载的殖民主义。正如查尔斯 · 蒂利关于身份、边界的研究所云，遭遇会使“先前两个分开或只有间接联系的网络的成员进入同一个社会空间并开始互动时，他们在联系点上共同建立了一个社会边界”[2]。在通往南洋的船上，最能吸引中国旅行者目光的是文化差异大的欧美人。这些人的存在，成为中国旅行者自我文化的参照坐标，使得中国旅行者时时感受到另一种文化的鲜明存在。西方与东方的遭遇的确形成了一个社会边界，而西方文化对中国旅行者而言大多数时候都形成一种压迫感和冲击感。这个边界首先凸显了生活方式上的差异。这种压迫感和冲击感主要以衣着打扮、谈吐

[1] 郑子健:《南洋三月记》，页11—13。

[2] 查尔斯 · 蒂利著，谢岳译:《身份、边界与社会联系》，上海：上海人民出版社，2008，页144。

风度、行为方式以及对中国旅行者的衣着、谈吐、行为方式的态度和反应体现出来。由于这群旅行者大都搭乘西洋邮轮，这些船上的生活环境和生活方式完全按照船主的国家习俗布置、安排，客人们都必须在这种被复制的殖民主义的环境氛围里按照一种被安排的方式进行起居。而前往南洋的中国旅行者到了南洋后直接接触的大都是华人社会，因此，船上隔绝的空间倒给了他们一个绝好的机会，他们观察、接触正在南洋担任殖民者角色的西方国家的人群以及生活方式，对照自己的生活习惯，以西方文化作为一种参照，来微调自己的生活方式和思考。

带着中国文化印记的旅行者究竟对怎样的西方生活方式带着好奇的、赞赏的眼光，从而自觉微调自己的生活方式，心甘情愿地主动配合呢？邬翰芳在 1925 年 7 月 6 日搭乘的从上海赴菲律宾的美国轮船上周览时，写道："头等客舱里有大餐厅、休息室、图书室等等，地上一律铺着地毡，安放的桌椅和壁上的装饰都是十分考究……船中侍役，敲着钢丝琴……这是吃午餐的时候到了。饭后在第一层甲板上散散步，到休息室弹弹琴，到图书室里看看书，到游泳池里游泳，船上种种优美生活一概都领略过……茶点时候，略进咖啡与饼干。"[1]这种优美的现代新生活方式让邬翰芳觉得很愉快，而西方人的办事周到亦让他觉得赞赏。

这样的西式生活方式在很多本游记中都有记载，江亢虎写道："晚餐后，甲板上奏音乐，士女舞蹈恒达深夜，西方美人调朱傅粉，袒臂露胸，淡抹浓妆，争妍斗媚。"[2]郑子健亦对这种洁净、华丽、优美的

[1] 邬翰芳：《菲律宾考察记》，页 5—7。

[2] 江亢虎：《江亢虎南游回想记》，页 4。

生活方式感慨。[1]刘仁航亦详细描述了这种船上的优雅生活。[2]正因为船上分等级的方式以及高等级舱享受到的西方生活方式让旅行者觉得优美，因此，郑子健对那些二等舱的搭客“御内衣，憩坐于头等烟室，船主饬侍役告知，掉头不顾”的行为为之慨然。[3]梁绍文的行为则更具代表性：“聚餐的时候，每个座位都有一张名片，个人认定自己的名字去坐就是了。我的座位左边是一个中国人，右边是一个英国少妇，对面坐着两个中国人，恰和他们成一对平行线。有一次，我和对面的中国人谈话的声浪高一些，被那个坐着右边的英国少妇望了我几回，那时我才觉得讲话大声亦是不合的。”[4]这些旅行书写者的记录表明了他们自己对于这种生活方式的拥护——两相比较下，他们甚至立刻对自己的生活方式进行调整以达到西方生活方式的要求，他们的这种行为显然为西方的优美生活方式进行推广、维护。比如，梁绍文记叙到：“起初的时候，我饮汤还有一点弄得汤匙响，后来见同桌的人再没有第二只汤匙发响的，我只好暗暗地改过来学他们一样了。”[5]毫无疑问，中国旅行者对西方生活方式表现出一副主动融合的姿态，而南洋的华人却似乎在生活方式上并未被完全地西化，生活在殖民地的南洋华人的生活方式为什么反而没有被西化？这里面的原因是什么？这是否体现南洋华人对西方文化的一种对抗？这些问题我们将在第六章谈论南洋华人的家庭空间时进行详细讨论。

然而，这样的西式生活方式，并不是一开始就获得中国旅行者青

[1] 郑子健：《南洋三月记》，页7，10，11。

[2] 刘仁航：《南洋游记》，页18。

[3] 郑子健：《南洋三月记》，页11。

[4] 梁绍文：《南洋旅行漫记》，页3。

[5] 同上书，页2—3。

睐的。旅行者对这种生活的原因进行探究的过程，说明东方文化在认识西方文化之初的笨拙，以及比较后自认落后的心态。梁绍文详细描述了他对于西点早餐食用方式的不解、原因探寻以及自圆其说的解释。

我所搭的游船名叫“甘马”S.S.Comer，系属于大英公司的……船上吃的都是西点西餐，早晨六点钟就有人送一杯咖啡茶，一碟饼干上加两只香蕉，这些东西都要在未起身之前食的。我们不知所以，觉得很奇怪！为什么未起床就送这些茶点进来，莫非是要催我们起身的意思么？同房的两个中国人也莫名其妙，大家呆头呆脑地连忙起身去洗面漱口，然后去饮那放冷了的咖啡茶。过了两天，偶然瞧见对房的一个外国搭客，他是睡在床上未起身的时候将那些点心和茶都吃了，打了两阵呵欠，慢慢地才起来，先向浴房内洗身，其次方回睡房里洗面漱口，然后才正式穿上衣服的。我们无意中得着这个消息，才知道我们前两天实在是老乡。

但是我们不明白为什么未起身就要先饮咖啡吃饼干？这样的吃法固然是违反我们中国人的习惯，就是他们西洋人也有什么益处？我们将这样的意见横亘在胸中好些时。一日在太阳西落，晚霞映照着顿生万丈毫光的甲板上，站定一个外国人，和我在那里赏玩五色祥云映水互荡的晚景。我和他赞美了两句天然景色的话，接着我就问他早上未起身前饮茶食饼的缘故。

他说：“这是英国人的一种生活习惯，因为晚上睡着之后，一个人元气保留在口中，未起身之前先将茶咽下是将元气送回肚子里的意思。这也许是英国人的一种特别脾气，别国人不常常是如此的。”听了他这段话之后，才将数日来的疑团明白过来。后头我也听人说及中国内经亦会讲过：“早晨未漱口以前食东西，足使元气归脏”的话。

这层道理我未研究过不知究竟怎样。[1]

梁绍文对这种生活方式的不解和不知如何处置被他自己解释为自己“老乡”，这种解释首先将这种西方的生活方式高级化，而相应地自己的生活方式则显得低级化。当他了解了原因后，又将这种方式的原理与中国《内经》的解释互文，这个过程使得被自我低级化的生活方式又恢复了原有的自信。然而，梁绍文的这种自信在受到另外的因素压制时，他的民族主义就被激发了出来。

“（大餐厅）座位是预先安排好的，我和吴君的桌位，是在进门靠壁的一隅。我们和侍役说中间空着的桌位不是一样的么？他说平时习惯，中国人和日本人不多时，都一起在两边靠壁上，中间大概都留给欧美人的。我们想想中间和偏旁，吃起饭来，原也差不了多少；不过由这一点，明明显出白色人种的偏见，有意看不起我们黄面孔的人了。”[2]同样的情况，推广自治和世界大同的学者刘仁航虽然认为“但究竟因国界与面色之异未免感情隔阂”，但是“同桌黄白种杂坐，令人有四海兄弟之思”。因之，“若欲致大同必定用余之血统混合之策，先化除种族始矣”[3]。梁绍文和刘仁航所持的两种截然不同的看法，表明这些旅行者本身所秉持的理念是不一样的，而这理念的不同不仅存在于旅行者，另一方面也会因为旅行者到南洋活动的缘故，使得南洋华人社会也形成这样的特点：有拥有不同理念的移民群体，并相应地与相同或者赞同该理念的旅行者进行接触。可以说持任何一种政治理

[1] 梁绍文：《南洋旅行漫记》，页1—2。

[2] 邬翰芳：《菲律宾考察记》，页4—7。

[3] 刘仁航：《南洋游记》，页5。

念者（比如支持保皇党者、支持孙中山的国民革命者、支持英殖民政府者、支持共产主义者、支持世界大同理念者等等）都能在南洋找到自己的支持人群，南洋似乎是当时中国政治理念的实验场。

在船上，当中国文化与西方文化相遇，并且体现出文化差异时，会出现怎样的情形？“我没有带游水衣，便只得穿了一条短裤和一件中国的短衬衫就算了。我本来乡居的时候已经晓得游水，此时也只好拿出我的老本事出来。谁知泅了一会儿，池上的人大笑不止，很像个个都望着我来笑的样子……我心里想，未必他们笑我一个中国人杂在许多美国人当中就拿这样开玩笑么？既然如此，我索性走出来，那么他们就没有目的物可笑了。于是面红红地急忙走出池子，跑回房间，换过了衫才出来。那个素不喜欢讲话的郭先生，笑着脸问我晓得刚才池上发笑的缘故么？我答一声不晓得。他就一五一十地告诉我原来我的中国乡下的泅水法，姿势极其不好看，所以池上的人见我一耸一笑，越耸就越笑。后来我很失悔不应该将乡下的泅水法带到外洋去给外国人笑。”[1]西方人的嘲笑，让梁绍文觉得尴尬，以至于对自己的泅水法很是失悔，这种失悔和脸红的心态，表明中国旅行者在西方文化的嘲笑下，失去了自信。而在西方人的船上进行“西方式”游泳如果从泳装到泳姿都没有使用西方标准的话，就会被嘲笑。梁绍文的船上游泳经验充分体现出西方文化对中国旅行者行为的东方主义式的压迫，同时也体现东方文化在西方文化面前有自我东方主义式的反思。

然而，梁绍文在生活方式上因为西方人围观和嘲笑失去的自信在劳工层面上获得另一种平衡。当他在自己搭乘的一艘大英帝国的邮船甘马号的二等舱遇到其印度侍役时，他借印度侍役的经历对西方殖民

[1] 梁绍文:《南洋旅行漫记》，页4。

主义进行了嘲讽，以此来对抗西方的殖民文化。在与印度人用英语交谈中，梁绍文记录到印度侍役从三十岁开始在英国船上当茶房侍役，每月20块工钱，三年前才存满三百多块娶了太太，如今添了孩子，生活开销大，工钱不够用。[1]针对这个问题，梁绍文借用一个传闻说英国灭了印度的国家，还想将印度的人种渐渐灭绝，所以对印度人娶妻进行限制——不过四十岁不能结婚，又对他们进行国民生计上的压迫，迫使他们不能活动。一方面不使他们饿死，另一方面又不使他们饱死。这就是英国人的灭国新法，行之于埃及有效，行之于印度而更收大效。“亡国的人真是可悲可痛。眼见着船上的英国侍者，没一个不挺起胸，昂起首，摆出一个大国民的态度，呼奴唤婢的样子使役那般同级的印度人，有时脾气不合，还要赠他一只外国火腿，看起来怪难受啊。”[2]

中国旅行者对海上轮船空间的观察和书写，让我们得以了解中国旅行者本身理念的多元化，而站在不同的理念角度的中国旅行者在船上遇到的华人的各种面貌、西方文化以及他们各自对西方文化方式采取的既融合又包含对抗的态度与方式，不仅让旅行者从行前的书本中的先验印象中跳脱出来，更让他们在未到南洋之前，对南洋社会的多元性有了一个粗略的、个案性质的认识。这个空间是中国旅行者认识南洋的西方文化的重要窗口，也是中国旅行者与西方殖民者和西方殖民国的旅行者之间的密集的、带着强迫性质的、被动的接触空间。而这种与西方殖民者近距离的观察、接触是他们到达南洋后很少再有的情形。

[1] 梁绍文:《南洋旅行漫记》，页5。

[2] 同上书，页6—7。

第三节　航线南洋——旅行者的南洋空间

中国与南洋产生关系源于商业贸易发展。中国海洋贸易的发生和发展，带动了海外移民潮流。早在汉唐时期，华商就已积极从事海外贸易。宋元以前，中国的海上贸易主要以外来商船为多；宋元时期，中国拥有世界上最好的造船业和航海技术，包括将指南针使用在航海上。泉州和太仓成为两个重要的海商基地。华商逐渐成为中国海外贸易的主角，中国商人主导了印度洋和东亚的海上贸易。然而，宋元时期的这种中国海洋发展的机遇被明朝的海禁政策所扼杀。永乐二年，明成祖甚至下令“禁民间海船，原有海船者悉改为平头船。所在有司防其出入”[1]。明朝海禁政策的出台，使得原有的通商港口的民间贸易船只遭到严查，这也导致了民间海商被迫成为走私商人，再而成为海盗，在从浙江到广东沿海地区建立形成走私港口，例如：广东的东莞、涵头、浪北、麻蚁屿，潮州的南澳，福建的走马溪、古雷、大担、浯屿、海门、金门、崇武、湄洲，浙江的双屿、烈港、普陀、东潘等地。[2]隆庆元年（1567年），明朝迫于经济压力，开放了福建的月港，海禁得到部分开放。[3]

然而，此时，印度洋以东海域已经从宋元时中国人的天下一变而为西方殖民国的势力范围。葡萄牙人已经用它强大的海上舰队搭建了以印度、马六甲、澳门以及长崎港口为节点的远东贸易网络；西班牙

[1]《明太祖实录》卷二七，台北：中研院史语所校本，1962，页498。

[2] 王抒：《条处海防事宜仰祈速赐施行疏》，见《明经世文编》卷二八三，上海：中华书局影印本，页2995—2996。转引自庄国土、刘文正：《东南亚华人社会的形成和发展：华商网络、移民与一体化趋势》，厦门：厦门大学出版社，2009，页10。

[3] 庄国土、刘文正：《东南亚华人社会的形成和发展：华商网络、移民与一体化趋势》，2009，页18。

人则在1565年从中国海商手里夺走了菲律宾贸易的主导权；荷兰人自1619年在巴达维亚（雅加达）建立殖民政府并逐步控制了印尼群岛；英国人1613年在日本出岛建立商馆，后经营印度的殖民贸易。18世纪后期开始，开拓建立了以槟城、马六甲、新加坡、仰光、暹罗为据点的远东商贸圈。西方殖民者海上交通快速发展的同时，中国施行海禁，这给西方一个进军南洋的大好机会，而中国则在南洋商贸中丢失了主动权，并在第二次鸦片战争之后，成为西方在南洋殖民的劳动力提供者。咸丰、同治年间，厦门、汕头、广州、澳门和香港相继成为苦力贸易中心。从18世纪70年代起，随着英国占领槟城和随后被英国占领的新加坡也成为中国南部沿海苦力贸易在南洋的接收集散地。

根据宋旺相的记载，1869年，在海峡殖民地国会法令（Act Parliament）下注册的轮船有178艘。其中，120艘为华人经营，[1]常年穿行于中国和南洋的海面上。随着蒸汽轮船业的兴起，从19世纪80年代开始，中国移民多乘轮船前往南洋，由于得到了航海技术上的支持，更大的移民潮流开始形成。据记载，1884年，分乘283艘轮船和56艘中国帆船从中国华南各港抵达新加坡的中国移民已经达到11万。[2]到20世纪初期，前往海外的华工越来越多，华侨应有400万之众，九成以上聚居南洋。[3]

而这些来自中国的大量的华人移民已经开始从原先聚居南洋主要港口城市延伸到内陆，从城市延伸到乡村。这一方面是由于人口规模急剧扩大，另一方面则显示分布在南洋岛屿内陆的矿业和种植业正在

[1] 宋旺相著，叶书德译：《新加坡华人百年史》，新加坡：新加坡中华总商会，1993，页99。

[2] [新加坡]《南洋总汇报》，1914年8月10日。

[3] 庄国土、刘文正：《东亚华人社会的形成和发展：华商网络、移民与一体化趋势》，页43。

被全面开发。

如果说，华人移民从中国到南洋、从南洋的港口城市到内陆乡村这样一种空间的延伸的发动机是交通技术的发展加上经济发展结构的合力，那么，这样的空间变化具体在旅行者的游踪里是如何实现的？而这种延伸空间的概念以及空间延伸的过程对于旅行者以及当地的华人社区意味着怎样的文化建构意义？

空间概念的形成是与人对空间的认识和丈量方式分不开的。随着海上交通的发展，人们能够日益清晰地辨析海洋以及岛屿的空间位置。而航线的开辟则直接意味海上空间的固定化。航海工具以及技术的发展变化和航线的增加、变化对南洋空间的概念形成具有某种程度的决定性作用，也跟旅行者的出行息息相关，因此，旅行者无不对此表示关注。而这种关注就是以书写的形式进行记录，以出版的渠道将这种基于交通发展而获得的空间概念进行传播和流通，从而形成某种大众常识，一边不断更新，一边代代传承。

许瀚在《南洋丛谈》中，追溯了唐朝、宋朝、明朝时期的中国到南洋的航线。唐朝的航线因为有日本人的研究，因此许瀚引用日本人的研究叙述得最为详细。“当时我国南航商船航线，据日本高楠顺次郎谓系由广州下船，经占婆（Cham Po，今越南之交趾）之澳，至木罗游（今苏门答腊）或者其婆（今爪哇）分为二路：一路经现今之巽他海峡，到狮子国；一路经现今之麻六甲海峡，寄航于裸人国（今尼古巴 Nocobti 群岛），到耽罗栗地（Tamroliqti）（今加尔各答）；僧义净及不空金刚智达摩大师等所经亦为此路。”[1]也就是说唐朝时期下南洋以广州为出发点具有两条航线向南洋辐射，这两条航线在南洋如果

[1] 许瀚：《南洋丛谈》，页 23。

没有重合的话，在南洋内部交通不是很方便的时期可能会将前往南洋者分为两个很难互相联络的部分。随着中国外贸港口的增加以及船运技术的发展，宋朝时候又增添了一些南洋航线，许瀚记录道：宋都南迁后与阿拉伯人通商亦渐繁盛，遂使苏门答腊之巴林邦（Balenbang，今巨港），成为远东贸易中心。传说当时福建泉州与巴林邦之间，每年例有两次之航行。[1]

晚清民初，到南洋的旅行者几乎都得跟航线打交道，因此，都有海上交通的经验，有些旅行者专门在游记中对当时的海上航线进行详细的记录。

1887 年 5 月，当李钟珏前往新加坡拜访好友——清朝驻新加坡领事左秉隆时，他“自香港乘轮船指西南行计程三千四百七十七里，至越南之西贡，自西贡指南偏西行二千四百二十一里至新加坡，风顺六日可到，逆风或至七八日”[2]。李钟珏的航程仍然受风向的影响，并且他并没有搭乘直接从香港到新加坡的航班。1914 年曹鼎钟游南洋则从香港乘搭日本邮船热田丸，从 9 月 27 日至 10 月 2 日，六天的航程抵达新加坡。[3]郑子健本在澳门，1933 年春赴南洋时先去广州再去香港办理护照签证等手续，而后从香港前往新加坡。他 5 月 18 号搭乘荷国邮船公司（俗称 KPM，即 Koninklijke Paketvaart Maatschappij）万福士号前往新加坡。到了 20 世纪 30 年代，从香港到新加坡只需要四天半的时间。此船航线由荷属棉兰起点，经新加坡、香港、汕头而至厦门。往者自厦、汕、港载客往新加坡、棉兰，每次常达一二千人。[4]由此，

[1] 许瀚:《南洋丛谈》，页 24。

[2] 李钟珏:《新加坡风土记》，页 1。

[3] 曹鼎钟:《曹少将南洋游览记》，页 1—2。

[4] 郑子健:《南洋三月记》，页 2。

从中国去南洋，上船地点不止香港，还有厦门、汕头，但是因为到香港办护照签证比较方便，因此旅行者大都选择从香港出发。由此，从香港出发前往新加坡成为一条重要的航线。

不过，在当时，不仅有从香港出发前往南洋的航线，另一个中国船务集散地是上海。很多旅客也选择从上海出发抵达新加坡的航线。1923 年创刊的《旅行杂志》第 1 期上就已经登载上海到南洋的现代化蒸汽轮船航班船价信息。从这份记载可以看出，上海到南洋主要有两条航线，一条是从上海到新加坡，另一条是从上海到荷属巴达维亚。从上海到新加坡航线上有较多的轮船公司的轮船来往：大来轮船公司、法国邮船公司、日本邮船公司、美最时公司、大英公司。而从上海到荷属巴达维亚的轮船公司则只有渣华邮船公司一个。根据广告可知，创建于 1855 年的日本邮船公司在 1929 年有轮船 180 只，总吨重为 88.8 万吨。而中国—欧洲航路经南洋、印度及马赛、伦敦，每两星期一趟。[1]从上海亦有前往小吕宋（今菲律宾之马尼拉）的航线，此航线在《旅游杂志》上只有大来和昌兴号两家轮船公司的轮船开行。[2]20 世纪 30 年代，航运技术已经非常成熟，从上海到南洋又增添了一些航线。比如怡和洋行轮船部广告中就列出其中外洋航线为海峡殖民地，婆罗、斐列滨、香港、中国、日本等处（共有大轮船 12 艘）[3]。而此时，中国的航空交通也开始普及到民用，只不过尚未普及到海外的航线。

[1] 陈光甫:《旅行杂志》，1929 年 4 月，第 3 卷第 4 期，扉页广告。

[2] 陈光甫:《旅行杂志》，1929 年，第 3 卷第 3 期、第 4 期、第 7 期；1931 年，第 5 卷第 2 期；1932 年，第 6 卷第 3 期；1933 年，第 7 卷第 11 期广告。

[3] 陈光甫:《旅行杂志》，1931 年，第 5 卷第 4 期广告；1932 年 3 月，第 6 卷第 3 期广告；1932 年 4 月，第 6 卷第 4 期；1932 年 6 月，第 6 卷第 6 期；1933 年 11 月，第 7 卷第 11 期广告。

从上海到世界各地的航班不少，根据 1929 年的一份船期船价表，我们可以看到当时上海到美国、上海到欧洲、上海到新加坡的所有航班。新加坡的航班之多，可以从下表看出，而所有从上海到欧洲的轮船都途径新加坡，加上一些专门航行上海—新加坡的轮船，我们不难得出上海—新加坡是当时外贸航线中最为活跃的一条。而新加坡无疑是当时中国到南洋的一个极重要的中转站。新加坡的地理位置之重要，被莱佛士发现后，在 20 世纪初得到了普遍的认可。日本人前来新加坡旅行时，这么描述它的重要地位：它西通印度洋，自印度至苏黎世为中心的小亚细亚，连通欧洲；东临中国海，直达荷领诸岛、法领印

图三　1929 年 4 月 16 日至 5 月 29 日期间，上海到新加坡的船期船价表

上海至新加坡　SINGAPORE　船期船價表

出船日期	船名	抵埠日期	船公司	頭等價	二等價	三等價	四等價
四月十六日	北野丸	四月廿九日	日郵	二十鎊	十四鎊	八鎊	五鎊半
四月十六日	[illegible]	四月廿四日	大英	二十鎊	十四鎊	無	無
四月十七日	[illegible]	四月廿九日	大來	二十鎊	無	無	無
四月廿日	[illegible]沙	四月[illegible]日	法郵	二十四鎊	十六鎊	十鎊	六鎊
四月廿三日	[illegible]	五月一日	大英	二十鎊	十四鎊	無	無
四月三十日	[illegible]名丸	五月九日	日郵	二十鎊	十四鎊	八鎊	五鎊半
四月三十日	[illegible]	五月十二日	北德	二十一鎊	十四鎊	無	無
五月一日	[illegible]	五月十三日	大來	二十鎊	無	無	無
五月四日	[illegible]	五月十四日	法郵	二十四鎊	十六鎊	十鎊	六鎊
五月七日	[illegible]	五月十五日	大英	二十鎊	十四鎊	無	無
五月十一日	[illegible]	五月廿日	[illegible]	一百七十二元	無	無	無
五月十四日	賀茂丸	五月廿三日	日郵	二十鎊	十四鎊	八鎊	五鎊半
五月十五日	[illegible]	五月廿七日	大來	二十鎊	無	無	無
五月十八日	大[illegible]	五月廿八日	法郵	二十四鎊	十六鎊	十鎊	六鎊
[illegible]月廿一日	[illegible]	五月廿九日	大英	二十鎊	十四鎊	無	無
五月廿七日	[illegible]	六月九日	北德	二十一鎊	十四鎊	無	無
五月廿八日	香取丸	六月六日	日郵	二十鎊	十四鎊	八鎊	五鎊半
五月廿九日	[illegible]	六月十日	大來	二十鎊	無	無	無

（二九）

资料来源：《旅行杂志》1929 年 4 月，第 3 卷第 4 期，页 92。

度支那、中国大陆、日本以及北美大陆，扼世界咽喉之要冲。[1]新加坡当时是南洋地区乃至整个南洋与外界相连的重要交通枢纽，也同时成为衔接旅者、搭建南洋空间的关节点。而其他上海到婆罗、小吕宋、菲律宾的航线有些并不与上海—香港—新加坡线重合。这当然跟一些轮船公司分属不同的殖民国所有有关。比如法国邮轮大都会走西贡线，美国邮轮则会走菲律宾线。当然，由于前往新加坡的航班最多，而从新加坡到南洋各岛的航班每天都有，因此大多数人（无论游客还是猪仔）都会先到新加坡再出发前往南洋各地。

船期表固然极其具体地反映了船开行的日期以及票价，然而，这些信息收集自那些在杂志上登广告的船主处，而那些没有登广告的或者在其他报纸、杂志上登广告的船运航班，我们就无法获知。因此，

图四　1913 年中国海关进出各船只吨总数

58　CHINA.—TRADE RETURNS, 1913.

中華民國二年貿易冊

通商海關進出各船按國旗號隻噸總數

SHIPPING: VESSELS ENTERED AND CLEARED, 1909 TO 1913.

旗號	FLAG.	年分 1909.		年分 1910.		年分 1911.		年分 1912.		年分 1913.	
		隻 No.	噸 Tons.	隻 No.	噸 Tons.	隻 No.	噸 Tons.	隻 No.	噸 Tons.	隻 No.	噸 Tons.
美船	American	815	806,523	1,286	725,279	1,373	712,161	1,623	715,001	2,458	898,750
奥船	Austrian	48	188,592	52	198,098	68	192,824	74	255,713	84	285,802
英船	British	27,699	34,026,704	28,000	34,253,439	28,885	34,712,440	31,909	38,106,732	32,186	38,120,300
丹船	Danish	95	141,504	80	103,995	108	146,400	77	91,786	86	122,722
和船	Dutch	200	316,003	233	337,944	322	408,252	275	387,471	293	401,077
法船	French	5,141	4,919,889	3,766	4,923,492	2,602	3,154,157	1,836	1,634,408	1,020	1,233,763
德船	German	5,854	7,243,742	5,361	7,060,521	4,848	6,849,069	4,778	6,171,684	5,382	6,320,466
義船	Italian	...	...	4	14,044	...	...	...	...	...	...
日本船	Japanese	30,808	18,949,404	31,197	18,903,146	21,259	19,172,727	20,091	19,913,385	22,716	23,472,487
朝鮮船	Korean	44	29,620	50	39,066	...	...	...	...	...	...
瑙威船	Norwegian	1,420	1,351,802	1,101	1,088,784	1,257	1,246,304	1,086	1,121,789	637	739,328
葡船	Portuguese	4	578	12	1,524	98	12,446	166	13,710	816	128,330
俄船	Russian	1,267	837,262	2,541	1,441,345	2,388	1,390,999	2,964	1,639,145	3,265	1,687,796
瑞典船	Swedish	68	99,376	52	86,190	26	46,620	20	51,594	27	71,065
中國洋式船隻*	Chinese, Shipping*	34,038	12,789,677	36,909	11,146,849	31,258	12,829,688	31,682	12,885,599	36,136	14,744,325
中國華式船隻†	„ Junks†	101,015	5,071,133	109,166	5,450,973	99,780	5,055,424	86,199	4,574,675	85,632	5,159,619
統共	TOTAL	208,516	86,771,809	219,810	88,776,689	194,252	85,929,511	182,779	87,562,748	190,738	93,331,850

* 洋式船隻掛用中國旗號即係華人所置　Vessels of Foreign type, owned by Chinese, and sailing under the Chinese Flag.

† 華式船隻即係華人自造之船在關掛號　Vessels of Chinese type, built and owned by Chinese, entered and cleared at the Maritime Customs.

资料来源：《通商海关华洋贸易全年总册》，1914 年第 1913 卷“海关进出各船只吨总数”

[1] 藤山雷太著，冯攸译：《南洋丛谈》，页 79。

图五 1914 年中国海关进出各船只吨总数

54 CHINA.—TRADE RETURNS, 1914.

民國三年貿易册

通商海關進出各船按國旗號隻噸總數

SHIPPING: VESSELS ENTERED AND CLEARED, 1910 TO 1914.

旗號	FLAG	年分 1910.		年分 1911.		年分 1912.		年分 1913.		年分 1914.	
		隻 No.	噸 Tons.	隻 No.	噸 Tons.	隻 No.	噸 Tons.	隻 No.	噸 Tons.	隻 No.	噸 Tons.
美船	American	1,286	725,279	1,373	712,161	1,622	715,001	2,458	898,750	3,116	1,017,492
奥船	Austrian	52	198,098	48	192,821	74	255,713	84	285,802	51	174,233
英船	British	28,000	34,353,439	28,885	34,712,440	31,909	38,106,732	32,186	38,120,300	32,705	38,795,409
丹船	Danish	80	105,995	108	146,404	77	91,786	86	122,722	100	139,520
和船	Dutch	233	337,944	322	408,252	275	387,471	293	401,077	276	398,271
法船	French	3,766	4,923,492	2,602	3,254,157	1,836	1,634,468	1,029	1,232,763	516	882,140
德船	German	5,361	7,060,521	4,848	6,849,069	4,778	6,171,684	5,382	6,320,466	3,593	3,328,597
義船	Italian	4	14,044	...	...	...	...	...	...	...	...
日本船	Japanese	31,197	18,903,146	21,259	19,172,727	20,691	19,913,385	23,716	23,422,487	22,143	23,684,774
朝鮮船	Korean	50	39,066	...	...	...	...	...	...	...	...
瑙威船	Norwegian	1,201	1,088,784	1,257	1,246,304	1,086	1,121,785	637	739,328	670	746,005
葡船	Portuguese	12	1,524	98	12,446	166	13,710	816	128,330	1,748	311,696
俄船	Russian	2,541	1,441,345	2,388	1,390,995	2,964	1,639,145	3,265	1,687,790	3,989	1,875,613
瑞典船	Swedish	52	86,190	26	46,620	20	51,594	27	71,065	15	40,985
中國洋式船隻*	Chinese, Shipping*	36,909	14,146,849	31,258	12,829,688	31,682	12,885,599	36,136	14,744,325	42,587	15,602,636
中國華式船隻†	" Junks†	109,166	5,459,973	99,780	5,055,424	86,199	4,574,673	85,632	5,159,619	108,140	6,328,390
統共	TOTAL	219,810	88,776,689	194,352	85,929,511	182,779	87,562,748	190,738	93,334,830	219,629	96,326,267

* 洋式船隻掛用中國旗號即係華人所置 Vessels of Foreign type, owned by Chinese, and sailing under the Chinese Flag.

† 華式船隻即係華人自造之船在關掛號 Vessels of Chinese type, built and owned by Chinese, entered and cleared at the Maritime Customs.

资料来源:《通商海关华洋贸易全年总册》,1915 年第 1914 卷“海关进出各船只吨总数”

这份船期表尽管已经能说明那时来往于南洋与上海的船只很多，但无法精确地反映当时的完整的上海—南洋船只来往情况。

因此，参考一些全面性的资料可以补足宏观上的认知。根据 1909—1914 年中国海关关于来往的中外船只的登记，可以看出 1909 年进出中国港口进行国际贸易的船只就有 208516 船次。这些船除了来自美国、奥（利地）国、英（国）、丹（麦）、和（荷兰）、法国、日本等，还有中国自己的船。外国来往的船只已然数字庞大，达到 73463 只，而中国出洋贸易的船只更是超过了 135053 只，其中华人自造的船只更是多达 101015 只。其后几年，来中国贸易的船只逐年攀升。对进出中国海关的中外船只的全面认识加上一张具体的船期表，显然能让我们了解到船期表外仍然有很多

图六　1887 年 8 月 19 日从新加坡到其他地区的轮船船期表

輪船開行

謹示船期○啟者茲本館報之後日必將出口之各輪帆船行期詳登凡有輪船之公司行號見報爲之先期佈告俾人周知以便招徠載運不無裨益實爲利便之舉但本館記事務繁逐一詢問恐或有遺茲啟與叻坡凡有輪帆各舟諸公司行號約如遇貨號出口之際某日展輪解纜自有定期務祈先將船期示知俾本館以便照登刷欲附貨搭客者可得先事而備自無後至之嘆不覺之利諒諸君之樂從也再者諸君送來之稿祈於每日三點鐘以前交到方能照列若過三點鐘則本報經已排印不能照錄當候下日始能錄出何祈見諒特此佈聞 本館謹白

往	船名	日期	時間	代理
西貢	利望暇示輪船	初一日	下午三點	莫寶德洋行
香港廈門	又	又	又	又
[illegible]閏	萬里望輪船	初一日	上午十點	萬興號
仙仔簡蘇祿	又	又	又	又
峇株峇轄	引路輪船	初一日	上午九點	[illegible]行
檳榔嶼	羅乾輪船	初一日	上午十一點	彼烟澳公司
望居	又	又	又	又
麻六甲	昭丕耶輪船	初一日	下午三點	豐興號
吉坻	又	又	又	又
白蠟檳榔嶼	又	又	又	又
加勝吧	三茅瓦輪船	初一日	下午六點	莫寶德洋行
井里汶三寶壠	又	又	又	又
泗水望加錫	毛柳示	又	又	又
網路	榔榔沙輪船	初二日	上午十一點	棉示必洋行
日里	喜美輪船	初二日	下午二點	棉示必洋行
麻六甲	爲老荷里公寶輪船	初二日	下午四點	棉示必洋行
吉礁	柯勝禮保	又	又	又
香港	汝穆輪船	初三日	下午二點	萬興號
汕頭廈門	又	又	又	又

Printed and Published by SEE EWE LAY, at the "LAT PAU PRESS" No

资料来源:《叻报》, 1887 年 8 月 19 日。

图七　1887 年 8 月 24 日从新加坡到其他地区的轮船船期表

輪船開行

往	船名	日期	時間	代理
麻六甲	拚憐輪船	初六日	上午十一點	協振號
[illegible]岳	實陽徽	又	又	又
麻六甲	綠絲實密輪船	初六日	下午一點	長茂號
[illegible]	保安輪船	初六日	下午一點	豐源號
麻六甲	吳寶勝花輪船	初六日	下午二點	瑞泰號
吉礁	柯勝禮保	又	又	又
檳榔嶼	吳密[illegible]輪船	初六日	下午二點	明瑪也洋行
望居	又	又	又	又
井里汶	鄭萬安輪船	初六日	下午三點	瑞泰號
三寶壠	又	又	又	又
文島	留美輪船	初六日	下午五點	豐源號
香港	又	又	又	又
麻六甲	佛伯吉輪船	初六日	下午二點	棉示必洋行
吉礁	柯勝禮保	又	又	又
峇株峇轄	[illegible]輪船	初六日	下午二點	棉示必洋行
日里	又	又	又	又
加勝吧	[illegible]尾里輪船	初七日	上午七點	法國輪船公司
歐洲	又	又	又	又
檳榔嶼	悅泰輪船	初七日	下午二點	莫寶德洋行
亞齊	巴東	又	又	又
檳榔嶼	圭寶牙輪船	初七日	下午三點	卑烟荷公司
望居	又	又	又	又
加勝吧	點振勝輪船	初六日	上午十一點	莫寶德洋行
三寶壠	泗水望加錫	又	又	又
毛柳居示	又	又	又	又
香港	吟客[illegible]輪船	初七日	下午五點	紗[illegible]公司
香港	棧[illegible]絲輪船	初八日	下午九點	萬興號
汕頭	又	又	又	又
廈門	又	又	又	又

资料来源:《叻报》, 1887 年 8 月 24 日。

未在旅行杂志上做广告的船只也同样开行在中国和南洋之间。

至于南洋内部的交通则主要由各岛屿之间的海船，南洋大陆的火车、私人汽车等在城市与城市之间相互沟通。黄强在《马来鸿雪录》一书中用一节专门介绍“海峡殖民地之沿海商埠”。黄强详细介绍了与欧亚商务有关的三个沿海商埠：星加坡、庇能和巴生港。对这三个港口的水深、码头以及吞吐量进行了详细的记录。与欧亚商务无重大关系，不过与内地各市场及星加坡、庇能交通的小商埠也被提及，它们是西岸的威而港、安顺港、马六甲、保迪生（今波德申）、麻波（今麻坡），东岸的丁葛奴（今登嘉楼）、戈打（今歌打峇鲁）、昆丹（今关丹）、北港（今北根）、美新（今丰盛港）。[1]

事实上，抽样查阅1887年、1889年、1907年、1917年的《叻报》，可以看到南洋内部的海上交通在1887年已经非常发达，随着时间的推移，除了原有航线越来越成熟，一些新的航线也在南洋内部不断形成。

从这几年的《叻报》广告栏目里已经看到，航线不仅四通八达，而且船运航班的班次密集。即便如此，同样的，鉴于《叻报》的船期表大多是收集到报社做广告的船务公司信息而成，因此我们仍然可以猜测，加上那些没有在报纸上刊登的船务公司的航班，实际上往来于南洋各地以及南洋—香港、南洋—汕头、南洋—上海等的船运航班远远多于报纸上的船期广告。

而在这些港口中，巴生港比较特别。它本身并没有发展成一个繁华的港口城市，但是它与吉隆坡之间的火车交通，协助吉隆坡成为繁华的现代化离港城市。根据黄强的记载，“（在巴生港）铁路公司造有铁板货舱一座，一为屯储货物之用，颇为便利”[2]。

[1] 黄强：《马来鸿雪录》，页10—13。

[2] 黄强：《马来鸿雪录》，页13。

图八　1889 年 2 月 14 日从新加坡到其他地区的轮船船期表

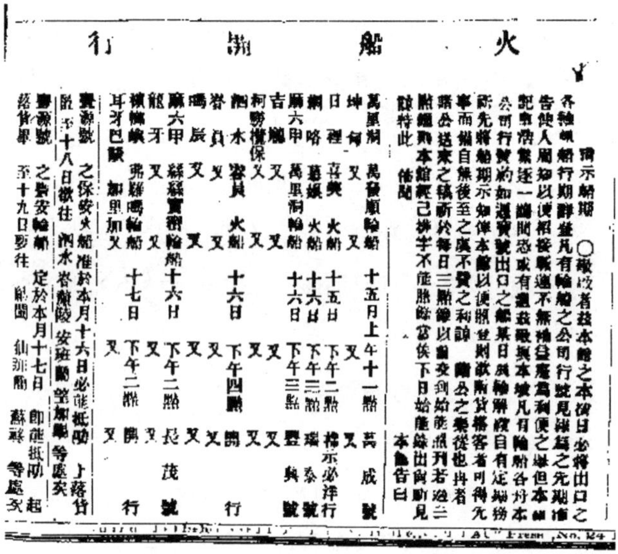

资料来源:《叻报》，1889 年 2 月 14 日。

图九　1907 年 2 月 5 日从新加坡到其他地区的轮船船期表

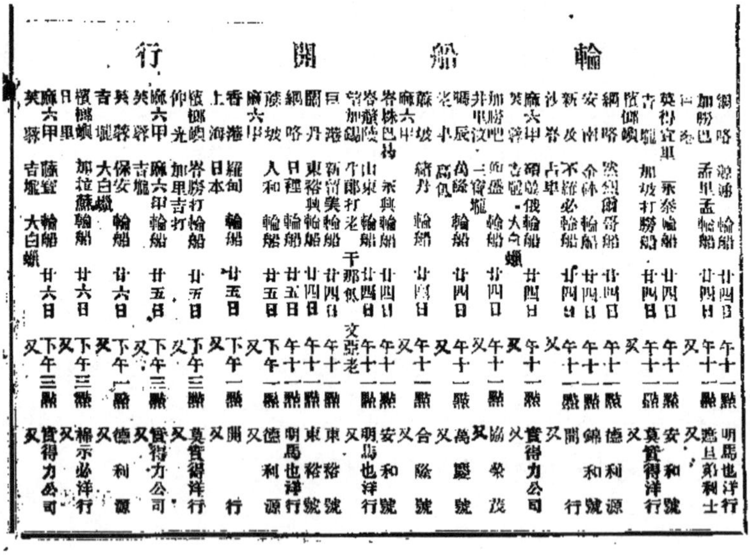

资料来源:《叻报》，1907 年 2 月 5 日。

在海峡殖民地内部，火车是重要的交通工具。黄强对吉隆坡火车站进行了仔细的观察和描述：

吉隆坡停车站，为马来联邦铁路中心点。北距勃黎车站（即庇能对海）二百五十一唛。南距星加坡二百四十二唛又四分之一。南北来车，均在此调换车头。车站占地之广，约二百咪达，下设隧道。

如欧美之大车站。登车者由车站买票而进，降车者由隧道而出。往来虽众，秩序井然。车站右侧为车站旅馆，对面为铁道局及本站办事处。楼高三层，长约一百五十咪达，深约三十咪达。如此伟大之车站，不但为马来半岛首屈一指，即亚细亚全洲亦无一能与之比肩。[1]

图十　1936 年马来联邦火车简明时刻表及价格表

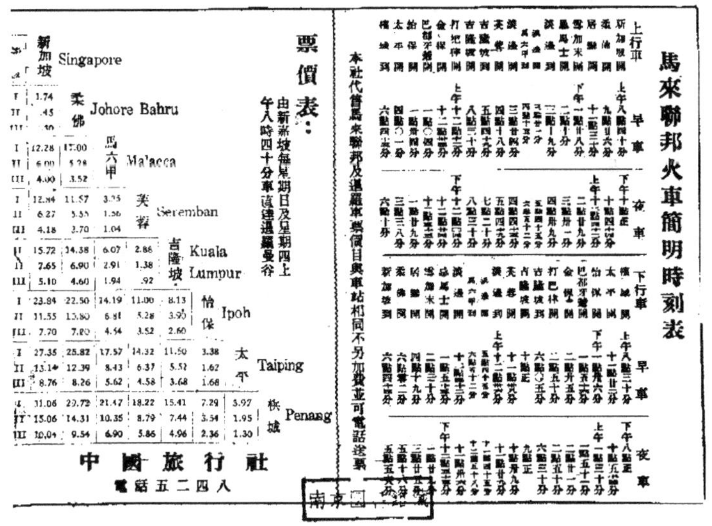

票價表：

由新嘉坡每星期日及星期四上午八時四十分車直達暹羅曼谷

等	新加坡 Singapore	柔佛 Johore Bahru	馬六甲 Malacca	芙蓉 Seremban	吉隆坡 Kuala Lumpur	怡保 Ipoh	太平 Taiping	檳城 Penang
I	1.74							
II	.45							
III	.30							
I	12.28	17.00						
II	6.00	5.28						
III	4.00	3.52						
I	12.84	11.57	3.35					
II	6.27	5.55	1.56					
III	4.18	3.70	1.04					
I	15.72	14.38	6.07	2.86				
II	7.65	6.90	2.91	1.38				
III	5.10	4.60	1.94	.92				
I	23.84	22.50	14.19	11.00	8.13			
II	11.55	13.80	6.81	5.28	3.95			
III	7.70	7.20	4.54	3.52	2.60			
I	27.35	25.82	17.57	14.32	11.50	3.38		
II	13.14	12.39	8.43	6.37	5.52	1.62		
III	8.76	8.26	5.62	4.58	3.68	1.68		
I	31.06	29.72	21.47	18.22	15.41	7.29	3.97	
II	15.06	14.31	10.35	8.79	7.44	3.54	1.95	
III	10.04	9.54	6.90	5.86	4.96	2.36	1.30	

中國旅行社

電話五二四八

馬來聯邦火車簡明時刻表

上行車	早車	夜車
新加坡開	上午八點四十分	下午十點正
柔佛開	九點廿六分	十點四十四分
居鑾開	十一點三十分	上午十二點四十二分
雪加末開	下午一點廿八分	二點廿九分
金馬士開	二點十分	三點卅一分
淡邊到	二點十九分	四點卅九分
淡邊開	三點廿一分	五點四十五分
馬六甲到	四點十五分	六點五十二分
淡邊開	三點廿四分	四點四十五分
芙蓉開	四點十八分	五點四十五分
吉隆坡到	五點四十五分	七點二十分
吉隆坡開	八點三十分	八點三十分
打巴律開	上午十二點十三分	下午十二點〇四分
金寶開	十二點廿四分	十二點廿四分
巴都牙也開	一點〇四分	十一點十五分
怡保開	一點卅四分	一點廿九分
太平開	四點〇一分	三點三八分
檳城到	六點四十五分	六點十分

下行車	早車	夜車
檳城開	上午八點三十分	下午八點正
太平開	十一點廿分	十點五十四分
怡保開	下午一點卅六分	上午一點三十分
巴都牙也開	一點五十分	一點五十一分
金寶開	二點廿五分	二點廿一分
打巴律開	二點五十分	二點五十分
吉隆坡到	六點〇五分	六點三十分
吉隆坡開	十點正	九點正
芙蓉開	十一點廿分	十點卅九分
淡邊到	上午十二點廿分	十一點廿分
淡邊開	五點四十五分	十一點四十五分
馬六甲到	六點五十二分	十二點五十八分
淡邊開	十二點卅三分	十一點卅六分
金馬士開	一點五十三分	下午十二點五十三分
雪加末開	二點三十分	一點廿分
居鑾開	四點十九分	三點廿五分
柔佛開	六點零二分	五點十八分
新加坡到	六點四十五分	五點五十六分

本社代售馬來聯邦及暹羅車票價目與車站相同不另加費並可電話送票

资料来源：《中国旅行社旅行指南》第一期，上海，中国旅行社，1936。

[1] 黄强：《马来鸿雪录》，页 97。

可见，在海峡殖民地，呈现的交通网络已经非常现代化：港口与港口之间、港口与陆地之间、城市与城市之间都有轮船、火车、汽车相连。而城市之内，三轮车以及私家车将人们从一个地方运送到另一个地方。

除了英属海峡殖民地之间相互沟通便利，荷属、美属、法属和其他英属南洋殖民地之间的交通也非常便利。仅就日本邮轮“然若经由新加坡前往（南洋各属），则几乎每日均有（航班），绝无间断之事。盖往来日本欧美间，经过新加坡之汽船为数甚多。……自新加坡至爪哇除了KPM公司快速船每周开行一班外，尚有柏斯菲立浦公司、西澳洲公司、荷兰皇家公司，以及梅尔公司等汽船之便。譬如新加坡星期一午后出帆，则星期三早晨即可至坦佐普嶙厄克港。更由该处乘汽车至巴达维亚，仅需三十分钟”[1]。

荷属殖民地也一样拥有这种便利的交通。比如“由望加锡（位于印尼苏拉威西省）航往峇厘把板（婆罗洲岛，今日文莱的Balikpapan）经弄迓拉巴礼丽(Paleheh)、关丹（Kwandang）、安武銮（Amoerang）、万鸦老（Manado）、达吾澜澜（Tagoelandang）、萧（Siaoe)、罩轮那（Taroena）、八搭（Peta）、淡峇果（Tamako)、多笃（Totok）、高武那（K.Boena）、榆果（Djeko）、牛笼打落（Goronatalo)、文罩（Boenta）、保燥（Posso）、巴里御（Parigi）、允那允那(Oenaoena)、文武澜(Bosenboclan)等埠，[2]谓之万鸦老期，航程约十四日”[3]。

招观海也在其游记中认为：荷人在东印度统治有四德政，其一就

[1] 藤山雷太著，冯攸译：《南洋丛谈》，附录：页42—43。

[2] 以上各埠均在印尼苏拉威西岛。

[3] 林有壬编：《南洋实地调查录》，页42—43。

是交通。招观海在爪哇六个月，发现爪哇岛道四通八达，由通都大邑，至穷乡僻壤，脚车、马车、摩托车、火车，如梭似织，非常便利。铁路分为国有、商办两种。国有铁路名 State Railway in Java，截至 1922 年共有铁路 2840 公里长，由东至西，作长蛇形，延亘于爪哇岛之间。商办铁路名 Netherlands Indian Railway Company，到 1922 年截止，有 210 公里之铁路，共有 600 公里电车路，分布于东、中、西三部。近更有商用飞机，由巴城（今雅加达）首途，一昼可达泗水，二十分钟可达万隆。[1]

图十一　1936 年南洋航空消息

航空消息

皇家航空公司——航期八日

每星期日及每星期四上午六點正由新加坡開往吉礁，曼谷，仰光，喀爾喀塔，達爾希，柔佛，加拉基，夏浦，吧達，亞力山大，亞丁，勃林地西，巴黎及倫敦，每星期三及星期六由倫敦開來新嘉坡。

票價：

自新加坡至

曼谷　廿八鎊
仰光　四十三鎊
喀爾喀塔　五十七鎊
達爾希　六十九鎊
吧達　一〇七鎊
亞力山大　一二三鎊
亞丁　一三三鎊
勃林地西　一四二鎊
巴黎　一五六鎊
倫敦　一五六鎊

皇家與大利亞空綫

每星期一上午六點正由新加坡開往吧城，泗水，靈關，達爾文，大利水，喀耶加哩，耶哩契，却爾楷爾及勃哩司納。

票價：

自新加坡至

吧城　一二〇元
泗水　一一〇元
靈關　一四〇元
達爾文　四十鎊
大利水　四十六鎊
喀耶加哩　六十四鎊
耶哩契　六十八鎊
却爾楷爾　七十二鎊
勃哩司納　八十鎊

荷蘭皇家航空公司——航期六日

每星期三及每星期六下午三點半由新加坡開往棉蘭，吉礁，曼谷，仰光，喀爾喀塔，阿拉哈勃，柔佛，加拉基，吧達，開羅，亞丁，伽達吧司，亞姆司登，每星期三及星期六由亞姆司登開來新嘉坡，又每星期二及每星期五上午六點正由新加坡開往巨港及吧城。

票價：

自新加坡至

吧城　一二〇元
巨港　七〇元
棉蘭　八五元
吉礁　十四鎊
曼谷　廿八鎊
仰光　四十三鎊
喀爾喀塔　五十七鎊
阿拉哈勃　六十四鎊
加拉基　七十九鎊
吧達　一〇七鎊
開羅　一二一鎊
亞丁　一三三鎊
伽達吧司　一五二鎊
亞姆司登　一五六鎊
倫敦　一五六鎊

荷蘭皇家東印度航

每星期三上午八點正由新加坡開往巨港及吧城

票價自新加坡至巨港七十元至吧城一百廿元

资料来源：《中国旅行社旅行指南》第一期，1936年。

因此，如果中国来的旅行者在荷属、英属、美属、法属领地都有

[1] 招观海：《天南游记》，页 304。

自己的人脉空间的话，那么，到20世纪30年代将这些人脉空间和地理空间进行衔接无论海陆空都是非常便利的。

本节从这些旅行者对空间的描写以及他们使用的交通工具的路线着手，研究了南洋旅行者们通过实际的航程、车程，通过在南洋的旅行实践，用脚步丈量构建他们的南洋空间，从而使得他们后来借出版机构、研究机构等，为旅行书写中的空间找到现实的证据和有说服力的空间依据。

结　论

本章通过对南洋旅行者在旅行准备中的南洋空间认知经验以及实际南洋旅程路线搭建的空间的研究，认为当时中国人旅行的特点：依靠人际关系、人脉网络，依照已有的交通工具和路线旅行。而这也决定了当时大多数的中国人对空间的认识更多的来源于文献的记载，依赖于交通路线以及自身能够绘制的基于人际关系的空间概念图画。这就决定了对中国人而言，南洋空间的概念内涵远远超越于疆界，它包含着历史的经验、书写的策略、人际关系带来的情感体验；它是一种通过实践而形成的空间概念，也是一种在空间里进行的新的实践。而他们建构空间以及传播这种南洋空间概念的方法和目的都将自己主动地编织进南洋文化的脉络。

毋庸置疑，南洋对中国而言是中国将其与他国的冲突关系延展至国外的斗争场所，中国欲借南洋华侨之力在南洋与日本等国抗衡，以获取国家尊严。中国旅行者这一救国策略，一定程度上改变了南洋华人社群的文化结构、文化话语和文化趋向。但，另一方面，旅行者通过在南洋的旅行对南洋产生了不同于历史和想象的新发现，使得他们主动站在南洋华人的立场思考南洋华人在南洋的地位，并且为南洋华人在南洋争取到较高的地位出谋划策：不仅提供文化原料的供给，还主动将这种中华文化原料进行南洋化。这一点将在第五、六两章里述及。

第四章　建立自我话语，隐性对抗

——以新加坡莱佛士博物馆和《海峡华人杂志》为例

第三章我们探讨了旅行者进入南洋后用自己真实的行程丈量南洋，建构真实的地理的、人文的南洋空间的过程。在此过程中，我们将第三章跟第二章进行比较。如果说第二章是旅行者出发前对南洋的想象，并赋予其凝滞的历史空间概念，使其与当下的中国形成附属关系的话，那么第三章旅行者通过亲身的体验，一边感受并建构熟悉的南洋空间，一边逐渐发现南洋与中国的疏离和差异。这两章都着重处理中国与南洋的关系。

第四章以及第五章将分别以旅行者在南洋旅行的具体空间——位于新加坡的莱佛士博物馆和图书馆（现在的新加坡国家博物馆）以及位于槟城的华人寺庙极乐寺进行案例分析。这两个具体空间分别处于马六甲海峡的南北两个顶端。而槟城与新加坡又先后是南洋地区的货物以及人力资源集散地。新加坡兴起后，槟城的地位萎缩，成为继曼谷以后马六甲海峡北部地区的集散中心。跟前面两章宏观的、较为概念化的南洋空间相比，这两章要分析的空间一方面更为微观具体。同时，在述及空间生产的过程时，第四章会注重在“表征空间”——空间呈现部分的分析，并引申至索亚的“第三空间”层次，对与博物馆空间相应的另一个无具体地理空间的精神空间——学术空间进行分析和阐释，以便对南洋华人建构文化主体的种种策略进行周详分析。第五章注重在“空间产生”和“空间表征”两个层面，并同样延伸至“第三空间”层面讨论南洋华人如何从宗教空间的生产来建构自己的文化主体性。同时，这两章要处理的关系也从中国与南洋华人社群的关系转换成南洋殖民政府与南洋华人社群（尤其是海峡华人）之间的关系分析以及南洋华人社群处理自身从旅居者到定居者文化更新过程中与本地的关系。

本章将沿着旅行者的航线行程先到达新加坡，探索三个层次的问题：一是旅行者眼中的殖民政府文化建构的标志性建筑空间博物馆的建立；二是探索华人在殖民政府的文化体系中缺席的原因；三是分析华人在殖民政府文化体系外所作的文化建构，并探讨其原因。

第一节　新加坡莱佛士博物馆和图书馆的建立——殖民话语体系的建立者及支配者

19 世纪末 20 世纪初，马来半岛上有三座有名的博物馆，一是由英国人建于 1906 年的吉隆坡博物馆（最初称为雪兰莪博物馆），该博物馆以搜罗马来半岛的矿物标本最为丰富而著称。一是建于 1886 年的太平博物馆，该馆以搜罗马来半岛考古方面的材料见称于世。最著名的是新加坡的莱佛士博物馆[1]，该馆着重于马来群岛的民俗文化，更为

[1] 莱佛士博物馆筹建于 1823 年，1887 年建成，附带莱佛士图书馆（因为图书馆在博物馆内，本章所称莱佛士博物馆包括图书馆以及同样成立于博物馆内的学术机构皇家亚洲协会海峡分会）。1965 年，随着新加坡国家独立，此博物馆被称为新加坡国家博物馆。1993—2006 年称为新加坡历史博物馆。2002 年开始整修，2006 年重新开馆，名称被改为新加坡国家博物馆。

重要的是该馆附有一个收藏关于马来群岛书籍最丰富的图书馆。可以说这座筹建于1823年、建成于1887年的新加坡莱佛士博物馆和图书馆是南洋地区系统体现马来群岛文化习俗，将公共教育纳入运作机制，建构南洋殖民话语体系的标志性文化空间。而这以体现南洋生物特点、马来文化为特征的博物馆是马来群岛的殖民者、来自英国的文化精英所建，而非马来人。

目前，研究新加坡博物馆的文章主要有《新加坡国家博物馆的第120年：从与群众分离到重新联系》[1]。该文论述了从莱佛士博物馆时期至今一百二十多年的时间里，随着政治、经济、技术的发展和转变，博物馆与公众之间跌宕起伏的关系。

而从旅行者与博物馆关系的角度探讨对博物馆身份塑造话语的论文则有《东方研究者的想象和博物馆旅游化：来自新加坡的经验》[2]。该文对1997—2004年，旅行者对新加坡博物馆身份塑造的话语进行反作用的情况进行了分析。该论文认为三所新加坡国家博物馆塑造了不同的新加坡身份，并且部分是建立在游客对新加坡想象的基础上。

关于博物馆身份的研究还有《身份管理：新加坡国家博物馆个案研究》[3]，该论文主要从国家、博物馆管理人员以及个人参观者三方的角度进入，分析这三者在20世纪90年代新加坡国家博物馆这样的空间中各自对身份的理解、表述途径和表述方法。

[1] Lee Chor Lin, "The National Museum of Singapore in Its 120th Year : Disconnecting and Reconnecting with the people", Loh Heng Noi (eds.), *Making Museums Matter : A Post Symposium Publication*, Singapore : National Heritage Board, 2008.

[2] Ooi Can-Seng, *Orientalist Imaginations and Touristification of Museums : Experiences from Singapore*, Copenhagen : Copenhagen Business School, 2005.

[3] Karen Low, *The Management of Identity : A Case Study of The National Museum of Singapore,* Academic Exercise of Dept. of Sociology, National University of Singapore, 1994.

另一篇论文《对话的传统：新加坡博物馆的时间、空间和视觉》[1]则从福柯知识考古学理论入手，提出对话视角的概念，从时间、空间和呈现视觉几个方面来解读20世纪90年代新加坡三个国家级博物馆对历史的三种不同理解和呈现。

《国家博物馆一百年：新加坡1887—1987》[2]则对新加坡国家博物馆进行历史回顾和介绍。《历史视野下的国家博物馆1874—1981》[3]则按照历史时间的顺序将国家博物馆的起始、发展以及身份裂变的过程作了一个梗概性的描述。

以上研究尽管都涉及从受众角度对博物馆功能以及运作进行研究，但是从旅行者和移民角度来看晚清民初莱佛士博物馆在南洋文化建构以及南洋华人文化建构中所起的作用的研究却阙如。

在旅行者的眼中，莱佛士博物馆呈现了什么？曹鼎钟在游记中详细记录了他在1911年10月参观新加坡莱佛士博物馆时之所见：（博物院）院中有大鲸鱼骨骼数具，鳄鱼骨骼甚大，标本数具，飞禽走兽、虎豹、犀象以及山猪、豪猪、海龙、海虎、飞鼠、鸵鸟之属甚多。水族之蚌蛤、虾蟹、鱼虫等类。[4]显然，当时的莱佛士博物馆对这些南洋的物种充满了兴趣。

而到了1935年，中国中外交通史学家向达在其游记《新加坡的

---

[1] Ooi Can-Seng, "Dialogic Heritage : Time, Space and Visions of the National Museum of Singapore", Teo Peggy et al.（eds.), *Interconnected Worlds* : *Tourism in Southeast Asia*, Oxford & New York : Pergamon, 2001, pp.176-192.

[2] Gretchen Liu, *One Hundred Years of the National Museum* : *Singapore 1887-1987*, Singapore : National Museum of Singapore, 1987.

[3] Rajamogan, *The National Museum in Historical Perspective, 1874-1981*, Honors Thesis of Department of History of NUS, 1987.

[4] 曹鼎钟：《曹少将南洋游览记》，页12。

赖佛尔博物馆及图书馆》开篇即提新加坡莱佛士博物馆和图书馆是到新加坡的人除了新加坡植物园以外尤其不能忘记观看的场所，因为这个空间“是研究马来群岛人种习俗文化的一座重镇”[1]。而一个展示马来群岛生物物种以及马来群岛人种习俗文化对当时的南洋华人和旅行者而言意味着什么？由于这个“重镇”是由英殖民统治者一手建构起来的，可以说它是殖民文化体系的标志性空间，本章将先以殖民时期新加坡莱佛士博物馆和图书馆这个文化空间为例，从该空间的建立产生、文物陈列与殖民文化话语体系的呈现和流通，华人尤其是海峡华人与此空间的关系着手，通过这个空间里的华人及其活动以及华人与殖民者之间的互动，理清华人在英殖民地文化体系中的地位，再以《海峡华人杂志》为例，将此南洋华人自建的文化话语体系与殖民文化话语体系进行比较，以此进入探讨以海峡华人为代表的南洋华人与殖民政府之间的文化权力关系。

博物馆空间的建立与殖民话语体系的建构

1929年，在南洋旅行的刘熏宇注意到“拉佛尔博物馆（即莱佛士博物馆）是一所T字形的二层建筑……地位恰居星嘉坡市的中央”[2]。这座“T字形的二层建筑”为殖民地的工程师Henry McCallum所设计。这座后维多利亚时期结合了新帕拉迪奥风格的白色建筑端庄、典雅，其外部和内部的主体构造从1887年建成保留至今，成为当时直至现在新加坡的地标性建筑。莱佛士图书馆和博物馆坐落于新加坡当时著名的地标福康宁山（Fort Cunning）山脚、史丹福路与乌节路的交界处。福康宁山曾为马来王室的居地，后为莱佛士的居所所在，以其为中心，

[1] 向达:《新加坡的赖佛尔博物馆及图书馆》，槟榔屿：出版社不详，1935，页1。

[2] 刘熏宇:《南洋游记》，页40。

图十二 新加坡博物馆

图片来自网络[1]

周围都是殖民政府的行政建筑以及其他重要建筑，如市政厅、法院、维多利亚钟楼及剧院、消防站等，可见这个区域很好地体现了殖民者建构的殖民文化话语体系。

然而，1887 年前，莱佛士博物馆和图书馆还没有一个固定的建筑空间。从它的筹建到建成的过程体现了以图书馆、博物馆为中心与学院一起构成的殖民政府学术话语体系。而这些学术话语是殖民知识分子在殖民地有目的地推行的一种计划。纵观新加坡博物馆发展的百年历史，我们可以大致看出这一南洋殖民文化话语体系的发展轨迹。

莱佛士博物馆及图书馆筹备于 1823 年。1823 年 4 月 1 日的会议

[1] http：//www.pifamo.com/productsinfo.php?ClassID=HIC14374503IE80&id=403.

规划了博物馆、图书馆的目的和任务。[1] 这次会议中莫理循博士（Dr Robert Morrison）的发言透露了一种话语建构和传播的重要信息。他认为在先期建立学院的基础上，必须进一步观察其他可以将知识平等地传播到马来和华人学生的管道，例如一个欧洲的图书馆、一个大规模的博物馆以及用英文教授的科学课。[2] 这次会议同样为新加坡学院（即后来的莱佛士学院）制定了主要目标，其中之一为“收集零星、能说明他们的法律和习俗的国家的文学和传统，然后将其中最重要的部分用正确的形式出版和流通”[3]。这明确了殖民知识分子的收藏兴趣、审查机制以及将经过他们审查和重新结构的关于当地社会的法律和习俗作为一种主流话语流通出去的意图。换句话说，新加坡学院、图书馆和博物馆的建立是殖民知识分子从自己的角度来诠释并代言南洋社会法律、文化等话语的重要机构。

殖民地博物馆和图书馆的建立一开始的主要目的只是为殖民母国保存珍贵的物种标本，同时主导和掌控阐释殖民地历史的话语权。比如 1849 年 1 月 26 日，总督 W.J Butterworth 就在信中写道：希望在此地逐渐形成的博物馆，其核心将是试图阐明马来亚的历史。[4] 1849 年 3 月 30 日特别业主会议明确了新加坡博物馆的目的就是要收集文物，

[1] Arnold Wright, H.A. Cartwright (eds.), *Twentieth Century Impressions of British Malaya*, London,1908, p.269.

[2] R. Hanitsch, “Raffles Library and Museum, Singapore” , Walter Makepeace et al. (eds.), *One Hundred Years of Singapore*, London：John Murray, Albemarle Street 1931, p.520.

[3] Arnold Wright, H.A. Cartwright (eds.), *Twentieth Century Impressions of British Malaya*, London, Duban, Colombo, Perth (W.A), Singapore, Hongkong, and Shanghai：Lloyd's Greater Britain Publishing Company, 1908, pp.269-270.

[4] Gretchen Liu , *One Hundred Years of the National Museum*：*Singapore 1887-1987*, p.532.

以阐释普通考古学、新加坡历史以及东部群岛历史。[1]

然而，随着英国在南洋殖民地的大规模扩张，英殖民政府对掠夺殖民地经济利益的兴趣日浓，博物馆的筹建目的也随之发生了改变。1854 年 11 月 10 日，Dr.Oxley 在写给总督 Butterworth 的信中明确提出"（博物馆）也将致力于挖掘殖民地商业兴趣"[2]。

1854 年 11 月 10 日，Dr.Oxley 与总督 Butterworth 之间的另一封信则透露了新加坡博物馆与英国在远东的殖民总部马德拉斯之间文化交流关系的设想。在这封信里，Oxley 提到因为新加坡博物馆的资金来源匮乏，无力购买一些标志性的海洋标本，因此暂时无法与马德拉斯博物馆进行标本交换。[3]尽管 1854 年这项交流计划因为资金原因暂时没有得到实现，但显然透露了新加坡博物馆已经开始设想英国以及英国殖民地各博物馆馆际互借的工作。随着时间的推移，马六甲海峡的英殖民属地之间的联系更加密切：例如前文提到马六甲官员赠送物品给新加坡博物馆，而槟城图书馆曾被新加坡图书馆作为参照。这种网络远到印度，近到马六甲海峡，再与英国勾连，使得殖民地文化话语逐渐形成一个完整的而不是零星的体系。

1873 年 11 月，新的殖民总督 Sir Andrew Clarke 抵达新加坡，新加坡图书馆和博物馆在 1874 年 7 月 1 日正式移交给殖民政府，并在当年 9 月 14 日以莱佛士图书馆与博物馆之名开幕。[4] James Collins 被委任为殖民政府接管下的莱佛士图书馆和博物馆的馆长。从 Collins 开始，

[1] Gretchen Liu, *One Hundred Years of the National Museum*：*Singapore 1887-1987*, pp.533,534. 整个决议案在此被全文列出。

[2] Ibid.， p.538。

[3] Ibid.， p.537。

[4] Ibid.，pp.545-546。

图书馆和博物馆开始走向资料采集、分类、展示的正规化过程。1877年，皇家亚洲协会海峡分会（The Straits Branch of the Royal Asiatic Society）在博物馆和图书馆内成立。这个组织致力于调查、收集、记录马来群岛、半岛的科学信息，这对博物馆科学信息和标本的收集十分重要，它的成立和发展对提升莱佛士博物馆在自然科学研究方面的地位和能力起着关键的作用。[1]

1887年，博物馆实体建筑的成立是莱佛士图书馆和博物馆的重要里程碑。此前，虽然是整个殖民话语体系的组成部分，莱佛士图书馆和博物馆始终因为没有独立的展示空间而处于依附地位，其流通和话语传播功能因为自我空间的不确定和可任意转移性而局限于殖民地金字塔形社会结构中少数殖民统治阶级内部。随着固定独立空间的形成，两馆开始专注于自身功能的开发，提升自身在话语形成和传播体系中的地位，扩展现代博物馆的身份和话语功能。

自此，莱佛士博物馆和图书馆在殖民政府的管辖下[2]，在专业人士被委任和培训并全职投入工作的情况下，在新的空间里被带入一个规范化、快速发展的时期，直至1942年日本人侵占新加坡。正如上文爬梳的史实所述，这座建筑的形成是殖民政府有目的、有计划的建构展示并传播其殖民文化话语体系的一个重要部分。它的诞生是带着使命的诞生。博物馆和图书馆委员会早在1874年的会议记录里就提出希望公众能从这里获得存储宝贵知识、受到有益的藏书和藏品的启发而

[1] Walter Makepeace, "A Review of the Forty Years' Work of the Society", *Journal of the Straits Branch of the Royal Asiatic Society*, 78 : X-XVI,1918.

[2] *Annual Report 1920*, p. 3指出，1878年一条法令通过，该法令明确了殖民政府对莱佛士博物馆和图书馆的管辖权，博物馆和图书馆的委员会必须由殖民政府指定和委任。除了R. Hanitsch被委任为两馆馆长，根据1884年的常年报告页5的记录，我们看到一位药剂师被派往印度学习收藏鱼类，博物馆也从马德拉斯聘用了一个动物标本制作师，同时还向英国博物馆申请后任的馆长人选等等。

获得进一步的思想教育。[1]

第二节　华人在莱佛士博物馆中的出席和缺席

考察莱佛士学院、博物馆和图书馆从筹建到建成的主导团队中，几乎没有华人参与，更不用谈主导。华人在殖民话语体系中的出席或者缺席问题，是理解殖民统治下以学院、图书馆、博物馆为代表的殖民文化体系中，华人文化地位的关键。那么，华人是不是在殖民话语中彻底消失了呢？如果不是，华人作为一种什么样的角色出现在殖民文化话语里？这种角色成就了什么？本节将从莱佛士博物馆的管理层、参观者、捐赠者等角度进入，一一追溯华人在这些角度里的缺席和出席情况，从而深入探讨以新加坡为代表的南洋华人如何在殖民话语体系中开辟自己的文化道路，建设自己的文化话语。

一、管理层

根据1844年信托委员会指定的两馆管理委员会以及原始股东的名单[2]，我们可以毫不困难地看出马来人、华人这两个本地的主流居民社群在这样一个重要的标志性文化空间彻底缺席的事实。[3]

---

[1] 1874年莱佛士博物馆和图书馆会议记录，转引自 Walter Makepeace et al. (eds.), *One Hundred Years of Singapore*, p.547。

[2] Hanitsch R., *Raffles Library and Museum*, Singapore, p.524 更原始的名单资料可从 Singapore Free Press, 15th August 1844 获取。而地址则是从 *Straits Times Almanack, calendar, and Directory for 1846* 以及 *One Hundred Years of Singapore*, pp.526-528 中获取。

[3] 我们就以1844年前后新加坡人口中欧美人、马来人、华人的人数进行比较。明显地，华人是最大的群体，然后是马来人，而占统治地位的欧美人人数很少。如：1840年，新加坡的欧美人有1110人，马来人有9318人，华人17704人。到了1849年，欧美人有2385人，马来人有11888人，华人有50043人。见 Walter Makepeace et al. (eds.), *One Hundred Years of Singapore*, p.356。

而从现存的其他资料（如新加坡学院、新加坡图书馆、莱佛士博物馆和图书馆常年报告、会议记录等）来看，无论是1823—1844年的筹备期还是1844—1874年的建立期，直到20世纪到来之时，莱佛士博物馆和图书馆的管理层全部由欧洲尤其是英国殖民知识分子组成。

华人、马来人在莱佛士学院、图书馆以及博物馆的筹建、成立以及政府接管发展期中的缺席是不是因为华人、马来人中没有知识分子呢?

事实上，早在1829年之前新加坡已经存在了几所马来学校和起码三间华人的学校。这三所华人学校包括两所广东学校（一所在甘榜格南Kampong Glam，有男生12人，一所在北京街Peking Street，有男童8人）和北京街上另一所有22名男生的福建学校。[1]而英殖民政府设立的免费英文学校则直到1834年8月1日才建立，随即，新加坡学校社团（Singapore School Society）成立。[2]

这些学校的存在起码表明，在英殖民知识分子开始建构殖民地话语时，华人、马来人也有推行教育和自我话语的场所和途径。然而接受了华、马知识系统教育的知识分子不会英语，因此不可能被纳入以英语、英国或者欧洲标准设置的殖民话语创建管理者的体系。

本文在莱佛士博物馆和图书馆的常年报告中发现，最早进入其管理层的华人是林文庆（Dr. Lim Boon Keng）。他于1900—1902年（1902年去欧洲）以及1906—1909年期间担任莱佛士图书馆及博物馆委员会

[1] 宋旺相:《新加坡华人百年史》，页22。

[2] Walter Makepeace et al. (eds.), *One Hundred Years of Singapore*, p.431.

委员，1909 年 10 月辞职，职务由 Mr. A.W. Still 接替。[1] 另一位进入委员会的则是宋旺相（Song Ong Siang, C.B.E.,V.D.），他于 1934 年受邀并于当年 2 月被任命为莱佛士博物馆和图书馆委员会委员，并至少连任至 1939 年。[2]另一位进入博物馆和图书馆工作但并非管理层的华人是孔天正先生，1895 年成为博物馆和图书馆的初级书记员，1900 年他担任了槟城华民护卫司署的首席书记和通译，不久他回到新加坡，在莱佛士图书馆任首席书记。[3]

与博物馆和图书馆有关的华人还有一位就是胡亚基（Whampoa, Ho'ble Hoh Ah Kay C.M.G 又称 Hoo Ah Yip）。他是成立于 1878 年皇家亚洲协会海峡分部（The Straits Branch of the Royal Asiatic Society）1878 年、1879 年（1880 年无记录）、1882 年、1883 年的会员，而且是其中唯一的华人会员。胡亚基英语流畅，是当时新加坡的首富，担任中国驻新加坡第一任领事，同时兼任俄国和日本的领事，他虽然是皇家亚洲协会的会员，但他无法成为殖民政府科研机构的核心成员。

为什么前面三位华人得以进入殖民话语体系的设立、管理阶层呢？这跟三个人的教育背景关系密切。

林文庆 1869 年 10 月 18 日诞生于新加坡，除了幼年在福建会馆的书院读过一段时间四书五经以外，其他的教育都在殖民政府的英文学校就读，1879 年进入莱佛士学院修读，期间受到校长胡列特的帮助，不仅完成了学业，而且在 1887 年作为第一个获女皇奖学金的学生前往英格兰爱丁堡大学攻读医科。1892 年考取医学内科荣誉学士和外科硕

[1] *Raffles Museum and Library Annual Report 1896-1897, 1900-1903*，Singapore： Government Printing Office, 1901-1903.

[2] *Raffles Museum and Library Annual Report 1826-1839*, *1934-1939.*

[3] 宋旺相：《新加坡华人百年史》，页 421。

士学位。由于成绩优异，林文庆又获得了 Atholl Medal 金奖章。他是远东获此殊荣的第一人。林文庆学成回到新加坡后展示了自己非凡的才能。1895 年他取代佘连成出任立法议会的华人委员，1900 年发起组织英籍海峡华人工会，他担任太平局绅、市政局委员以及华人参事局委员。1902 年到伦敦参加英王爱德华加冕典礼并荣获加冕奖章，1911 年又获英王乔治加冕奖章。

根据林文庆自己的教育背景，他无疑是一个出生于新加坡当地、接受了殖民话语体系的教育、拥有殖民地英籍身份的优秀人才。因此，当林文庆 1893 年学成回到新加坡时，能被吸纳进入莱佛士博物馆和图书馆委员会也就不难想象。

1886 年到 1911 年，英殖民政府每年提供一至两个女皇奖学金供海峡殖民地的学生（包括英国侨民子弟以及当地各族子弟）申请。林文庆、宋旺相和槟城出生的伍连德这三位先后获得英女皇奖学金从而负笈英国的海峡华人被称为“海峡华人三杰”。而宋旺相是继林文庆之后担任莱佛士博物馆和图书馆委员会委员的海峡华人。

宋旺相，1871 年生于新加坡，1878 年进入莱佛士书院就读。1888 年获得英女皇奖学金，1890 年进入剑桥大学就读法学，1893 年获得律师资格，1900 年获颁文学硕士和法学硕士学位。1893 年回到新加坡开设旺相律师事务所。此后，他与林文庆一起为当地的华人社会改革作出了贡献。[1]

孔天正先生，1879 年生于马六甲，先在新加坡英华学校就读，后负笈印度。[2]

从以上林文庆、宋旺相这仅有的两位进入莱佛士博物馆和图书馆

---

［1］宋旺相：《新加坡华人百年史》，页 204—209。

［2］同上书，页 421。

管理层的华人的教育背景来看，殖民时期能进入管理层的非欧洲人首先必须是会英语，是殖民话语体系中的佼佼者。这些在殖民政府各部门担任职务的少量的华人大都在莱佛士学院受过教育。即使如此，能进入管理层，与殖民者一起进行话语体系建立的华人仍是极少数。

二、话语体系被传播对象

除了两三位接受英文教育的华人精英能进入博物馆管理层外，大多数华人对博物馆和图书馆而言是什么角色？从莱佛士图书馆和博物馆1885—1939年的常年报告中，我们可以发现，华人首先是以订阅者的身份，作为话语接受方被纳入殖民话语体系的。表四是1885—1919年常年报告中图书馆书籍订阅者的统计表格。从1885—1919年，常年报告中只有终生、I、II三个等级订阅者的人数记录。从记录中可以看出1917年开始订阅者开始猛增。从1920年开始，常年报告中不仅有总订阅人数，而且对订阅者作了族群分类。从各年报告的表格中，表五只挑选英国订阅者和华人订阅者的人数进行比较。因为英国订阅者和华人订阅者一直在各类订阅者人数中占前两位。以1925年为例，是年订阅者族群和人数分别有英国人686人，美国人14人，法国人9人，荷兰人5人，瑞典人1人，波兰人1人，华人84人，印度人33人，欧洲人54人，马来人6人，阿拉伯人4人，日本人7人，犹太人7人，暹罗人1人，共912人。[1]

表四 1885—1919年莱佛士图书馆订阅者人数

年份	1885	1886	1893	1894	1895	1896	1897	1899	1900	1901	1902
订阅人数（总）	320	310	259	199	220	263	285	339	339	369	305
年份	1903	1904	1905	1906	1907	1908	1909	1910	1917	1918	1919
订阅人数（总）	298	311	318	319	331	346	384	382	482	555	589

[1] Raffles Museum, *Annual Report (1926)*, Singapore,1926.

表五　1920—1938 年图书馆华人订阅情况

年份	总订阅人数	英国人订阅人数	华人订阅人数	华人所占订阅者百分比（%）
1920	614	328	66	10.7
1921	712			
1922	846			
1923	833			
1924	848			
1925	912	686	84	9.2
1926	966	729	85	8.8
1927	1003	728	103	10.3
1928	1122	797	133	11.9
1929	1229	831	182	14.8
1930	1139	902	214	18.8
1931	1336	936	196	14.7
1932	1362	906	253	18.6
1933	1513	1019	271	17.9
1934	1566	1117	285	18.2
1935	1662	1065	373	22.4
1936	1880	1281	330	17.6
1937	2697	2053	371	13.8
1938	3385	2687	434	12.8

资料来源：Raffles Museum' s Annual Report for the years from 1920-1938.

从常年报告中可以得知，这些订阅者大都是英校的师生。1925 年订阅者中有 212 位分布在 12 所男、女学校里；1926 年有 375 名分布在 20 所学校里；1927 年 676 名订阅者分布在 21 所学校里；1928 年有 800 名订阅者分布在 28 所学校里；1929 年 1586 名订阅者分布在 38 所学校里；1930 年 1414 个订阅者分布在 37 所男、女学校里。1931 年订阅者中 1175 位分布在 34 所学校里；1932 年 1060 名订阅者分布在 33 所学校里；1933 年 1007 名订阅者分布在 41 所学校里。

表五的数据可以清楚地告诉我们，华人订阅图书馆书籍的人数无

论是绝对数字还是百分比总体上都是不断增加的。即使在1937年中国抗战开始，虽然百分比下降，绝对人数仍然在增加。基于这些书都是英文书籍，而订阅的学校都是英校，我们可以大致地得出这样的结论，被纳入殖民话语体系的华人越来越多，但他们并不是作为话语制定者的身份进入，而是作为被传播者和被影响者的身份进入的。这批华人会对原先与殖民文化体系不交融的华人文化结构产生什么样的影响？他们会产生新的华人文化话语吗？

三、华人与博物馆的呈现

博物馆的展品很重要的一个功能是对身份和界限的解释，尤其是在展示种族文化时。而博物馆展览什么首先跟它收集到什么有关。莱佛士博物馆在艰难的发展期收藏品基本上靠捐赠。那么华人有没有积极地利用这个机会捐赠自己的文化用品，从而主动地在这个殖民文化空间中来呈现自我呢？

（一）从捐赠看华人的自我呈现

海峡殖民地的华人对增加莱佛士博物院展览品的搜集向来不感兴趣[1]，因此，跟欧美人相比，他们捐赠给博物馆的东西寥寥可数。1882年4月，佘石城先生赠送了一只有冠的鸽子和一只金黄色野鸡给这座博物馆，云金盾先生则赠送给博物院两只有黄色垂肉的印度燕雀八哥。[2]1884年7月，陈桂兰先生献了一只猴子给莱佛士博物院，而陈金殿先生献了一个食火鸡的蛋、一套祖鲁（Zu Lu）人的衣服、一块拉律（Larut）的锡苗和一个装有毒箭的竹盒。[3]

[1] 宋旺相：《新加坡华人百年史》，页176。

[2] 同上。

[3] 同上书，页178。

从历年的常年报告中，我们还发现了几条华人捐赠的记录。1901年，博物馆收到来自林文庆捐赠的一条针鳞鲭鲹，Lim Khye Liang 捐赠的两只小螃蟹，Wi Tong Poh 捐赠的一只圣诞岛上的螃蟹（Gecarcinus lagostomus），Ong Boon Tat 捐赠的一只鸽子（Carpophaga whartoni）以及一些圣诞岛上的贝壳，Wong Siew Qui 捐赠的几枚中国钱币，Seoh Tiong Hock 捐赠的一只在檀香木上发现的西澳大利亚蜥蜴（Egernia depressa）[1]，1903 年林文庆医生捐赠了来自北京的中国式弓箭。[2]

这些记录显示华人对于捐赠物品给博物馆确实缺少兴趣，其次，即使华人捐献了少量的物品，能体现自我身份的也实在只有一两件小物件，其他都是集中本地生物标本方面。除此，华人对这座美轮美奂的建筑再也没有表示过自我呈现的兴趣。

（二）博物馆的展现与殖民者对南洋物种、资源经济利益的兴趣

博物馆里被挑选出来用作展示的物品直观而形象地叙说了策划者的话语。1849 年 3 月 3 日，一些关于新加坡博物馆的决议获得通过。这里面对博物馆将展示哪些类别的物品进行了规定。决议规定了 11 个需收集并展示的类别，分别是：一、钱币；二、手稿；三、石头或金属上的题词；四、用具；五、用于崇拜的女神像；六、战争器具或其他武器；七、乐器；八、用于宗教仪式的容器；九、矿物或金属；十、各种类型的矿石；十一、化石以及其他被认为跟博物馆宗旨相符的东西。[3]

---

[1] R. Hanitsch, *Straits Settlements Annual Report on the Raffles Library and Museum for the Year 1903*, Singapore：Government Printing Office,1903, p.5.

[2] 1849年3月30日会议记录，转引自 Walter Makepeace et al.(eds). *One Hundred Years of Singapore,* p.535。

[3] 1852 年 9 月 17 日，博物馆秘书 J.C.Smith 写给马六甲的 Honourable Islay Ferrier 的信，转引自 Walter Makepeace et al. (eds.), *One Hundred Years of Singapore.*p.536。

然而，博物馆到底收集到哪些藏品？有关19世纪中期藏品很难找到记录。据《新加坡百年》里转引的博物馆与捐赠者间的书信，我们可以获知至少有4个可以阐明早期历史的古老的回教墓碑[1]、一些本地武器、一些自然历史的图片以及其他一些适合的物品，1855年，总督Butterworth又捐赠了一幅画——1847年捐赠117本图书给新加坡图书馆的Sir James Brooke的肖像画——给博物馆[2]。另一个让我们了解当时博物馆的藏品和展览品的细节的途径是通过参观过莱佛士博物馆的游客们的旅行书写。

从这些旅行书写中，我们首先看到莱佛士博物馆收藏最多的是研究自然科学方面的生物标本，这充分印证了莱佛士博物馆是当时有名的南洋群岛一带生物种群标本的收藏处。随着时间的推移，博物馆里的生物藏品不断增加。1927年1月4日，刘熏宇参观莱佛士博物馆，发现在“博物馆楼上大部分陈列各种剥制标本，马来半岛的鱼、象、鳄鱼、猿猴、猩猩，苏门答剌的大蛇，婆罗洲的玳瑁以及新几内亚的极乐鸟；其他南洋各地所产的鸟、兽、虫、鱼、介壳，都搜集了很多；其中确实有不少使人见了可以深感到自然界的奇伟的壮观的”[3]。向达在1935年参观莱佛士博物馆时，这些标本仍然陈列在二楼。[4]

很显然，这些标本的收集体现着殖民者对殖民地物种以及资源的浓厚兴趣。对物种的研究一方面可以丰富殖民国科学领域的认知，从而在自然科学领域掌握发言权；更重要的则是这体现出殖民国对南洋

[1] 1852年9月17日，博物馆秘书J.C.Smith写给马六甲的Honourable Islay Ferrier的信，转引自Walter Makepeace et al. (eds.), *One Hundred Years of Singapore*, p.536。

[2] 1854年11月9日，博物馆管理委员会主席Dr.Oxley写给海峡殖民总督W.J. Butterworth的信，转引自Walter Makepeace et al. (eds.), *One Hundred Years of Singapore*, pp.536,537,538。

[3] 刘熏宇:《南洋游记》，页40。

[4] 向达:《新加坡的赖佛尔博物馆及图书馆》，页7。

物种和资源可能存在的经济利益的关注和开发。

博物馆除了呈现各式各样丰富的生物标本外，吸引人的多为能体现马来群岛土人文化符号的其他展品。曹鼎钟 1911 年的书写中简单记录道:“(馆内)又有土人古代时甲胄刀矛、兵器、剑戟、弓箭以及奇珍、怪石、佛像、土人房屋各模型式样。又有古时工艺织器等件。”[1]

刘熏宇则对这些文化符号更感兴趣:“然而这所博物馆所以引起人深味的还不在这些。楼下陈列着马来人生活的一切用具、乐器、兵器、农具、住屋的模型、跳舞的装饰等；真是无不齐备……博物馆摆放着拉佛尔(莱佛士)的白石胸像、马来妇女及婴儿的雕像。”[2] 从这两则游记记录中，我们可以看到英国人对于马来文化从日常生活用具、战争工具以及艺术品都作了细致深入的了解。而殖民者对土著政权及其文化了解得越深入，越有利于其对殖民地原有居民及其社会的管理和统治。

向达的游记对博物馆里马来文化的展示品描述得更加仔细:“进大门为一大圆厅，屋顶为穹形，顶上周围为玻璃，故光线甚为充足。圆厅右方一个大玻璃柜，内陈一蜡制马来女人，在那里把她的孩子的头部施行压平的工作情形:用一种弓形的器具，夹住孩子的前额和后脑；这是马来人的一种特别风俗，何所取义不得而知。左方也是一具蜡人，是 Dyak 种女子织沙龙(一种马来人用以围下身的布)的像。由此向右进到一间大室，里面陈列的全是马来人的房屋和船的模型。再进去一间，陈列一些马来人的用具如陶器之类，此外，还有许多马来人捕捉飞禽走兽以及鱼类的陷阱一类东西的模型。马来人捉虎象等兽和中国的方法不同，多用木栅和大木罩。这一间大室内还陈列有许多的墓石，大都为十四五世纪之物。有的是苏丹，有的是回教人。其中一块

[1] 曹鼎钟:《曹少将南洋游览记》，页 12。

[2] 刘熏宇:《南洋游记》，页 40，41。

为1477年到1488年在右马六甲苏丹Ala u'd-din Shah的墓碑。……此外，还有史前时代石棺一具，用好几块石片合成，也照原形陈列在此。”[1]可见，博物馆里对马来人的文化从古代到现代、从文物到风俗的再现都做了保存和传播的工作。

然而，这种对土著文化的保存和研究在展示的过程中传达出的或者说话语接收者体会到的是怎样一种文化关系呢？英国人的博物馆将马来人的女性以及与象征着先进和文明的科学育儿方式有巨大差异的马来式育儿方式做成模型放在博物馆的入口处，对游人形成强烈的视觉冲击会让人产生何种感想？1930年，正在华侨中学任教的王志成在他的游记中对此发表看法，认为马来妇女育儿、织布的雕塑体现了“英国人善于宣扬他人的丑态”[2]。也就是说，这样的一种呈现体现出或者传达出殖民者的文化优越感以及对土著文化的典型的东方主义态度。

这样的一种东方主义殖民态度在王志成对博物馆入口大厅内莱佛士与马来妇女育儿两组塑像之间的关系的描述中更显出一种殖民权力的话语特征，“（莱佛士）他那硕健无朋的石膏像，发垂两肩，目光炯炯，监督着脚下的两个马来女子。他的一双有力量的手，可以把全马莱半岛的生灵镇握住”[3]。这段描写为我们重现了当时殖民话语对自我的形象——莱佛士塑像的强权形象的塑造和呈现。而高高在上的殖民形象与脚下卑微的土著居民的形象的强烈对比，传达出文化上的不平等和压制的信息。

除了彰显莱佛士塑像来突出英国对马来半岛殖民的“合法”，莱佛士博物馆还通过这样的展品来展示英国人自己的形象：“这小小的一

[1] 向达：《新加坡的赖佛尔博物馆及图书馆》，页3。

[2] 王志成、刘虎如：《南洋风土见闻录》，上海：商务印书馆，1931，页86。

[3] 同上。

间房，充满着英人统治者底光荣的空气。墙上挂着许多英国驻星领事和总督、公侯、伯爵的造像。围拱着莱佛司的石膏像，威风凛凛。崇拜权威的善男信女，见之颔首致敬，诚惶诚恐。”[1]殖民者以展示自己的光荣和领袖的威仪来强化自己的殖民合法以及权力优越，以等级方式排列展品，形成一种对权威、等级仪式化的视觉固化，从而将这种殖民与臣服的话语加以程式化形塑以及推广。

从这些游记对博物馆现场报道式的场景描述，笔者认为莱佛士博物馆和图书馆热衷于研究马来群岛的生物、土著族群文化，而这种对于土著文化的呈现在一个马来群岛上建造起来的西式时尚建筑空间里，与此空间外部土地上活生生的土人生活形成一种有趣的关照。马来族群可以不去莱佛士学院里专门为他们设立的学校以抗拒英国殖民教育体系，[2]却无法消解仍然存活的生活习惯被储存历史记忆的博物馆当成化石和关照物存储起来，蜡质化。如果说，通过常年报告等资料，我们发现华人在博物馆这个殖民文化体系管理层里所占比例极少，那么，马来人则在19世纪至20世纪初彻底缺席，并且被完全对象化。这当然是因为作为土著，马来人有自己原有的行政管理体系（苏丹王朝）、稳固的社会文化体系。当他们面对异文化时，更可能形成一种抵挡的壁垒。在界线分明的两种文化中，殖民者对土著文化的关注一方面出于感受到反抗的压力；另一方面则体现了他们希望用这样的身份呈现来凝固马来群岛的土著对自己的认识，并希望土著族群因为在

[1] 王志成、刘虎如:《南洋风土见闻录》，页86。

[2] 马来人对英国殖民者在新加坡推广的英文教育不配合，这屡屡让英殖民知识分子感到气馁，指责马来人对（英文）教育的忽视。莱佛士学院在1876年，曾专门造了一个大面积、豪华的学校吸引马来贵族的后代来上学，但马来人根本不愿意前来。最后这个建筑被莱佛士博物馆和图书馆使用直至1887年。详细记录见 Education in Singapore, Walter Makepeace et al.(eds.), *One Hundred Years of Singapore*, p.438。

博物馆空间找到自我映照式的文化同质性而开启与殖民文化之间的沟通之途，并进行自我身份和形象的定位。

如果说，博物馆将马来人的现在凝固成过去，将其典型性地固化在博物馆的玻璃展柜里，那么，博物馆如何处理中国文化呢?

1927年刘熏宇的游记写道:“而中国古代的瓷器也有不少的陈列在里面，更使中国人看着感到十分的亲切。”[1]1935年向达的游记描述得更仔细些:“由此出去，……用绳拦住不能进内，只看见地上堆着十多个直径一尺左右的大青花瓷盘，完全是明朝的式样，可惜盘底没有翻过来，不能看清年代。但是从宋元以来，南洋诸岛即有中国的瓷器传入，这些瓷盘之为明代遗物，是毫无可疑的。”[2]向达的游记会不厌其烦地介绍博物馆里莱佛士信上的一句话，[3]或者将展示的马来书籍的名字详细记录，[4]因此，尽管他在开篇中认为自己可能仍有所疏漏，我们可以认为作为一个中国来的游客，在自己极感兴趣的博物馆里，向达对自身文化的被呈现应该有深刻的印象。基于此推断，向达游记里唯一一段对博物馆里中国瓷器的描述是因为1935年的博物馆里对中国文化的呈现只有“十多个瓷盘”。这十多个散落在地上的中国瓷盘让刘熏宇在1927年的新加坡因为寻找到自己的文化符号而感到亲切。然而，这十多个中国瓷盘被欧洲人陈列在这个空间叙说的是明朝时期中国在南洋群岛的影响力，叙说着马来群岛与中国主要基于贸易关系形成的一种朝贡的政经关系体系。当马来人“压扁”婴孩头颅的习俗

[1] 刘熏宇:《南洋游记》，页40。

[2] 向达:《新加坡的赖佛尔博物馆及图书馆》，页3—4。

[3] 同上书，页5。这句话是:“新加坡是我自己的孩子，他将来的地位是怎样的重要，用不着我去说。不过就我研究马来而言，我还没有看见记述到此地的；不仅欧洲人，连印度也不知道哩。”

[4] 向达:《新加坡的赖佛尔博物馆及图书馆》，页5，9，10。

被固化成一种过去的时候，散落在地的过去的中国瓷盘却被隐喻着一种现在。这两种形式的呈现凸现了殖民政府消解南洋土著主体性身份，提醒其自古以来的从属地位的企图。

通过以上的史实，很明显，华人文化在博物馆基本缺席。而未缺席的部分则是被用作塑造南洋土著附属身份的一个参考要素而存在。华人文化的大量缺席，暗示着殖民者一方面故意忽略华人在马来群岛定居的历史（比如，华人在南洋也有自己独特的建筑、武器等，却未能像马来人的建筑模型、武器等一样被展示出来——尽管莫理循已经将其设立在马六甲海峡的华人文化博物馆与莱佛士学院合并，但其中的收藏显然未被呈现），以突出华人的移民身份从而失去或者部分失去定居者的身份。而未缺席的明朝的瓷盘则从另一个角度表明殖民者希望借助中国与马来群岛历史上存在的朝贡关系来暗示南洋土人的附属性身份。

另一方面，莱佛士博物馆里有关华人的极少的展品还体现了殖民者对华人文化的“丑化”态度。王志成认为：“英国人善于宣扬他人的丑态。除了马来文化，我们中国人的缠小脚和吸鸦片的两种恶习也被他们到处宣传，制成模型绘成图样，陈列在博物院内。可是他们自己的狐媚妖态、狠毒兽性，再也不觉得可耻了。”[1]也就说，在王志成看来，在殖民话语体系中，殖民者将自身设置成救世主形象，将土著以及华人设置成低等、落后的文化社群，并将之丑化或者他者化，从而衬托殖民文化的优越，并将这样的一种不平等的文化话语直观、形象、程式化地固定在博物馆这个空间。

因此，由殖民知识分子把持的学院、图书馆和博物馆，通过陈列

[1] 王志成、刘虎如：《南洋风土见闻录》，页86。

展品，将马来群岛土人的日常习俗固化为历史，而将中国与南洋的历史关系活化为当下。这是殖民者借助塑造南洋土人的身份间接塑造自己在南洋主导地位的合法性，形塑并推销英国视角下的文化话语的策略和手段。而这样的带着文化傲慢的话语体系显然不能赢得土著以及华人移民的迎合。至此，也就不难理解即使是那些一向以热心公益、希望能与殖民政府保持密切友好关系的华人移民社群精英也对参与莱佛士博物馆的建设完全缺乏兴趣。

四、华人作为博物馆的参观者

当英国人试图将博物馆，这个人类学家存放他们在印尼群岛、马来群岛找到的标本的地方，当作帝国的富有和多样性的展示平台时，很显然，吸引参观者对博物馆和图书馆而言是一个重要目标。在新加坡的少量的欧洲人对博物馆不感兴趣，[1]这个展示在平时也并没有引起多少当地非欧美族群的兴趣，1938 年的报告指出博物馆整年从早 9 点到下午 5：30 开放，除了星期天和圣诞节以外，因为，这两个日期人们一般没有兴趣逛博物馆。但，在博物馆和图书馆的常年报告抱怨自身对参观者缺少吸引力的同时，有一个非常有趣的现象体现在报告里对参观者人数的统计上，这个现象被殖民政府的常年报告描述为：博物馆在当地所有种族中都非常受欢迎，公共假日里总有上千人前来度假。[2]

事实上，根据 1895 年的常年报告指出，博物馆的主要访客是当地人、经过新加坡的船员和乘客。大量来自世界其他地方的人对自

[1] 1901 年的莱佛士博物馆常年报告。

[2] M. Hellier, *Straits Settlements Annual Report on the Raffles Library and Museum for the Year 1901*, Singapore：Government Printing Office, 1902，p.5.

然历史很感兴趣。[1]根据博物馆的抽样调查结果，这样的访客人数在1895—1897年间并不算少。

1895　259人／日[2]

1896　239人／日[3]

1897　200—300人／日[4]

1900　421人／日（4月某日抽样结果）[5]

但只有在本地节日，尤其是华人新年的时候，访客的人数才可能接近2000人。[6]对当地族群而言，博物馆在公共假期时可能变成一个流行的休闲场所，因此在公共假期时人数往往达到上千人。值得注意的是，这样的假期仅限华人新年的头两天。由此可以合理地推断，华人们将博物馆当成一个假期的消闲娱乐地，在华人新年的时候会前来参观。这种情况非常明显，以至于好几年的博物馆和图书馆的报告都特别将每年华人新年的参观人数单独列出。

表六　1914—1938年博物馆与图书馆参观人数

年份	总参观人数	华人新年头两天
1914		8698
1916		13934
1918		17472
1923	182000	
1924	213300	
1925	227700	

[1] *Raffles Museum Annual Report, 1900.*

[2] *Raffles Museum Annual Report, 1895.*

[3] *Raffles Museum Annual Report, 1896.*

[4] *Raffles Museum Annual Report, 1897.*

[5] *Raffles Museum Annual Report, 1900.* p.7.

[6] *Raffles Museum Annual Report, 1897.* p.8.

续表

1926	215800	24961
1927	298546	29562
1928	301270	32115
1929	291147	32092
1930	302884	29295
1931	213571	25823
1932	190340	25000
1933	194600	24000
1935	190000	20000
1936	230000	
1937	250000	跟往年一样拥挤
1938	250000	

根据数据显示，20 世纪的第二个十年里，华人农历新年时期的参观人数达到最高纪录。而 1935 年，华人新年的参观人数下降，这年的常年报告认为：要改善这种情况，则必须考虑将空间组织得更具娱乐性。[1] 1936 年开始，报告提出对人数统计的方法不是很科学，统计人数不太准确。我们可以这么理解：那时对新加坡巨大的移民社群而言，没有比博物馆、码头和街道这些公共空间更具有吸引力的地方了。而博物馆则从其他休闲场所选项的缺席中获益。[2]

从常年报告对参观者人数的记录、讨论可以看出，参观者一直是博物馆经营和管理中备受关注的对象。它不仅影响着博物馆的资金来源，其实在更大程度上起到了检验博物馆和图书馆话语传播有效性的作用。[3]

[1] *Annual Report 1935*, p.2.

[2] Lee Chor Lin，*The National Museum of Singapore in Its 120th Year*：*Disconnecting and Reconnecting with the People*，pp.101-102.

[3] 当然，根据 Ooi 对当代博物馆的研究，不可否认，当博物馆的参观者主要以旅行者为主体时，旅行者对当地文化和历史身份的想象也会反过来影响博物馆对自身身份和传播话语的设定和展示。但在 19 世纪晚期到 20 世纪初期，旅行者还远未成为莱佛士博物馆的主要参观者来源。

通过对新加坡莱佛士博物馆这个空间内殖民者与华人之间的文化地位的分析，可以看出南洋的绝大多数华人（无论海峡华人还是新客华人）是以订阅者、捐赠者、参照族群和参观者的身份被纳入殖民体系，从而成为殖民话语的被动接受方，而非主动参与者。

第三节　殖民话语体系外海峡华人的文化话语体系创建

上两节对莱佛士图书馆和博物馆从筹建到建立以及发展过程的历史进行追溯，揭示了殖民话语体系的建立以及在此话语体系中华人的角色以及其与殖民者之间的关系。华人在殖民话语体系建立中仅有极个别接受了英文教育的海峡华人有限地参与过制定规划的过程，绝大多数的华人则只是这套话语体系的被动接受者。而来自中国的旅行者更是仅仅扮演了一个参观和记录的角色，而非像当代的旅行者一样对新加坡博物馆能产生强烈的互动反应。从这些角度而言，殖民话语体系显然体现出一种从上而下的姿态，这种话语的推广对象往往被当成体系外的他者，而这些他者恰恰是生活在南洋地区、工作在南洋地区的土著、移民。对那些已经被纳入这一体系的一部分海峡华人而言，这种他者化本土居民和逐渐被本土化的移民的话语体系意味着什么？这些殖民话语体系内的华人对这种殖民话语进行怎样的反应？这种土生华人针对殖民话语的反应跟新移民或者旅行者之间有没有什么关联呢？

本节将以进入莱佛士图书馆和博物馆管理层的第一位华人林文庆作为观察焦点，考察以其为代表的海峡华人在参与殖民政府直接领导下的殖民文化话语建构的过程中，如何通过各种渠道建立华人自己的文化话语，并以此与殖民文化话语体系进行对抗或者对话。

一、海峡华人文化话语体系创建的原因

（一）群体形成后的文化需要

虽然此前也有传教士开办小型的英文学校，但是一般认为新加坡正规、有系统的英文教育从1823年莱佛士学院建立开始。莱佛士学院的建立也带动了新加坡英校的整体建立和发展。一批又一批接受了英文教育的华人开始进入社会，他们中的很多人是生在南洋、长在南洋的土生华人。这个群体对于南洋华人文化话语体系建构具有独特的意义。

土生华人，泛指马来群岛上一个特别的华人社群。在欧美殖民者来到马来半岛前已经有这样的土生家庭。从区域联系上来说，早在20世纪初期林文庆就已经指出这个群体的特性——不论在荷印或英属马来亚——都是同样的。他们保存了他们原种族的本质特性。[1]也就是说，即使殖民母国不相同，殖民政策不相同，土生华人在南洋也是具有某种本质的相同性，这种相同性使得南洋海峡华人构成整体并区别于其他群体。宋旺相的记录则扩大了这种海峡华人的迁徙定居的图景。“到荷兰人倾入马来亚地区时，华人已经稳固地在爪哇、峇厘、摩鹿加、亚齐和马来半岛等地方定居下来了。例如，在登嘉楼相当长时期以来就有了由当地华人和从中国移来的新客通婚繁殖起来的土生土长的华人人口。在寥内和槟城两地，华人采取和马来妇女结婚以建立家庭的同样做法亦产生同样的结果。”[2]

19世纪中期开始的移民大潮带来的结果是土生土长的海峡华人的人数也开始越来越多。根据人口调查报告，海峡华人的人数在整个华

---

[1] 林文庆:《今日远东的观感》，转引自宋旺相:《新加坡华人百年史》，页876—877。

[2] 宋旺相:《新加坡华人百年史》，页3。林文庆:《今日远东的观感》，转引自宋旺相:《新加坡华人百年史》，页876—877。

人社会中的比例逐年增高。新加坡的情况也是如此。

表七　海峡殖民地海峡华人人口调查表

年份	海峡华人	华人总数	占华人百分比
1881	25268	173861	14.53
1911	86788	311985	27.8
1921	144857	498547	29.06
1931	249498	663518	37.6

资料来源：Straits Settlements Blue Book for the year 1881 Cf. song 1936：38。

表八　新加坡土生华人比率（1881—1947 年）[1]

年份	土生华人	百分比	华人总数	百分比
1881	9527	9.5	100446	100
1891	12805	10.5	121855	100
1901	15498	9.5	164041	100
1911	43562	19.82	19577	100
1921	c.80000	c.30.8	c.260000	100
1931	c.150000	c.40.5	c.370000	100
1947	c.400000	c.54	c.729000	100

根据这份表格，我们可以清晰地看出，一方面至少早在 1881 年，海峡华人就作为一个华人群体下一个次族群称谓出现在官方的统计中[2]，这意味着这个群体是切实存在与其他华人方言群的差异的，这种

[1] Rudolph Jurgen, *Reconstructing Identities：A Social History of the Babas in Singapore*. Aldershot, Hants：Ashgate,1998, p.56.

[2] 根据 *Straits Settlements Blue Book for the Year 1881* 转引自 Tan Chee Beng, *The Baba of Melaka：Culture and Identity of a Chinese Peranakan Community in Malaysia*, S.l.：Asean Academic Press, 1999, p.49。"The Straits Chinese" 海峡华人这一类别在 1911 年时不再出现在人口统计类别中，而是以 "Local-born Chinese"（土生华人）代之。

差异不仅在内部而且在官方都得到了认可。而官方的认可更加强了民间对这个群体界限的认知。另一方面，从海峡华人增长的大幅度比例跟华人移民增长幅度成正比的情况，我们或者可以这样推论：越来越多的新移民扎根南洋，从外来者成为土生土长者，他们从迁居者或者旅居者转型为南洋的土著居民。

随着殖民者以及新移民的到来，这个群体的种群结构以及文化构成都从原来较为单一的华一马混种、讲“一种含有华人方言和马来亚各地的马来语的混合语”[1]发展出更为复杂的形态。林文庆认为：“本地华人家庭对从中国开来的帆船的到来有极大的兴趣，因为……为他们那些不能够和本地土著结婚的女儿们载来了一群受欢迎的佳婿。当男孩子的人数比女孩子的人数较少的时候，他们长大时就可以，并且经常是娶马来女子为妻，而华人女孩子长大时不是嫁给混合血统的华人就是嫁给从中国来的新客，华人的家庭人口数量就是这样逐步增长，而成为马来半岛的永久居民。”[2]

当代对土生华人的研究[3]也得出这样的结论，认为从血统上来说，海峡华人是这样一些人的后代：华人男子与马来妇女的后代，华人男子与土生华人家族女性的后代，土生华人家族男子与同样出身的土生华人家族的女子的后代，华人男子与华人女子的后代（主要发生在女性华人移民被准许移民南洋以后）。

从以上人口统计表以及族群构成分析中，我们至少可以认识到海

---

[1] 宋旺相：《新加坡华人百年史》，页3。

[2] 林文庆：《海峡华人》，转引自宋旺相：《新加坡华人百年史》。Rudolph Jurgen, *Reconstructing Identities : A Social History of the Babas in Singapore*，认为1850年代以后才有中国女子来到新加坡，这就导致了早期的海峡华人大都是华人男子与马来人女子的结合。页83。

[3] Rudolph Jurgen, *Reconstructing Identities : A Social History of the Babas in Singapore; Felix Chia, The Babas*, Singapore : Times Books International, 1980.

峡华人出现了新客的后代，这意味着两个重要的发展趋势：一，这具备了在人种上对原来的海峡华人进行再华化的条件；二，人种上的再华化与原来海峡华人对中国传统文化的坚守，合力构成了海峡华人在被殖民化和马来化的同时具有了再华化的动力和可能。

海峡华人文化上的特点主要体现在语言学习和习俗传承上。海峡华人的语言特点比较复杂，存在几种情况。首先，因为华马家庭结构特点导致这种家庭的华人孩童讲华族方言—马来文混合的语言。同时海峡华人家庭中的男丁有机会接触华人族群文化，使用方言。一方面，宋旺相指出："在流逝的久远年代里，由马来人母亲所生下的男孩被送回中国读书，而其所生下的女孩则留在当地。"[1]而即使他们不被送回中国老家，也有机会接触中国传统教育，李钟珏1887年在新加坡旅行时观察到：闽广士子在叻授徒者颇不乏人。叻中子弟读书以图回国考试者亦不少。然叻地无书又无明师友切磋琢磨，大都专务制艺，而所学亦非上中乘文字。[2]另一方面，李钟珏观察到土生华人语言的复杂现象："土人所操巫来由语通行南洋各岛，华人久居坡中及在坡生长者无不习之，又多习英语。同侪往来时而巫语、时而英语、时而闽广土语。他省初到人往往对之如木偶。"[3]海峡华人讲方言的原因，被林文庆解释为是为了做生意。[4]

殖民者的到来改变了海峡华人的语言。随着殖民势力在南洋经济、政治等方面的绝对霸权和强势，海峡华人家庭为了能在当地社会获得社会地位的上升通道而逐渐将孩童送入殖民者开办的学校接受教育。

[1] 宋旺相：《新加坡华人百年史》，新加坡：新加坡中华总商会，1993，页2—3。

[2] 李钟珏：《新加坡风土记》，新加坡：南洋书局有限公司，1947，页10。

[3] 同上。

[4] 宋旺相：《新加坡华人百年史》，页2—3。

海峡华人与新客的差异界限主要通过英语教育起作用，“自英国人占领马来亚以来，通过英文教育之后，这种差异的分裂线就变得更加明显了”[1]。而南洋的土生华人本身因为所属的殖民国不同，接受的殖民语言差异造成了其内部的地方差异性。“由于英国和荷兰两国的政治体制和教育制度大不相同；而对在英国旗帜下出生和培育的华人在各方面都较其对手优越。”[2]随着英校的扩张以及殖民者对殖民话语的推销，19 世纪末 20 世纪初，英文已经成为新一代海峡华人文化身份的重要标志。

从以上的例子我们可以看出，说方言的重要原因在于经济因素，然而为什么在殖民地区的贸易中方言会成为经济语言？土生华人做生意需要使用闽广方言，一方面体现了闽广人在南洋生意场的势力，另一方面则体现了南洋华人经济的内向族群网络性特点。如果说，说英语成为海峡华人获得南洋主流权利社会——殖民政府体系上升通道的途径，那么，说方言则显然为海峡华人与同样说方言（主要以闽南语为主）的新客团体之间搭建了经济、文化以及政治之间的坚实桥梁。

当这个拥有特殊混合语言的次华族群开始具有相当大的聚落规模并且结构稳定的时候，他们形成的文化是具有稳定性和自主性的。林文庆认为：“……土生土长的华人，从他们的外表和他们的生活方式看，实质上则是十足的华人，但他们显现出特有的社会性质，以及在种族上和人类学上又显出那么多的特性，这说明他们是自成为一个群体的。”[3]而这个群体对殖民地而言，影响很大。他们一方

[1] 林文庆：《今日远东的观感》，转引自宋旺相：《新加坡华人百年史》，页 876—877。

[2] 同上。

[3] 同上。

面保持着几千年的古老特性，另一方面又善于适应环境、接受新思想，因此他们能够在新帝国——英国的一个殖民地发挥他们的聪明才智。[1]

以上对区域联系、群体人数增长以及文化特性的分析大致可以表明南洋的土生华人，最起码海峡殖民地的土生华人本身具有构成一个整体的社会网络、人群数量和文化特性基础。

（二）对受到的压力进行反应的需要

作为一个群体，海峡华人建立自我文化话语体系主要是为了建筑精神的堡垒抵御来自其他群体文化上的压力，同时进行自我身份的标示。这样的压力首先来自于马来族群。不可否认，早期的海峡华人因为家庭构成的种族原因以及成长的马来环境的影响，他们在文化习俗上已经部分马来化。"听其通用言语'马关拿西'（Makan Nasi）（吃饭）、'撒都鲁鸦'（Sadu dua）（一 二）无一不是马来语。女子梳高髻，穿沙龙（马来语），拖珠屐，又无不是马来装束。食餐不用箸，但用右手代之，又居然是马来人习惯。"[2]然而，跟马来人不同之处在于：海峡华人始终保持某些华人的传统文化特性，从而在马来文化中显现出华一马性以示族群区别。比如，当招观海描述其岭南同学李庆安、李庆云的爷爷李清渊的府上时写道："其厅事上，左则高悬其'多罗贝勒行邸'之大匾，右则高悬'振贝勒行邸'之大匾，中更高悬'醇亲王行邸'之大匾，更有'中迈弦高'一匾，乃署光绪壬寅载振所书者。"[3]另外，海峡华人在南洋殖民地的经济和政治方面始终扮演着殖民者代理的角色，这也引起马来族群的不快。在如今的新加坡博物馆第25

[1] 沃尔特·麦皮士：《新加坡华人百年史》前言，1923。

[2] 招观海：《天南游记》，出版地不详，出版社不详，1933，页8。

[3] 同上。

展厅中有一件展品，那是19世纪上半期一位名叫西米先生的本地马来诗人作的名为《世界末日》的长篇叙事诗。诗中表达了马来族群因为被能言善辩会做生意的华人和印人欺骗而暴跳如雷，最后却因为殖民政府司法不公而让他们脱罪的愤怒情绪。其中“华人印人会讨价，马来武吉难匹敌”一句表达华人、印人在与马来人的商业竞争中处处领先，“华人出示英文信，聪明警官人人敬”，则表达了对华人作为英人中间商或者有英人撑腰的讽刺和不满。“马来武吉命如此，面对白人唯屈服”句则表达了马来人对殖民者的仇恨。

然而，不可否认，海峡华人跟新客华人在语言和教育背景上有明显差异，他们一方面以华人的身份、血统、家族纽带以及福建方言与其他新客华人群体以及中国获得族群共同体层面的联系，另一方面又因为他们英国国籍的拥有以及这种国籍的不同带来的政治、经济等方面权益的特殊而区别于新客华人。这使得海峡华人的身份认同充满了矛盾纠结，也使认同方（与其产生认同关系的中国和新客群体以及殖民政府之间）对海峡华人产生认同的怀疑。李钟珏1887年5月在新加坡旅行时，就观察到：“在坡生长之华人一经报册则隶英籍其质性良者恒讳而不言，桀者且以自大，入耶稣教者尤甚，竟有父子不相能，如陌路者，风俗人心之坏自不待言矣。”[1]从李钟珏这样一个中国游客的角度，当然以中国传统价值观来观察和判断本地华人，因此他认为入英籍而不言者是为性良者，另一些入了英籍就自大者则风俗人心已坏。可见，从中国旅行者的角度而言，是不乐意看到海外华人改变自己的政治忠诚立场的。

土生华人与中国来的新客之间的矛盾有时到了比较极端的程度，甚

[1] 李钟珏：《新加坡风土记》，页9。

至还会带来某种仇视。比如1897年新加坡殖民政府要求出租房屋者关闭他们的渗水井，促发了华人的不满，街上出现了反映对政府不满的华文书写的标语。对此事件，《海峡华人杂志》撰文认为这种举动不是华人的上等阶层所鼓动的，同时该文明确指出在成千上万无知的苦力和华人的上等阶层之间存在着巨大的分歧和鸿沟。[1]这篇文章体现了海峡华人自认为是华人上等阶层并作出对事件的表态和澄清，这本身揭示了华人社会中的阶层分歧——海峡华人对殖民政府是友善的，而“成千上万无知的苦力”则常常与殖民政府发生冲突。这种情形造成海峡华人身份的尴尬，因为族群内部的分歧会造成相互之间的压力。《海峡华人杂志》刊登此文对事件作出澄清就是一种对这种分歧压力的回应。

海峡华人常常要与苦力阶层划清界限，苦力新客也常常跟海峡华人划清界限。根据招观海的记载，这种土生华人与新客的矛盾直到20世纪20年代依然存在。新客常常以轻蔑的用词来称呼土生华人。如，新客常常称呼土生华人“‘十一点’，取‘土生’之‘土’字之意，更有轻薄者，鄙之为‘老鲠’，取‘骨鲠在喉，不上不下，不巫不中之义’”[2]。而中国来的游客对土生华人的马来化和英化特征也耿耿于怀，颇多讥讽。当梁绍文在马六甲与陈祯禄等土生华人交往时，梁绍文发现“和祯禄谈话之间，切记不可提及‘中国’两个字，倘若犯了，当面就要抬杠。因为他心目中自己便是一个英国的市民，‘中国’是软弱无能肮脏卑陋的代表者，所以他怕认自己是中国人”。梁绍文讽刺道“可惜他眼睛不蓝，头发不金”，他更在游记中用自己的经验忠告中国读者

[1] “Alleged Grievances of the Chinese”, *The Strait Chinese Magazine*, edited by Lim Boon Keng, Song Ong Siang, Vol.1, 1897, p.112 .

[2] 招观海:《天南游记》，页34。

“所以我时时刻刻都留心着——见了土生华侨不要和他谈中国情状”[1]。梁绍文初到南洋时接待他的大都是与中国有诸多联系的人士，这些人都比较关心中国的事物，有些如怡保的锡矿主李孝章更是革命同情派，这让他产生了错觉：“我以为南洋的人士，个个都是义烈可风、热心爱国的，所以无论什么人我都几以国士相待。”[2]然而，当他在怡保的土生华人俱乐部第一次跟土生华人接触时却发现了土生华人与新客华人的区别，意识到大多数土生华人的政治认同并不是中国，而是英国。

> 趁他（一位土生华人）和我谈话的机会，我很说了些中西文化关系，极力赞美中国的文物制度，及现在情形不足忧虑，中国将来足以有为的话，对他谈了一大顿。他总很怀疑，总说英国政治好并说中国不如全给英国人管理，必较现在混乱的局面要好些。末了，还恨中国不快快地亡，还在那里苟延残喘似的，使那些百姓受苦！
>
> 他这么一来，我虽然没有和他抬杠，却觉得话不投机。刚才所讲的一大段废话，太过冤枉了！后来回到寓所，我的朋友很严正地教训我一番，说我太无经验了，为什么见着那一个人，都以为他是爱国者，以为他是热心祖国的侨民！此时我才知道华侨不一定都是爱国的，从前我总以为凡是华侨都是热心爱国的人，此时已经证明不对。[3]

梁绍文的记叙一方面给我们描述了土生华人效忠英国的政治态度，另一方面表达了一个负有考察南洋华侨任务的中国游客对华侨的定位从

[1] 梁绍文：《南洋旅行漫记》，页147。

[2] 同上书，页120。

[3] 同上书，页120—121。

起初单一地认为华侨为一个“爱国”的整体转变为意识到土生华人与新客华人之间的矛盾和差异。更直观的是，我们可以看出中国的游客对土生华人这种“不爱国”的行为非常不满。从清朝到民国初年，海峡华人效忠英国的趋势没有改变，中国旅客或新客对海峡华人的不满也随之没有改变。

海峡华人尤其是在殖民政府中当差者有时也有被同胞仇视的压力。梁绍文就在其游记中记载华民政务司的华人工作人员“主其事的有正副两员，俱以英国人充当；手下招集许多中国的流氓做侦探暗查等。其任务在监视中国人——华侨的行动”。梁绍文在文章称这些人为“汉奸”，认为他们专门欺负生客（初次到南洋来的人）。[1]

海峡华人内部也存在身份认同的分歧的压力。例如，光从受不受华文教育这一条而言就存在很大的差异，一些海峡华人接受过一些华文教育，或者说一些方言的教育，而还有一些则“不识汉文，连汉语（国语、闽语、粤语）亦不懂，不知先人姓甚名谁，亦不能道其家族何时迁来也”[2]。可见，海峡华人自身的构成是多元化的，这就势必造成各类海峡华人之间既有共同性又有某些差异，这些政治、经济、家族渊源、教育程度等的差异形成了海峡华人内部的某种压力。

然而，正如上文从海峡华人形成的过程以及家庭模式、血统的结构来看，差异的存在并不能抹除形成自我群体，或者与新客华人形成更大规模想象的共同体的共同性。而推动海峡华人代表华人族群创建一套南洋华人话语体系的主要原因则始自殖民国方面的文化忽略或者轻视的压力。

这些接受殖民话语的华人精英，愿意在政治上效忠英国，因为他

[1] 梁绍文：《南洋旅行漫记》，页42—43。

[2] 招观海：《天南游记》，页34。

们中的很多人都是英籍民。然而，当他们真正踏入英国的土地时，才发现种族歧视却并没有因为他们国籍的改变而消失，反而因为改变国籍的他们对殖民母国的靠近而更深刻地感受到这种来自殖民者的歧视的压力。这点，深受海峡殖民地政府重视的海峡华人精英林文庆的话最有代表性："华人和欧洲人之间的大部分纠纷都是由于误会和种族偏见而引起的。有时，华人的感情受到欧洲人的抹杀，因而在华人方面便猜想以为欧洲人是企图进行一些对华人有害的事情。"[1]

如同所有殖民地一样，歧视问题在南洋殖民地是一个普遍存在的社会问题。宋旺相就在《新加坡华人百年史》中记录了两条南洋殖民者歧视华人、马来人的事件。

一是发生在1911年4月的关于有色人种歧视事件。1911年4月2日前后几个星期，海峡殖民地报章刊载了有关有色人种的歧视（Colour Bar）问题的系列文章。当时海峡英籍华人工会曾参与收集签名抗议殖民部大臣（The Secretary of State for the Colonies）哈尔克（Harcourt）在下院（The House of Commons），对麦卡南史各特（McCallum Scott）国会议员所提出的问题的答复。这是关于由殖民部（The Colonial Office）所制定的一些新条例，规定一切不是纯粹欧洲血统的英籍民都不准在海峡殖民地（The Straits Settlements）、马来联邦（The Federated Malay States）和香港的民事和警察部门服务。针对这一种族歧视性的新条例，海峡英籍华人工会的抗议书写道：

> 我们，下列的签名人，新加坡和海峡殖民地各个非欧籍社群的成员，郑重地否认我们不喜欢或不满在海峡民事和警察服务委

[1] 宋旺相：《新加坡华人百年史》，页156。

> 任双亲非纯欧人血统的官员，并说明我们永远欢迎和将欢迎委派双亲非纯欧人血统的官员的服务，我们要强烈抗议殖民部大臣所作的陈述说，马来人和华人不喜欢和不满外国血统的人受委派治理他们，除非那些官员的双亲都是纯欧人血统者。[1]

这段记录出自海峡华人三杰之一——宋旺相编写的《新加坡华人百年史》，不难看出这么两点。一是当时的殖民政府对于归化的海峡华人在殖民政府中任职存在严重的歧视。即使是获得女王奖学金的华人在殖民体系中也很难获得认同，并无法在英国本土获得就职机会。二是这种歧视引起海峡华人的极度不满。尤其是那些有机会到英国本土的求学者。关于华人女皇教学金获得者在政府求职遇到“对有色人种的歧视”的问题，当时由同一位议员提出来，而殖民部大臣如此回答：“我会考虑允许英国出生的华人和马来人进入政府部门当见习生，如果他们有机会能在竞争激烈的考试中取得成功，和如果当地有放宽条件的要求，它现在还不存在。”[2]

而另一个能够证明海峡华人因受到殖民政府歧视而奋起抗争的证据则是1900年8月17日成立的英籍海峡华人公会的宗旨。

英籍海峡华人公会制定了这些目标：

A）促进会员对英帝国事务的关心，并鼓励会员作为女王子民保持对英帝国的忠诚。

B）为本殖民地英籍华人讨论有关社会、智识和道德福利的问题时提供便利条件。

C）增进英籍华人在任何其他法律或宪法方面的一般福利。

[1] 宋旺相：《新加坡华人百年史》，页394。

[2] 同上书，页395。

D）在伦敦设立一个代表委员会以照顾公会的利益。

E）从一些实际的途径鼓励华人接受高等教育和技术教育。

F）采取任何必要的法律步骤，以保护英国籍民的权利和特权。[1]

从公会订的维护英国籍民的权利和特权条款中透露出英籍海峡华人虽然已经拥有英国的国籍，但是很多时候并不能如同欧洲血统的英国人一样享受平等的权利的事实。简单说，在英籍人中，华人无论在法律权利，还是福利上仍然受到严重歧视。

正是来自殖民母国政治上的歧视和不认同刺激了这群一向以英国子民自居的海峡华人，迫使他们不得不重新认识自己的华人身份。他们一方面立志用西方的现代化思想来改善华人的不良习性，对华人进行现代化改造，另一方面则发掘并推广中国辉煌的历史文化，双管齐下的行动是为了重建华人族群的文化自信以及打造以资跟殖民政权对话的平台。

二、海峡华人文化话语体系的创建目的

如上文统计表格所显示的那样，海峡华人人口的迅速增长，意味着大众教育的需求以及社群话语体系化的需求将随之变得强烈起来。《海峡华人杂志》的创办者们就清楚地认识到这点："随着人口的增加，在海峡出生者群体中，有一种对普遍讨论影响大众的政治、社会和其他事件以及文学的媒介的需求。"[2]也就是说，客观上族群的扩大表现出一种导正社会舆论、建立群体话语体系的社会需要。"《海峡华人杂志》就是应这样的需求诞生的。"[3]（见图十三）

[1] 宋旺相：《新加坡华人百年史》，页265。

[2] Lim Boon Keng, Song Ong Siang, *The Straits Chinese Magazine*, Vol.1, No.1, 1897,p.1.

[3] Ibid.

图十三 《海峡华人杂志》封面（1897 年）

《海峡华人杂志》创办于 1897 年，编者为林文庆和宋旺相。杂志以季刊的形式发表，每年三月、六月、九月、十二月出版，一年四期，出版语言为英文，主要在新加坡、马六甲、槟城和吉隆坡发行，每年订费 1.5 元，单本 5 角。[1]从 1897 年到 1907 年共出版了 11 卷，共 44 期。

《海峡华人杂志》的编者们以介绍和沟通中西文化为己任，将自己定位为中西文化的桥梁。杂志的封面设计典型地象征了这种意识。封面上除了英文的杂志名称（*The Straits Chinese Magazine*）、编者等基本信息的介绍外，还有两句富有象征意味的标语。一句是英文书写“东方和西方文化”（Oriental and Occidental Culture），另一句则是相较于封面上其他内容字体最大、引自《论语 · 学而》的一句话：“过则勿惮改”，其下是其英译，字体则为整个封面最小。刊物封面对《论语》

[1] Lim Boon Keng, Song Ong Siang, *The Straits Chinese Magazine*, Vol.1, No.1, 1897, p.33.

的引用也为杂志以沟通“东方和西方文化”为己任作了很好的注脚。这个封面的设计在 1904 年作了修改：华文字体已经变得比较小。

海峡华人话语体系创建的原因，可以从《海峡华人杂志》的创办目的看出。《海峡华人杂志》创建的主要目的有以下这些：

（一）引导社会舆论，启发民智

这一批英女皇奖学金得主都具有强烈的社会启蒙意识和建构文化身份、文化话语的自觉性。作为海峡华人群体的精英知识分子，编辑们认为当下社会公共话语混乱而糟糕，因此这份杂志明确地将自己的目的定为引导社会舆论，启发民智。[1]海峡华人启发民智的做法除了介绍科学、哲学等知识给读者，更重要的是提供民众分析事物的视野，培养大众质疑和思考的能力。1899—1900 年，林文庆连续发表了几篇海峡华人改造（Straits Chinese Reform）方面的文章，[2]这些文章对海峡华人的儿童教育、衣着风俗、子女的孝顺、丧葬礼俗、宗教信仰等表达关注，进行批评，提出新的规范和要求。在此期间林文庆也在各种报纸杂志上针对基督教的迷信和传奇色彩进行批评，否定灵魂论，提倡儒家思想。这引起了教徒的激烈反弹，双方利用报纸、杂志等展开笔战。而双方的辩论文章启发了公众人士认识事物的不同角度和途径。

（二）重新形塑海峡华人对于传统的认知

创刊号提供了关于创刊原因的多种信息，有一条非常值得关注。“编辑们牢记在心的是大多数海峡出生者受到越来越好的教育，然而

[1] Lim Boon Keng, Song Ong Siang, *The Straits Chinese Magazine*, Vol.1, No.1, 1897.p.1.

[2] 这六篇文章分别为：(1) Lim Boon Keng, “Straits Chinese Reform 1——The Queue Quesetion”, Vol. 3, No. 9, Mar, 1899, p.23；(2) “Dress and Costume” ,Vol.3, No.10, 1899 , p.57；(3) “The Educations of Children” , Vol. 3, No. 11, 1899, p.102；(4) “Religions” , Vol.3, No.12, p.102；(5) “Filial Piety” , Vol. 4, No.13,1900, p.25；(6) “Funeral Rites” , Vol.4, No.14, 1900, p.49.

作为（这种教育的）一种不利后果将是变得对他们祖先的传统和历史了解得越来越少。我们看到了这种教育的缺失……"[1]我们不难看出这批接受了当时世界上最繁盛国家的教育的华人深深担忧族群传统和历史在"良好的教育"下逐渐流失的现状。措词委婉的文章背后，是海峡华人对英殖民政府推行的殖民话语体系对华人文化漠视的一种反思和深刻认知，表达了对在殖民教育下华人身份因为殖民化而逐渐消失的担忧。这种担忧和反思的真实性和深刻性建立在这样的基础上：这群对华人身份与殖民教育之间的矛盾的揭示者正是来自于深受殖民教育影响，并且在少数领域中有能力深入到英殖民话语的创建层面的人。因此，无论是站在自身的成长经验还是站在殖民政府管理华人的代理人层面，他们都能对这种话语体系的缺陷产生深刻认知。这种认知在这些海峡华人知识精英中达成了共识。鉴于此，他们希望通过办杂志来启发民众，从而弥补这种殖民教育带来的华人身份缺失。

编者在杂志创刊文章中继续提出"通过富有文学性和被广泛使用的公共语言的媒介，我们希望能触及各个阶级并且用英译形式来为这些阶级重建关于祖先的认识"[2]。尽管这份杂志宣称面向的是各个阶级，然而从 11 卷关于族群传统文化译介文章中绝大多数仍然是关于华人的传统文化的情况来看，杂志客观上深化的是华人对于祖先的认识，而这对保持华人祖先崇拜这一族群文化特征具有重要的意义。《海峡华人杂志》第 1 卷就采用了 Tan Teck Soon 的长文《一些天才华人作家》，向海峡华人以及一些欧洲人推介老、庄以及他们著作中的哲学思想。[3]

[1] Lim Boon Keng, Song Ong Siang, *The Straits Chinese Magazine*, Vol.1, No.1, 1897, pp.1-2.

[2] Ibid., p.1.

[3] Ibid., pp.63-68, p.95.

而林文庆更是不遗余力地在杂志上连续发文赞扬和推介儒家思想。[1]

然而，海峡华人精英在呼吁华人要让孩子传承文化传统的同时，也对传统进行反思、提出改良的看法。林文庆的《我们的敌人》[2]一文就体现了一个接受过西方科学体系化教育的海峡华人对自己族群的传统文化教育、社会习俗以及宗教信仰的看法，具有代表性。这些看法中既有对华人传统文化的肯定也有对其中的问题的批评。林文庆从教育、习俗和社会生活、信仰三个方面进行了分析，他认识到西方文化的优点，建议南洋华人注意改变对英文教育的敌对态度。但他同时也批评了那些完全抛弃了华文让孩子完全接受英文教育的行为。他引用了海尔（G.T.Hare）在《海峡华人》一文中提出的建议，认为要学好两种语言，应该让孩子先学华文，然后加入英文的课程；拥有更丰富的课程，包括科学和数学，"我们的华校将与英文学校互为补充。那样，我们就能更好地维护我们自己的语言和文化"[3]。

在习俗和社会生活中，哪些是中华文化的糟粕需要认识和摒弃？林文庆认为："我们应该改变华人的一些恶劣习俗如裹小脚、杀婴等，

[1] 从1904—1907年，林文庆连续在《海峡华人杂志》上发表了十篇跟儒教相关的文章，向读者推广儒家文化。这十篇文章分别是：

Confucian Cosmogony and Theism, 1904.6;

Confucian View of Human Nature, 1904.9;

The Basic of Confucian Ethics, 1904.12;

The Confucian Code of Filial Piety, 1905.3;

The Confucian Cult, 1905.6;

The Confucian Ideal, 1905.9;

The Confucian Doctrine of Brotherly Love, 1905.12;

The Status of Women under a Confucian Regime, 1906.12;

The Confucian Code of Conjugal Harmony, 1907.3;

The Confucian Ethics of Friendship, 1907.6.

[2] Lim Boon Keng, "Our Enemies", *The Straits Chinese Magazine*, Vol.1, No. 2, June, 1897, p.55.

[3] 林文庆、宋旺相编：《海峡华人杂志》第1卷，页55。

让女性有机会接受教育。”关于宗教，林文庆反驳了社会上认为华人没有宗教的言论，认为中国从古而今都有很多宗教，儒学就是其中的一个。华人另外的宗教还有道教和佛教。林文庆也分析了华人不愿意信基督教的原因，他认为，“猪仔”贸易、鸦片战争以及加利福尼亚野蛮对待华工的事实，都是华人抵制传教士的原因。林文庆也提及伊斯兰教也给（海峡华人）带来一些政治上的麻烦。但是林文庆建议华人能保留祖先宗教信仰中最好的部分，同时也要学习其他宗教中好的部分。林文庆更在最后呼吁“放弃宗教偏执”[1]。

也就是说，重塑海峡华人对祖先和传统的认知有两个层面上的意思，第一是面对殖民话语的入侵以及对华人族群文化的漠视造成一些接受了西方教育的华人失去对祖先认知的社会现状，杂志落力介绍中国的传统文化，提醒华人要重新认识到祖先以及族群文化的优秀和重要，并积极地维护自己的族群文化；另一个层面是如何正确地吸收传统文化，这是对自我族群文化的一种反省。海峡华人通过与西方文明的深入接触，以西方的科学精神来反思族群文化中的陋习和迷信，对族群文化进行因地制宜的改良，这就使得南洋华人的文化话语体系出现了不同于中国的文化话语体系的内容和特征。

（三）建构一个高贵的华人社群

构建华人高贵的人生观是《海峡华人杂志》编写者们关注的重要内容。他们的人生观构建策略可以从他们对于杂志内容的类别安排体现出来，“当刊物版面很大比例用在讨论历史、族群、政治、文学以及其他相关主题时，会特别关注教育以及科学的各个分支，因为这些都有助于（建立）一种高贵而高尚的人生观”[2]。这段话明确指出杂志

[1] 林文庆、宋旺相编:《海峡华人杂志》第1卷，页55—57。

[2] Lim Boon Keng, Song Ong Siang, *The Straits Chinese Magazine*, Vol.1, No.1, 1897, p.2.

对华人精神世界的关注，对建构华人社会道德体系的一种强烈的责任感。让人感兴趣的是《海峡华人杂志》的编者们认为教育以及科学也许特别有助于高贵而高尚人生观的建立。

对身份重建的高度重视还可以从杂志刊登的文章中看出。对海峡华人进行身份的形塑却并不仅仅是海峡华人自身的要求。杂志里出现了两种声音。一种声音来自殖民者阵营。海峡华人是欧洲殖民政府话语的主要受众，如果海峡华人与清政府（《海峡华人杂志》创刊时中国还在清朝的统治下）走得太近，那么，欧洲在东南亚的殖民将会变得困难很多，因此，如何彻底改造华人也是殖民者考虑的一个重要的问题。他们希望这些接受了与他们相同的教育的华人能完全效忠于大英帝国。在第 1 期杂志中，创刊文章后就是题为《海峡出生的华人》一文。这篇文章是一篇演讲稿，作者海尔已经在杂志发刊之前的 1897 年 1 月 22 日在由林文庆发起创办的“华人慈善会社”里进行了演讲。文章先指出海峡华人的典型特征：“双面人”，因为他们受到的教育和统治来自英国，而在生活中、生意中、习俗中等等接触最多的则是中国出生的华人。海尔认为海峡华人受中国的华人影响太多，因而，他警告海峡华人：“尽管被习俗、传统以及和中国的关系等因素所束缚，我建议你们不要企图服侍两位主人。”[1]海尔接着进一步警告说企图通过扮演“双面人”来效忠中英双方注定是会失败的。而海峡华人应该认识到自己接受的是欧洲的民主、自由、平等的教育，是英国的公民，享有英国国民权利这些都是被中国出生的华人所嫉妒的。[2]海尔尽管有点盛气凌人，但他的演讲其实是在恩威并施地拉拢海峡华人。

另一种声音则表达了海峡华人对自身改造的倡导。殖民者对海峡

[1]《海峡华人杂志》第 1 卷第 1 期，1897，页 4。

[2] 同上。

华人去华化的改造和海峡华人自我改造之间既有重合之处，也有分歧。分歧之处则在于他们无法放弃自己的多重认同。因此，海峡华人高调表达他们在政治上效忠大英帝国的女皇的行为和方式，以此来回应殖民者对海峡华人身份的要求，打消殖民者对自己多重认同的怀疑和不满。尽管他们一方面处处找机会宣布自己对英国的效忠，宣传英文教育对华人的好处，另一方面也中肯地指出西方文化中一些缺陷，提倡中国文化中的优秀因子。比如上文提到的1899—1900年间，林文庆在《海峡华人杂志》上“Straits Chinese Reform”栏目连续发表六篇文章，就批评了基督教中的缺陷如迷信等。[1] 1901年9月，他以“Historicus”为名发表了《圣经教义与基督教实践的省思》，批判基督教之不可实践性。[2] 除此，从1904—1907年间，林文庆连续在《海峡华人杂志》上发表了十篇以“儒教”为题的文章，推介被他认为是中国文化中最好的宗教——儒家思想。但也正如上文已经提及的那样，这个时期的海峡华人对以往迷信式地崇拜自身文化或者完全抛弃自己文化的实际情况也进行了批评。同时反思族群文化的优劣，批判性地继承族群传统的方式体现了海峡华人在有意识地重塑自己的华人性。

（四）打造舆论平台，建立华人的公共场域

在创刊文章中，“讨论”成为一个重复率极高的字眼，这充分表明《海峡华人杂志》愿意将自己定位为一个公民讨论的媒介。在杂志编者而言，他们显然是有意识地将《海峡华人杂志》当成一个海峡民众舆论的平台，意图建构一个公共空间。他们指出该杂志的主要目的是“在海峡出生者中促进智力活动，同时引导这个群体，结束目前这

[1] 文章分布请参考附录中《海峡华人杂志》目录。

[2] Historicus (Lim Boon Keng), “Reflections on Biblical Teaching and Christian Practice”, *The Straits Chinese Magazine*, Vol. 5, No. 19, Sept, 1901.

个群体中看法糟糕混乱的状况。杂志将为有用而有趣，跟习俗、社交生活、民俗、历史以及拥有把这个殖民地当作家的各个种族领域有关的课题提供讨论的空间"[1]。

而从杂志选登的文章来看，编者们也完全体现了将杂志作为开放、包容以及多元性的讨论平台的目的。例如，尽管林文庆是杂志的主编之一，但当他在1904—1907年间发表十篇文章提倡儒教时，杂志也相应地刊登了反驳或者与之商榷的文章，从而使得读者群能有多种观点和视野来看待基督教和被当作中国最优秀的宗教进行推介的儒教之间的不同，并进一步对自己的宗教信仰作出更为明智的选择。

三、海峡华人自我话语体系的框架以及传播途径

（一）框架

在《海峡华人杂志》目录的编排上我们就可以找到海峡华人自我话语体系的框架。下面是《海峡华人杂志》1897年第1卷目录，其他各卷的目录框架跟第1卷相同，仅有些细微的差异，因此本文将1897年的目录框架作为范本进行分析。[2]

1897年《海峡华人杂志》第1卷目录

TABLE OF CONTENTS **PAGE**

[1] 林文庆、宋旺相编：《海峡华人杂志》第1卷第1期，页2。

[2] 其他各卷的目录见论文末的附录。

这卷目录共分为15大类，[1]分别是信件、时事、教育、伦理、小说、民间文学（民俗）、地理、历史和政治、文学、本地政治、宗教、科学、社会、社会学和人种学、诗选。每一类下是具体的论文、新闻、发言稿、来信等。

为了更好地说明问题，我们用一份当时附属于莱佛士图书馆和博

[1] 本文只列出大类别的题目，类别下的具体文章目录请参阅文后的附录。

物馆的西方殖民者办的期刊《皇家亚洲协会海峡分会杂志》(*Journal of the Straits Branch of the Royal Asiatic Society*)目录来进行比较。

《皇家亚洲协会海峡分会杂志》是半年刊。这份刊物配合莱佛士图书馆和博物馆的展品，可以让我们看出殖民者话语体系的兴趣和基本框架。下面是以1882年6月和12月两期的《皇家亚洲协会海峡分会杂志》的目录为例，跟《海峡华人杂志》的目录进行比较。显然，殖民者话语体系相对集中而简要——目录基本分两个部分：会务报告部分和正文部分。比如，1882年6月刊的目录第一部分分别是：会员名单、年会记录、1881年委员会常年报告、1881年财务报告、交换名单、海峡亚洲协会的规章。第二部分是正文，因为只包括了七篇论文和杂项栏目，没有概括其文章类别，所以本文将这七篇论文一一列出以便论说。这七篇论文包括一篇游记《1876年前往大泥边境的徒步旅行》、一篇人种研究《福尔摩莎高山族可能的源头》、一篇历史研究《当地资料中的霹雳历史》、一篇动物研究《马来亚鸟类学》、一篇文字研究《在罗马字母中有关马来文的翻译》、一篇地区研究《槟城的Kata Glanggi》、一篇自然历史研究《自然历史笔记》。[1]

而1882年下半年的杂志目录第一部分除了少了年会记录、交换的名单和皇家亚洲学会规章以外，其他大致相同。而第二部分仍然集中在旅行记录《从砂拉越到梅里的旅行日记》、习俗研究《咒语传统》(The Mantra Tradition)、人种研究《福尔摩莎高山族可能的源头》、地理研究《达亚克海域》、社会族群研究《霹雳的荷兰人》、历史研究《英国与马来亚交通史大纲》以及杂项。

从以上《海峡华人杂志》和《皇家亚洲协会海峡分会杂志》三份

[1] *Journal of the Straits Branch of the Royal Asiatic Society*, June 1882, content page.

目录可以看出，殖民者将南洋地区视为研究的对象，并且将之他者化。他们关注这里的人种、地理、历史、科学，是为了对殖民地的自然和人类社会深入了解以便攫取自然资源、制定殖民统治政策。比如，毕麒麟在此杂志上发表了《私会党》长文，公布自己对私会党的调查研究，毕麒麟作为殖民政府华民政务司的官员，其研究行为的直接结果就是催生了殖民政府社团注册法令的颁行，其目的当然是对当地社会进行严格的殖民统治。

而《海峡华人杂志》虽然也包含了殖民者话语体系所关注的历史、科学的层面，但是这个层面的话题也依然跟华人当下的生存环境息息相关。比如，在第1卷的科学栏目里，林文庆医生著文《传染病与大众》专门谈当时南洋流行的传染病，普及卫生知识。而历史栏目中，更多的则是将殖民者作为参照物，关注华人群体自身的价值观和身份塑造，关注自身传统文化的展示、反省、宣扬和传播。比如，在第1卷，有《华人妇女中的赌博》一文，批评了海峡华人妇女中的赌博陋习，提倡对妇女进行教育。另外，也有文章批评华人葬礼的奢侈或者批评华人不讲卫生等坏习惯。

从这些类别中，我们可以看到海峡华人创建的这套话语体系涵盖了现代化华人的生活方式、社会议题、宗教信仰等多方位的立体层面。杂志也致力于向海峡华人灌输西方文明比如语言、宗教等，同时也向华人以及西方人介绍华人的传统文化，致力于促进华人向现代化转型。

（二）传播途径

以林文庆、宋旺相为首的一批接受了高等学府英文教育的海峡华人，自觉地担负起这个重建自身族群文化话语的任务。由于他们在加入殖民者殖民话语建构体系时只能作为辅助者而不是主流，这刺激了他们积极进行华人自我话语体系的重塑活动。事实上，《海峡华人杂志》

只是林文庆、宋旺相领导的海峡华人改革党（Straits Chinese Reform Party) 对整个南洋华人社群进行改革运动的一个部分。海峡华人改革党除了创办《海峡华人杂志》，还于1890年成立华人基督教协会、1896年成立华人好学会（Chinese Philomathic Society），1900年组建海峡殖民地土生华人公会，同年开办了新加坡女子学校，以及海峡华人俱乐部。随着海峡华人势力的增大，殖民政府机构尤其是处理华族事务的机构如华民护卫司署（1943年改名为华民政务司署 Secretary for Chinese Affairs）也不得不委任相当比例的海峡华人作为他们的委员。

一群年轻有为的海峡华人领导人物诸如陈若锦、刘长意（Low Cheang Yee）、许山兴（Koh San Hin）、佘连城、林文庆、李俊源、宋旺相、黄瑞朝、陈袛仁、林汉河、郑连德与王长辉等都从各领域涌现。

一个立体的人才库以及话语体系的传播途径借由英殖民话语体系以及海峡华人自身的社团力量逐渐建立。由于参与文化话语体系创建的海峡华人都在不同的领域里具有一定的社会影响力，他们同声同气，相互呼应，扩大影响力。海峡华人的文化话语就在这些传播场合中通过演讲、刊文、新闻报道，不断在社会上造势。这一方面使得新建的话语体系得到不断的巩固，也越来越多地激发人们对这种话语体系的认知，培养话语体系的接受者。这样，话语体系才能真实有效地发挥作用。

（三）杂志的阅读对象

《海峡华人杂志》的名称指出这杂志由海峡华人编辑和运行；但其预设的读者则是受英文教育的或者起码看得懂英文的各国人。创刊文章一再明确表达杂志将关注的是殖民地所有的海峡出生者而非仅仅华人，“各国籍的海峡出生者中受过良好教育的群体是杂志依赖或者重视的对象”。“因此，杂志只是用华人作为名称的区分，它同时允许容纳最完整、全面的族群、宗教观点的发表。”[1]然而，在当地英文报的报道中大部分仍将这份杂志当作一份海峡华人甚至峇峇的刊物。[2]这充分体现了杂志的自我定位与外界认同中的差异。这个差异说明关心海峡华人事物仍是这份杂志的主要特点。这样的一个阅读对象群体虽然在社会上处于有影响力的群体，但订阅人数对于一份杂志的维持而言显然还不够。这也预示了杂志在今后的发展中因为读者对象的缺少而最终关闭的结局。

虽然，《海峡华人杂志》在创办了11年后由于经费问题闭刊，但不可否认的是它对海峡华人社群的启蒙起到了积极的作用。在《海峡华人杂志》1897年第1卷1篇题为《峇峇的重塑》一文认为《海峡华人杂志》是一个标志，它表明现在的海峡华人正在通过改造华人的习俗来形塑大众的观念并且开阔知识视野。[3]

结　论

由于左秉隆到南洋任新加坡领事，海峡华人子弟纷纷参加左秉隆的“雄辩会”，通过各种文化活动，他们与中国的连接愈加紧密起来，对中国的认识也越来越深入。他们中的一些人看出了清朝的没落，于是开始支持改良派如康有为或者革命派如孙中山。尽管海峡华人与新客华人之间仍然有分歧，但是面对族群大义和族群文化，两个华人群体越来越能摈弃相互之间的隔阂，打破界限进行合作。这也能解释为什么当中国旅行者前来南洋时，有那么多的海峡华人接待这些来自中

[1] 林文庆、宋旺相编:《海峡华人杂志》第1卷第1期，页1—2。

[2] 同上书，页33—40。

[3] 同上书，页110。

国的游者，带他们参观、品尝美食、观看戏剧、介绍殖民国对华的政策等等。

杨进发指出海峡华人领袖人物“在政治思想上，泰半都是英籍民，不少有强烈的亲英观念与信仰”[1]。然而，如果我们能够深入地、以海峡华人为中心来思考探索他们的观念、信仰以及这里面的变化的话，我们不难看出这些受过英文教育进入英国殖民政府主流话语体系的华人，并没有完全站在殖民政府的立场。他们更多时候充当着在殖民政府为华人说话、沟通的角色，在华人社会中将自己在西方世界所领悟的思想、方法结合华社自己的问题，积极进行建构华人社群、改造文化体系的工作，他们在殖民话语体系以外，为建构华人文化话语大声疾呼、四处奔走。

然而，到底是什么样的力量和原因使得海峡华人 / 土生华人与新客华人一边冲突一边合作，从而将海峡华人 / 土生华人文化糅合到南洋华人文化体系中的呢？下一章我们将通过另一个空间的研究来探讨这个问题。

[1] 杨进发：《战前星华社会结构与领导层初探》，新加坡：新加坡南洋学会，1977，页 84。

第五章　从附属到确立自我：南洋华人社群文化形塑的对话策略

——以极乐寺为例

以位于新加坡、体现殖民者文化体系建构过程和文化符号的莱佛士博物馆作为个案进行分析，处理了海峡华人与殖民者之间的关系：殖民者在建构殖民文化体系、呈现殖民地文化的过程中，华人是缺席的或者被忽略的。华人只作为被动的文化接受者的形象出现在殖民体系传播的下游。这有两方面的原因：一方面殖民政府忽视当地的华人社群对文化的需求；另一方面华人积极建构或者重建自己的文化体系，以此与殖民文化体系进行对话甚至是隐性对抗。而最有能力与殖民文化体系进行对话的是华人社群中的海峡华人群体，尽管华人社群内部还存在其他的小群体，但在面对殖民政府时，海峡华人是站在华人的角度跟殖民者进行对话。

那么，华人群体是如何处理自己从旅居到定居南洋的矛盾冲突的呢？他们与本地的矛盾又得到怎样的解决？本章试图以槟城极乐寺为例，对近现代历史时期槟城的华人文化空间和文化实践进行分析，考察文化软实力是如何在庙宇空间发挥作用的。本文也试图由此透视殖民统治中槟城华人社群的文化结构特点，同时剖析南洋华人社群如何处理自身从旅居者到定居者文化更新过程中与中国以及本地的关系。

约瑟夫·奈（Joseph S.Nye Jr）在其1990年出版的*Bound to Lead*一书中创造性地提出了软实力（Soft power）一词。所谓软实力是指一种通过吸引力而不是通过胁迫或收买来得偿所愿的能力。它产生于一个国家的文化（在能对他国产生吸引力的地方起作用）、政治价值观（当这个国家在国内外努力实践这些价值观时）及外交政策（当政策需被认为合法且具有道德威信时）三方面所具备的吸引力中。[1]软实力概念的创造者约瑟夫认为一个国家的文化（如果）包含一种普世价值观，而它的政策又能提升这种价值观并引起他者分享的兴趣，（那么）它就会因为（这种）吸引力和因之产生的职责关系而增强达致所成的能力。[2]约瑟夫质疑和批评以军事、武力、暴力等为代表的硬力量来建构世界的方式，主张只有通过文明、文化、价值观念、生活方式等软实力的桥梁，才能在国际政治外交中取得成功。[3]

从软实力话语的提出到其发展运用的过程，不难看出软实力是一个因为思考国家政治外交而产生的新的话语，是被有意识引入政治外交领域用来解决当代民族国家层面冲突、建构新的世界格局的策略。可以说，当代软实力的研究目的是如何发现软实力的作用和价值并充分运用软实力来解决国际冲突。然而，文明、文化、价值观念、生活方式甚至外交政策（建立于政权与政权之间的游戏规

---

[1] Joseph S. Nye Jr, *Soft Power*：*The Means to Success*，New York：Public Affairs, 2004, preface X.

[2] Joseph S.Nye Jr, *Soft Power*：*The Means to Success, preface* X.

Joseph S. Nye Jr,*Soft Power*：*The Means to Success*, p.11.

[3] Joseph S.Nye Jr, *Soft Power*：*The Means to Success*. 2001年Joseph在*The Paradox of American Power*（《美国权力的悖论》）一书中再次提出并试图发展该概念。他影响力最大的关于软实力的著作则是2004年出版的*Soft Power*，*The Means to Success in World Politics*（《软实力，世界政坛成功之道》）。这本著作，从解决美伊关系的角度出发，以伊拉克战争等国家冲突为例，进一步强调了在外交关系中，软实力的重要。作者再三强调美国之所以是世界上最强大的国家，不仅仅在于它的军事和经济力量，也在于第三个维度即他指出的软实力。

则）这些软实力的构成因素并不是在约瑟夫·奈提出这个概念之时方才产生，它早就存在，只是未被学术化、概念化、系统化和策略化。如果我们将国家外交看作一种国与国势力集团在地理和政治空间的势力游戏，而软实力是这个游戏场中赢得胜利的一种重要动力，那么软实力这个概念是否可以运用于非国家外交层面的其他势力游戏场？

齐格蒙特·鲍曼（Zygmunt Bauman）曾将空间定位为“游戏场”，他认为一个空间是负责“主要协调”任务的权威游戏场，是制定规则，让“内部”统一的同时与外部相分离的游戏场；是抚平现存的规范与行为模式之间粗糙的边界和冲突的游戏场；是同化异质并将分化的部分统一起来的游戏场：简言之，是将一种松散的集合体重塑为统一系统的游戏场。[1]那么，庙宇空间是不是一个这样的游戏场？如果是，那么在庙宇空间是否存在“靠吸引力得偿所愿”的软实力？本文将以殖民时期槟城的极乐寺为例，探讨以上问题。

极乐寺（Kek Lok Si），被民国初期来自中国的旅行者称为“南洋华侨最大之庙宇”[2]、“中国的普陀”[3]、“规模不让灵隐”[4]、远离尘俗、世外桃源般的“南洋名胜”[5]。它的形成显示出一个槟城华人社会的文化记忆正逐渐建构形成。而在槟城华人社会中，极乐寺已经不单纯是一个宗教场所，而是华人的文化圣地。不仅如此，而且槟城的人文气氛因极乐寺的出现而有所提升。极乐寺已经成为槟城一个

[1] 齐格蒙特·鲍曼著，郑莉译：《作为实践的文化》，北京：北京大学出版社，2009，页30。

[2] 招观海：《天南游记》，上海：暨南大学，1936，页23。

[3] 梁绍文：《南洋旅行漫记》，上海：中华书局，1933，页73。

[4] 黄强：《马来鸿雪录》，页141。

[5] 刘仁航：《南洋游记》，上海：上海南洋编译社，1933，页77。

重要的文化地标。[1]

围绕极乐寺进行的研究并不多。专书只有黄存燊的《槟城极乐寺新志》[2]，这本书在描述了极乐寺的创寺历史后主要介绍极乐寺建筑以及里面供奉的神佛像、石刻、壁画等。其他对极乐寺的研究出现在一些佛学研究的专书章节里，如陈秋平《移民与佛教：英殖民时代的槟城佛教》一书对极乐寺的建立以及法脉宗派作了精要的介绍。[3]另有些相关的研究则散佚于马华、槟华研究的文章里，如张少宽的《善庆和尚与佛教实业公司》[4]一文介绍了善庆从创始佛教实业公司到公司破产倒闭的历史过程。张少宽另著《槟城极乐寺的石刻》[5]一文，则主要介绍了极乐寺里珍贵的文物——石刻以及相关人物事迹的介绍。黄贤强在对槟城副领事张煜南的研究中，则将极乐寺作为张煜南对槟城文化建设作出贡献的重要坐标，对极乐寺与槟城客家人的关系作了深入的研究。[6] Jean DeBernardi 在其《槟城：马华社群归属中的仪式》一书中也对极乐寺进行了简单的史实介绍。[7]

本文将主要从空间研究的角度切入，将极乐寺放置在槟城社会各种势力竞争中，放在中国旅行者和迁居南洋者互动的语境里，研究此

[1] 黄贤强：《张煜南与槟榔屿华人文化和社会图像的建构》，见邱昌泰、萧新煌主编：《客家族群与在地社会：台湾与全球的经验》，台北：中大出版中心，智胜文化事业，2007，页 357。

[2] Wong Choon San, *Kek Lok Si Temple of Paradise*, Singapore : Malaysian Sociological Research Institute,1963.

[3] 陈秋平：《移民与佛教：英殖民时代的槟城佛教》，马来西亚槟城州：南方学院，2004。

[4] 张少宽：《善庆和尚与佛教实业公司》，见《槟榔屿华人史话》，吉隆坡：燧人氏事业有限公司，2002，页 287—290，此文曾发表于 1981 年 1 月 8 日的《星槟日报》。

[5] 张少宽：《槟榔屿华人史话》，页 295—301。此文曾发表于 1980 年 2 月 8 日的《星槟日报》。

[6] 黄贤强：《张煜南与槟榔屿华人文化和社会图像的建构》。

[7] Jean Elizabeth DeBernardi, *Penang : Rites of Belonging in a Malaysian Chinese Community*, Singapore : NUS Press, 2009.

空间的形成原因及功能特点，考察此空间中文化自我呈现以及互动中的文化实践方式，从而尝试揭示极乐寺之所以能融合具有冲突性的多重文化功能的原因及其使用的策略。

本文也试图在极乐寺个案的研究中，考察僧侣、基督徒、政经界人士、教育界人士等各层次旅行者及其旅行书写如何参与形塑南洋华人移民社会文化建设。在此基础上，本文试图进一步探讨宗教信仰空间整合移民迁出地与移入地文化资源的一些规律及特点。

第一节　极乐寺，一个具有多重功能的空间

极乐寺从创寺住持妙莲时期到为其发展作出巨大贡献的本忠住持时期，是一个不断添加各种功能于一体的文化空间。它的产生源自于势力冲突；它的形成处处体现着一个不断往返于中国和南洋的旅行者的文化思想；它的发展则彰显着一群从中国南来的迁居僧人如何逐步进行文化身份再塑造的过程和特点；它的成形展示着由旅行者和迁居者之间多层次文化关系、频密的文化互动带来的文化增值的成果，也展示着一个迁居群体在人口流动的态势中如何进行文化积淀，以及这种积淀下来的文化模型对形成想象的共同体采取的策略。

一、势力冲突的产物和象征空间

促成极乐寺创建的一个重要原因在于槟华社会的帮权政治与英殖民政府之间的冲突。19 世纪 80 年代围绕广福宫的一场风波以及其后极乐寺的建立立体地展现了影响槟华社会的几股势力之间的矛盾、冲突和崛起。

19 世纪末之前实际操纵和把持槟城华人社会的主要是闽南人和广

东人的势力，而能在政策上对华人社会产生重大影响的是英殖民政府。随着1893年清朝驻槟榔屿副领事馆的建立，19世纪后半期，槟城客家人借助帝国赋予的权利，构成影响槟城华人社会的第三股势力，[1]而这股势力不仅仅以客家族群的形式面对广东人、福建人，更以帝国代表的形式与英殖民政府势力形成两股影响华人社会的官方势力。

广福宫，位于槟城椰脚街，建于1800年，是槟城最古老的华人民间宗教庙宇。1862年前基本为槟城的闽帮控制，[2]1862年开始，从宗教中心，提升为由闽、广、客三帮共同治理，调解华社纷难的槟城华人最高民间领导机构。[3]广福宫功能的转变，引起殖民政府关注。1867年槟城义兴公司与海山公司之间爆发的十日械斗，以及两公司在槟城附近发生的将近十年的拿律械斗[4]使殖民政府认为19世纪槟城的华人社会中，帮权、神权的代表者几乎同当时的秘密会社结合在一起。[5]殖民政府开始对华社的祭祀方式、大戏的演出等实行限制，并更多地介入原为华人自治的社群组织机构例如神权组织。[6]以广福宫为例，19世纪80年代，殖民政府以广福宫一些承包香火的僧人不能守志奉道，引起公众不满为理由介入广福宫的管理机构，于1887年委任20名华社领袖、商绅为广福宫董事，他们包括胡泰兴局绅、家住

[1] 黄贤强：《客籍领事梁碧如与槟城华人社会的帮权政治》，见徐正光编：《第四届国际客家学研讨会论文集：历史与社会经济》，台北：中研院民族学研究所，2000。

[2] 张少宽：《广福宫的研究（1800—1862）》，见张少宽：《槟榔屿华人史话（续编）》，槟城：南洋田野研究室，2003，页128—132。

[3] 陈剑虹：《槟榔屿广福宫史话》，见《槟榔屿广福宫庆祝建庙188周年暨观音菩萨出游纪念特刊》，槟城：槟榔屿广福宫，1988，页35。张少宽：《广福宫的研究（1800—1862）》。

[4] 私会党性质的义兴公司与海山公司由于争夺拿律地区锡矿资源，于1862、1865以及1872—1873年间发生械斗暴动。

[5] 张少宽：《槟榔屿华人史话》，页84。

[6] 陈剑虹：《槟榔屿广福宫庆祝建庙188周年暨观音菩萨出游纪念特刊》，页36。

槟城的霹雳州州议员许武安，邱公司主席邱天德、谢德顺及许森美等。第一批受殖民政府委任的董事负责庙务以及甄选住持。尽管原来的僧众跟殖民总督金文泰（Governor Sir Cecil Clementi Smith）抗议，但新董事会依然将他们解雇，而礼聘从福州鼓山涌泉寺来槟城化缘筹建法堂的妙莲（1824—1907 年）[1]驻锡广福宫。[2]其后，这次的委任事件因会党政治的涉入而使平章公馆内部发生分歧，并在殖民地政府内引起层层波澜。[3]

会党政治内部的冲突加上华社与殖民政府之间的冲突，当是妙莲不得不设法离开广福宫另辟宝地的原因之一，加上妙莲法师认为闹市不利于清修，于是他离开广福宫另寻幽静之所，遂于 1891 年选定槟城亚依淡（Ayer Itam）一座山地，建寺弘法，因此山山形如白鹤而名之曰鹤山。[4]

在极乐寺的筹建中，以清朝驻槟城副领事馆为依靠的客家族群起了很大作用。极乐寺的筹建方式和资金来源跟槟城或者其他南洋华人社群的民间宗教庙宇的建立模式相同：不获殖民政府的资助，完全借助民间捐资进行。当时兴建极乐寺的建造费为 179600 元，出资最多且成为极乐寺大总理的为张弼士（35000 元），张煜南（10000 元），张

[1] 关于妙莲的生卒年，《佛光大辞典 上》页 2311 记为 1844—1905 年，《佛光大辞典 中》页 2856 记为 1824—1907 年，本文参考释宝慈《极乐寺志》中《妙莲和尚传》，推导出妙莲卒年为 1907 年，然《妙莲和尚传》中称妙莲卒时 63 岁则为错误。参考《虚云和尚年谱》第 5 页记载，虚云 20 岁依鼓山妙莲和尚圆受具戒，该书第 37 页载虚云于光绪三十一年 66 岁时前往槟城，得见妙莲和尚，因此推知，妙莲生年应为 1824 年。故本文认为妙莲生卒年为 1824—1907 年。

[2] Wong Choon San, *Kek Lok Si Temple of Paradise*, p.9.

[3] 陈剑虹：《槟榔屿广福宫庆祝建庙 188 周年暨观音菩萨出游纪念特刊 》，页 36。Wong Choon San, *Kek Lok Si Temple of Paradise*，pp.9-10.

[4] 释宝慈编著：《极乐寺志》，槟城：极乐寺，1923，页 59。

鸿南、谢荣光（7000元），郑嗣文（6000元），戴春荣（3000元）。[1]其中张弼士是槟榔屿首任副领事（1893—1894年），后担任新加坡总领事（1894—1898年），曾任荷属棉兰玛腰的张煜南则于其后被张弼士推荐担任槟榔屿副领事，[2]荷属棉兰甲必丹张鸿南是其弟，谢荣光、戴春荣也是后来的槟榔屿副领事官，戴春荣更曾升任新加坡代总领事。郑嗣文即为名震霹雳和槟城的海山公司领袖、富甲一方的郑景贵。这六人皆为客家人，他们被委任为极乐寺五大总理，管理极乐寺的寺产。[3]

围绕广福宫的治理权，殖民政府势力以及闽、粤两帮之间发生了夺权冲突。为了摆脱权力斗争的漩涡，妙莲于远离城市中心的山麓另外建寺弘法。在极乐寺草创过程中，时任新加坡总领事张弼士出钱最多，而槟榔屿代理副领事张煜南则提供了最大协助。他除了捐款用于建筑外，还邀请其他富商共襄盛举，尤其是其他同是客家人的槟城富豪名流。[4]不仅如此，兼具领事声望的客家族群势力也利用自己的领事身份帮极乐寺与清廷搭建桥梁。1904年，时任槟城副领事的梁碧如因为妙莲被北京召见汇报与极乐寺以及槟城相关事务而上呈了报告。而1904年恰是极乐寺大总理张弼士继1903年被朝廷二次召见后第三次面圣，提出振兴经济十二条建议。清廷采纳了他的建议并赏给他头品顶戴，补授太仆寺正卿，任命他为考察外埠商务大臣，兼槟城管学

[1] 根据极乐寺觉路入口处一座石碑碑文记载可知。此碑，1907年由本忠方丈特立，记载出资建寺的大护法。关于极乐寺总理有六总理和五总理两种说法。《极乐寺志》上就只记载了五总理。比较碑文和极乐寺志，可以推测出《极乐寺志》没有提到的另一名总理是张鸿南，此人为张煜南的弟弟。大概因为大家将两兄弟视为一个管理体，所以有五、六两种说法。

[2] 黄贤强：《张煜南与槟榔屿华人文化和社会图像的建构》，页349。

[3] 释宝慈编著：《极乐寺志》，页47。

[4] 黄贤强：《张煜南与槟榔屿华人文化和社会图像的建构》，页353—354。

大臣；并兼办闽广农工路矿事宜。[1]据此，我们不难推断，妙莲上京跟张弼士在朝廷受到重用两事之间极可能有关联，而妙莲能成功请得两部《龙藏经》也应当与张弼士的支持分不开。

由此可见，槟城客家势力借助极乐寺的建造和发展，发挥和扩张了自己的社会影响力；而另一方面，极乐寺在这股力量的支持下，从草架茅舍到各殿、精舍得以建成并不断修建扩充，终成现在的宏大规模。

二、可供中华想象的文化空间

从法脉的发展而言，极乐寺属于福建涌泉寺在南洋的下院，极乐寺的建筑外形也与涌泉寺同质同构，这些无疑使极乐寺成为一个标示“中华”的空间，也成为可供南洋华人投射中华想象的空间。更为重要的是极乐寺在获得清廷皇帝的御赐后，将自己提升为中华佛教在南洋的代言人，从而成为南洋华人的朝圣之地。

（一）中华佛教在南洋的法脉空间

极乐寺的创建人妙莲长老，1924年出生于福建省归化县，33岁出家于福建鼓山涌泉寺。作为福建侨乡著名大寺涌泉寺第四十五世住持，他在19世纪80年代多次前往南洋向华人募捐用以涌泉寺的整修。[2]1891年起，妙莲在游化槟城期间开始创建极乐寺，前后历15年，完成了天王殿、大雄宝殿、法堂、斋堂、藏经楼、东西客堂、方丈楼、钟鼓楼、祖堂等的建设，终使极乐寺成为具有规模的丛林山寺。[3]

---

[1] Michael R. Godley, *Overseas Chinese Enterprise in the Modernization of China 1893-1911*, London : Cambridge University Press,1981, p.96.

[2] Wong Choon San, *Kek Lok Si Temple of Paradise*, pp.8-12.

[3] 释宝慈编著:《极乐寺志》，页83—88。

这个游方和尚一开始就想将极乐寺建成一座与槟城其他带有地方性质和帮权性质的民间香火庙宇全然不同的、代表中华佛教的庙宇。这从他非常注重该寺在法脉和佛学宗派上传承中华佛教的一系列行动中得以体现。

首先从位置的选择来看。极乐寺建于离市区4公里的山上，这种与闹市区有意保持的距离，使得极乐寺可以脱离一个以地方宗教为主要形式的区域，显示自身跟带有帮权性质的地方香火庙的不同。同时与闹市相对的山间庙宇，也有益于达到彰显作为中华佛教在南洋的，相对中国而言具有独立性、相对槟城香火庙而言则具有超越性的宗教空间的目的。

就法脉而言，妙莲将极乐寺建成了福建鼓山涌泉寺的海外下院，其建立曾得到鼓山涌泉祖寺的许可。[1]从佛教宗派而言，它传承鼓山涌泉寺的曹洞禅宗。这种传承关系是被作为极乐寺条规勒石以记的。[2]《敕赐槟城鹤山极乐禅寺条规》碑第十一条规定如下："本寺实渊源于鼓山，则凡任鼓山方丈者，即遥为兼任本寺住持。至现居本寺之职事人数僧众，俱系由鼓山分发而来。嗣后鼓山拟举方丈，其所举者，无论举鼓、举屿之职事人，均当先期函达本寺，由众妥商，乃可实行。庶能志同道合，融两常住如一也。倘鼓山竟自选举方丈，不先函商则本寺可不承认其为住持人或鼓山方丈抑不识真事护理本寺住持。"[3]这种传承关系还体现在其他几个方面：首先，"它宏伟的

[1] 罗洪先是中国明朝嘉靖年间的状元，后看破红尘，到福建鼓山出家为僧，遗下《醒世诗》，警觉世人。而这样一个具有状元僧对涌泉寺而言是有一定的精神象征意义的。否则，在槟城的极乐寺不会隆重地为其醒世诗树碑立传。

[2] 此石碑于1907年春为妙莲率众立。碑上妙莲的职衔为"重兴鼓山方丈"和"本寺（极乐寺）开山方丈"，由此更可证鼓山寺与极乐寺的上下院关系以及佛法宗派上的一脉相承。

[3] 傅吾康、陈铁凡合编：《马来西亚华文铭刻萃编》，吉隆坡：马来亚大学出版部，1985，页663。

殿宇大都仿照涌泉寺的模式”[1]；其次，依然矗立于极乐寺素食馆对面的硕圆巨石上镌刻了涌泉寺宋代状元和尚罗洪先的《醒世诗》，这一方面表达了极乐寺对善男信女的精神启示，另一方面则显示其自身与涌泉寺的传承关系；第三则体现在极乐寺的山门对联和碑刻之中。极乐寺的山门门联外联为：鹤立云端能远俗，山居海外好安禅。内联为：鹤山原是清凉地，极乐今传曹洞禅。外联勾勒出佛教远俗之追求和特征，点出其海外的身份，内联则明确了该寺宗派所属为曹洞禅宗。也就是说，极乐寺通过碑铭、建筑形式、布置和文字记录等方式来体现和深化与涌泉寺的传承关系。更重要的是，寺庙的管理层和僧众与鼓山涌泉寺也具有传承的紧密联系，这点将在下文专门讨论。

妙莲从出发地带来的宗教文化和理念以固定的空间和建筑以及日常佛教活动实践构成了这个以移民为主体的槟城华人社会文化的重要一环。对槟城而言，常常往来于中国与南洋的妙莲是个旅行者，而其旅行者身份在极乐寺的建设中起到了十分重要的作用。早在 1885 年他就前来槟城等南洋城市为修建鼓山涌泉寺法堂化缘募捐，1887 年为募捐再次前来南洋。在不断的往返中，他将中华佛教从中国输入槟城。1904 年，80 岁高龄的妙莲老和尚更是亲自回返中国前往北京，请得了光绪皇帝御赐《龙藏经》两部、紫袈裟及奉旨回山的殊荣，同时获得光绪御笔题赠“大雄宝殿”与慈禧太后题赠的“海天佛地”墨宝。[2]在南洋地区，这些都是绝无仅有的。

[1] 林水檺、骆静山合编:《马来西亚华人史》，八达岭：马来西亚留台同学会联合总会，1984，页 434。

[2] 释宝慈编著:《极乐寺志》，页 22。李兴前编:《极乐寺》，槟城：极乐寺，2004，页 41，51。

通过妙莲与大清帝国的互动，极乐寺获得了大清帝国皇帝的加持，具有了弘法海外的国教的显赫地位。骆静山认为，“正统的华人佛教要等到20世纪初年槟城极乐寺创建以后，才在本邦出现”[1]。1905年1月13日，极乐寺迎接大清帝国御赐物暨妙莲登极乐寺首任住持之位的游行轰动了整个海峡殖民地，英文报认为这次游行的盛况“不仅在槟城甚至在整个海峡殖民地的历史上都是独一无二的”[2]，印证了极乐寺是当时南洋地区中华佛教的朝圣地。

（二）中华想象的实体空间

流动的迁居者会因为迁居地具有熟悉而稳定的文化体系而更容易参与文化群体。极乐寺里与“中国”在不同层面上的同质同构，正是旅行者将自我的文化带入异域为旅行和迁居者建构的熟悉、稳定的文化体系。

极乐寺与中国庙宇同质同构的传承关系，提供了本地华人以及来自中国的游客一个投射中国想象的载体。极乐寺的中国风在众多的旅行书写中被重描：“由山麓至寺门，只百余丈，有乞儿无数，群向游人乞化，若置身于苏州、虎丘、无锡惠山道中。目睹丐者群集，使人心恻也。”[3]“我们……未到山门前最少发生两个感想：第一觉得这外国地方怎么竟似在中国的普陀山一样？第二觉得中国的文明，真的已经搬到这里来了么？”[4]由山脚沿石路曲折拾阶而上，沿路有不少的坐着求钱的乞丐，中国风已然十足。[5]这样中国风十足的庙宇，在南洋香

[1] 林水檺、骆静山合编：《马来西亚华人史》，页434。

[2] “Mail Edition”, *Straits Echo, 20th January*, 1905.

[3] 黄强：《马来鸿雪录》，页141。

[4] 梁绍文：《南洋旅行漫记》上卷，页73。

[5] 刘熏宇：《南洋游记》，页60。

图十四　极乐寺里的金身（笔者摄于2009年5月）

火鼎盛。“余第一次到寺，适遇万寿菩萨诞日，故甫抵佛殿，便见善男信女不下百人，随同寺僧顶礼膜拜，其中有全副西装，年过四十之男子，亦僧步亦步，僧趋亦趋。”[1]（见图十四）

极乐寺展示出了跟中国同质同构的“中国风”场景，是本地华人寄托中国想象的真切空间。而这个“中国”是一个既包含又超越了“国家”政治概念中的中国。它既指向尊尊皇权的清帝国政权，也指向“中国风景”和“中国精神”，具有很大的灵活性。

对中国的想象首先投射在极乐寺中尊尊皇权的标志——在南洋其他华人庙宇绝无仅有的清朝皇家的御赐物上。对帝国的想象在槟城本地华人社群甚至荷属印度尼西亚、英属马来半岛的华人社群中表现为一种对清帝国皇权的认同和追随。民国早期的旅行者们在他们的南洋

[1] 招观海:《天南游记》，页24。

旅行书写中屡屡提到极乐寺里供奉的当地华人的金身塑像。如梁绍文在书中提到："偏殿各处，清朝衣冠的泥偶甚多，原来是他纪念那些出钱建寺的檀越。"[1]黄强的游记中对于金身的袍服顶戴有更为细致的书写道："楼上陈列之瓷像，多蓝晶其顶，而花其翎。据寺僧云，此悉为慷慨施金建寺之檀越。"[2]一个世俗的人以护法的身份被供奉进庙堂，是极其荣耀的事，因为，通过类似造神的行为，其身份和地位具有了某种超越世俗的崇高意义。在如此庄严的场合，金身服装的选择就具有了确认自我、呈现自我身份的功用。当这些金身以清朝的顶戴官服作为自己最崇高的身份象征时，体现出经历过清朝的他们，对于清帝国皇权的认同和追随。

对槟华社会这种追随清帝国皇权的行为，黄强在游记里作出了这样的解释："盖前此庇能之富商大贾，以名登仕版为荣。既不能由科举或出洋留学出身，亦必纳粟而捐一同知或京卿等头衔。故其瓷像均衣清服。以示荣显。"[3]作为1928年来南洋旅行的国民革命军人，黄强认为这是"流俗相尚，贤者不免。如大名鼎鼎之张弼士、戴欣然等，盖无不如此也"[4]。陈枚安在《南洋生活》中作出了这样的一种解释："海禁渐弛，……富豪华侨且有送其子弟回国从事科举，现今马来半岛之华侨，尚有一二秀才举人之存在。迨清季捐输之途大开，南洋华侨应用其赀财，每家以得一顶戴为荣。其作用半以矜夸于同胞，半以回国时避免土劣之蹂躏，而华侨与祖国之联络，恃此

[1] 梁绍文:《南洋旅行漫记》，页73。

[2] 黄强:《马来鸿雪录》，页141。

[3] 同上。

[4] 同上。

为沟通祖国声气之途径。”[1]

陈枚安的解释只说出了南洋华人买官对回到祖国的用途，而对于买来的官位对南洋富商在南洋地区的作用却未作考察。事实上，在槟华社会或者整个南洋华人小区中，财富是决定移民社会流动的主要因素，拥有财富的人将爬到社会阶层的最上端。[2]但是有了钱之后还要有声望和权势，才能真正挤入社会的最高层。声望是要靠功名来衬托，而功名是因官职或官衔而来。[3]富商取得社会声望的途径之一是捐官买爵，即付出一笔捐银向清朝政府买官衔。

为什么南洋富商要用清廷的官衔来提高身份地位而不是用殖民政府的头衔呢？这一方面因为殖民帝国给予殖民地华人以提高社会地位的通道并不多：封赏甲必丹、玛腰、雷珍兰等职务，邀请担任华民参事局参事，聘用华人进入殖民政府部门。无论哪种方式，能够在殖民政府体系中获得较高社会地位的份额实在非常有限，这从荷属印度尼西亚华裔官员的情况可见一斑。张少宽根据傅吾康的调查统计得出从1721年到1940年共219年的时间里，担任荷属印度尼西亚玛腰、甲必丹和雷珍兰的华人总共才有49人。[4]而且，即使华人富商获得了殖民帝国的认可，授予他们掌控华社的权力，他们仍要承受“汉奸”的指责。[5]与此同时，清政府对海外华人敞开了提高社会声望的通途，

[1] 陈枚安:《南洋生活》，页155—156。

[2] 颜清湟:《新马华人社会的阶级结构与社会流动（1800—1911）》，见颜清湟:《海外华人史研究》，新加坡：新加坡亚洲研究学会，1992年，页150—151。

[3] 黄贤强:《跨域史学：近代中国与南洋华人研究的新视野》，页111。

[4] 张少宽:《一百年前的印尼华裔荷官及其于槟城之活动》，见苏庆华主编:《庆贺傅吾康教授八秩晋六荣庆学术论文集》，吉隆坡：马来亚大学中文系毕业生协会，2000，页101。这个数字是张少宽根据傅吾康:《印度尼西亚华文铭刻汇编》第一册“苏门答腊”卷的碑铭调查统计而来。

[5] 梁绍文:《南洋旅行漫记》上卷，页42—43。

让这些富商可以以很小的代价即可获得为当地华人社会认可的大清帝国的官位头衔。这两方面的作用力下，槟华社会就形成了富商购买清廷官爵以提高身份地位的流俗，这流俗在整个南洋地区都具有普遍性。根据颜清湟教授的研究，在1877年到1912年之间，光新、马两地就有291名华人向清廷捐官。[1]

招观海对这群护法金身的叙述呈现了一种更为有趣的现象："中堂则为大施主陈设长生禄位，如胡文虎、高万邦等人，更塑金身供奉。此外，或金身或影片，或西装，或华装，或袍顶或便服，不一而足，都十二分装潢郑重，无怪施主之乐善好施也。"[2]笔者2009年4月前往极乐寺考察时，这批金身依然被保存，因为极乐寺正在重新修造，笔者当时看到的金身除了五位住持和尚外，有护法19尊，其中16尊着清代官服，谢增煜（1852—1922年）[3]金身则着蓝色西装，打领带，其他两尊高万邦[4]和陈终结金身则服便装。这说明到了民国时期，南洋华人自我身份的展示发生了变化。清帝国的解体，导致帝国权力身份的破产，共和国的成立在服装上又失去了封建礼制下的身份标示作用，南洋华人的自我身份定位便转移到象征西方殖民势力的西装或者中式或者南洋本土化的便装上。

由以上分析，我们可以看出对极乐寺的推崇在另一层面上表明主要由、并且不断由中国来的移民组成的槟华社会对"中国风"、"中国

[1] 颜清湟：《清朝鬻官制度与星马华族领导层》，见颜清湟：《海外华人史研究》，页8。

[2] 招观海：《天南游记》，页24。

[3] 谢增煜为槟城土生华人，生前曾向清政府捐封"道员"衔头，历任工程局议员、华人参事局参事、槟城中央医院及监狱局巡查员、福建公冢董事及槟城宝珠社发起人之一，也是槟城华人社群中著名的书法家。见张少宽：《槟榔屿华人史话》，页203—207。

[4] 据南洋民史纂修馆编辑部所编《南洋名人集传第二集下》，槟城：出版社不详，1922—1941，页7记载，高万邦乃福建龙溪人，移居仰光，创建新荣春号，是一位潜心礼佛的商人。

精神”的认同和追随，而这种追随和认同并非完全倾向中国的单向行为，在很大程度上，这种追随和认同是为了在移居地华人社群中获得地位和声望的认同。

三、可供南洋想象的空间

极乐寺里与“中国”在不同层面上的同质同构，带来了旅行者和迁居者为建构熟悉、稳定的文化体系而形成的协同性。而双方的协同作用固然加强了文化体的迅速稳固，而移民的逐渐本地化反过来也会促使此稳固的文化体吸纳迁入地的文化要素。

那么，极乐寺在一边为南洋华人的中国想象提供具体空间的同时，又是在哪些方面和如何吸纳南洋特色，从而成为旅行者和迁居者南洋想象空间的呢？

（一）可供南洋想象的经济空间

这座“南洋华侨最宏伟之佛寺”[1]事实上还是一个巨大的地产拥有者。极乐寺的寺产从妙莲创办该寺开始，到本忠住持时期达到鼎盛时期。其寺产皆属园坵，大多坐落在极乐寺后山。

1891年，来自闽南的杨秀苗答应妙莲和尚将其于半山腰咯第13号，占地10英亩的别墅出让，并于1893年9月正式完成割让土地拥有权的手续。1901年，陈西祥娘则赠送了坐落于极乐寺后方西南角面积为纵横7依葛（即马来文ekar，英文acre之音译）的甘露泉。1907年8月，张榕轩（即张煜南）将其于极乐寺后咯19号及50号纵横16依葛的天福园布施予极乐寺，另外张榕轩也买下了极乐寺后咯8号、呀兰第36号，纵横7依葛的山地保榕园，后将之转施予极

[1] 招观海：《天南游记》，页24。

乐寺。1912 年，由本忠法师和善庆法师购入的极乐寺后山咯 58 号纵横 20 依葛土地。1913 年，两位法师又买下寺后左山脉咯 85 号纵横 5 依葛的龙潭园。[1]

极乐寺的经济实力和丰厚的寺产名声在外，连中国来的游人都耳熟能详。梁绍文就在其游记中如此记录："寺内那位大和尚，法号本忠。这个师傅端的有本事，所有庙内的财产统是由他一手创办成功，据说极乐寺的地产非常丰厚，开垦的橡园直至暹罗国地界——马来半岛有火车可以通暹罗——动产总在百万以上，不动产有千万左右。以一和尚的手腕，创此巨产，可谓难能。"[2] 虽然在极乐寺寺产获得以及获得多少的细节上，梁绍文并不清楚，但他了解到极乐寺拥有丰厚地产确实是极乐寺的一大特点。

正如梁绍文所说极乐寺庞大的经济体跨越了槟城，发展至暹罗。在极乐寺寺产中最大的一幅地，是 1913 年暹罗王特许给极乐寺的位于暹罗董里埠的数千咮地。本忠、善庆等组织了佛教公司，专门管理这份地产。[3] 极乐寺在董里埠（洞里）种植了大量"南方土宜，如椰子、如树乳（橡胶树）、如甘蔗……大薯"[4] 等经济作物，甚至在这种植园里购买了磨大薯粉的机器。但佛教公司因为不善经营，又逢第一次世界大战，最后终告失败。

随着极乐寺寺产的扩张，极乐寺的势力范围也跨区域扩张。这个庞大的经济体使得人员、资金有在槟城和暹罗之间流通的可能，又因为极乐寺本身的宗教性质，所以中华佛教得以借助这种商业走廊在暹

[1] 释宝慈编著：《极乐寺志》，页 35—36，95—97。

[2] 梁绍文：《南洋旅行漫记》，页 73。

[3] 韦宝慈：《重游佛教公司序》，见释宝慈编著：《极乐寺志》，页 50—52。

[4] 同上书，页 51。

罗传播。因此跟其他南洋华人富商跨区域商业王国一样，极乐寺是将南洋跨区域的华人社群连接成一种资源网络的关节点。

（二）可供南洋想象的文化空间

从中国福建来的妙莲，在极乐寺为槟城带来了中国的宗教传统、文化和可供华人进行帝国想象的荣耀。在其庙宇逐渐扩展成形的过程中，极乐寺逐渐吸取了南洋本地的佛教文化因素，从而使得极乐寺不仅仅是旅行者在他者地域中对中华宗教神圣的塑造，更体现了这文化的“他者”转变成为“我者”的过程和特点。

妙莲长老比较注重极乐寺对中华佛教禅理和法理的承继，而同样从中国福建来的本忠住持则将视线放在了南洋。

本忠仍然保持与中国的互动关系，但他更为注重极乐寺与槟城的关系，努力在槟城扩大极乐寺的影响力。他“创建了念佛莲社，皈依他的善男信女约有一千名。1922年，为了方便市区的信众，他就在车水路建立观音寺，作为极乐寺的分院和念佛莲社的新址”[1]。市区观音庙是一个重要的标志，相较于妙莲将极乐寺建在远离闹市的鹤山而言，它的建立打破了极乐寺与市区保持的距离，将极乐寺与市区的社群更紧密地衔接起来。极乐寺与市区社群距离的拉近，极大地利于极乐寺跟本地社会的互动。

除了槟城本地，本忠住持也非常注重扩大极乐寺在南洋内部各区域的影响。单就他与暹罗王的关系，就使得极乐寺在中国意味之外又拥有了南洋想象的况味。

招观海在游极乐寺时，尤其注意到了这点，他的描述让我们能透过历史的纵深凝视鲜活的历史场景。“萨镇冰则于本忠大师得到暹罗

[1] 林水檺、骆静山合编：《马来西亚华人史》，页435。

王御赐‘精明佛法’等衔并方巾、袈裟、如意锡杖等时，赠以‘佛日增辉’一篇。……（本忠）又最注重暹罗王之赏赐，凡关于此类赏品及题赠等，都另眼相看。暹罗水陆军官曾受戒于本忠，当时所合摄之照片，亦珍藏悬之……”[1]从以上的描述，不难看出本忠与暹罗王之间密切的关系：本忠不仅受到了暹罗王的赏赐，还在暹罗的佛教宣扬上具有重要的作用。作为基督教人士，招观海对佛教充满好奇，他详细记录了与本忠大师关于宗教的一席谈。本忠大师向招观海述说其前往暹罗弘扬中国佛教的大乘佛法时受到了修小乘佛法的暹罗官员、军民的欢迎。本忠并送给招观海两幅其与暹罗互动的相片：一为他膺暹王宠锡时所摄，一为暹国水陆军官皈依本忠时所摄。[2]极乐寺对暹罗国的赏赐的隆重陈列，本忠与招观海之间互动时所选之礼物处处可见本忠对于自己与暹罗之间的关系是感到满意和自豪的。

在神像供奉上，这座南洋中华佛教的重要基地跟槟城或者其他南洋华人社群的香火庙也有同质同构之处。这主要体现在多神崇拜上。刘熏宇在其游记中描写了藏经室后的一个新建的亭子，里面供奉的是玉皇大帝。“然而还不足奇。大雄宝殿中，佛像的左边又立着一个高八九尺、卧蚕眉、丹凤眼、身披绿甲、手提青龙偃月刀的关圣人，不知道他老人家为了什么光临到那里去，居然连周仓也不曾跟着，比单刀赴会时还来得神气。”刘熏宇认为极乐寺“这样一所中西偶像无所不包、佛道两教也能并存的寺院”，把“中国人的宽大的调和的精神真能十足地表现了”。[3]刘熏宇用中国人的宽大调和精神来解释南洋华社香火庙多神崇拜的现象有一定的合理性。

[1] 招观海:《天南游记》，页24。

[2] 同上书，页27。

[3] 刘熏宇:《南洋游记》，页61。

对于南洋的同一庙宇中出现多神供奉的现象，笔者首先认同这样的观点：泛神崇拜是华人宗教信仰的一个特点，华人宗教崇拜比较注重实用性。但本文希望进一步说明的是，像极乐寺这样在一个佛教庙宇空间同时供奉道教等其他宗教体系神灵的现象在南洋是普遍的，在中国大陆则并非如此。南洋华人一庙多神的主要原因应该是祈求基本的生存需求，另外，华人移民在建立庙宇空间时还可能因为同一神灵崇拜者不多，因此庙宇空间为了最大限度地招引信众而采取多神供奉的策略。而这么做产生的直接结果是：华人社区通过宗教崇拜联盟，部分调和了华人族群内部的差异性，同时对多样的文化资源进行整合，从而有可能形成更大的文化资本，拥有更强的文化吸引力。

对旅行者而言，漂泊不定的旅途让他们擅长感受与自己的文化同质同构的要素，但更敏锐于与自己文化异质的要素。在与中华佛教庙宇同质同构的极乐寺里，供奉了十余尊用缅甸玉制造、颇具南洋之风的佛像，这种文化异质要素让中国的旅行者感到惊奇。黄强在其《马来鸿雪录》中有这样的记录："寺之左侧现正建造七级浮屠，工程伟大，最下一级现已完成，储玉佛十余尊，闻悉为暹罗善士所赠送。曩游北京三海某阁，见一尊玉佛，视为异宝，今睹此盛况，始觉前此之少见多怪。"[1]刘仁航在其《南洋游记》中也对极乐寺的玉佛表示了浓厚兴趣。1930年5月刘仁航分别在17日、21日和25日三次到访极乐寺，在其第三次参观极乐寺时，他仔细观察了让他感兴趣的玉石佛像。"余访此像来历云在缅甸之仰光。余在国内数十年少见玉石佛像。上海盛宣怀氏之玉佛寺盖中国罕有也。"[2]这些来自缅甸仰光的玉佛被极乐寺

[1] 黄强:《马来鸿雪录》，页141。

[2] 刘仁航:《南洋游记》，页86。

图十五　万佛塔（笔者摄于 2009 年 5 月）

供奉，可见极乐寺这个中华佛教的海外圣地在供奉神佛方面，吸收了南洋地区其他佛教派别的重要元素，这使得极乐寺的南洋想象具有了具体的投射物。

而极乐寺内成为“槟城旅游地标”[1]的一座万佛塔（见图十五）则是另一个既具南洋特色又体现极乐寺整合各种文化资源能力的标志性庙宇空间。万佛塔的建筑外形跟整个极乐寺建筑群中其他建筑不同。这种不同首先在视觉上传达出一种强烈信息。郑子健在《南洋三月记》里写道：“从山坡斜上，有新建佛塔，似暹罗佛塔式，栋宇门墙，装饰华丽凡十二层，高矗云表。”[2]事实上，万佛塔的建筑风格并不单单是

[1] 李兴前编：《槟城鹤山极乐寺》，槟城：极乐寺，2003，页 49。

[2] 郑子健：《南洋三月记》，页 122。

暹罗佛塔建筑形式。此塔底数层为中国式，中数层为暹罗式，顶层则为缅甸式，以纪念三国护法的支持，塔内供奉缅甸玉佛像和泰国、中国的传统佛像。[1]这种混合式建筑结构引起中国来的旅行者视觉新奇显得合理。在极乐寺这个传承中华佛教的庙宇空间里出现这样一座“史所罕见”，[2]风格奇特的佛塔是值得关注的。

万佛塔，筹建于1913年，1915年始建，最初打算建造的是弥陀佛塔而非万佛塔。该塔之所以被称为万佛塔是因为塔内壁上布满各式佛像逾万尊，建筑外部则立有六座玉佛。万佛塔在佛像供奉上也不再是单一的中华佛教的佛像，而是增加了很多南洋各地各派佛教的佛像。无论是万佛塔的造型还是其空间内供奉的佛像，都强烈地体现出南洋要素。而这样的一种南洋想象空间的出现跟它的建设过程有很大关系。

万佛塔筹建之时，碰上了第一次世界大战，募捐建筑资金非常困难。本忠住持用了14年的时间不断在南洋各地奔走募捐，终获得各地护法支持与资助，至1930年，共花费了近20万元，将万佛塔建成。该塔的最大捐助人是槟城的陈西祥女士，此外如来自缅甸的高万邦等南洋华商也出资相助。另一个对万佛塔的建立作出很大贡献的是暹罗国王拉玛六世。他曾为该塔举行奠基礼，并布施巨款建造该塔，因此此塔又以拉玛六世塔闻名。[3]可以说奔走募捐于南洋的极乐寺本忠住持，获得了来自南洋华人、非华人社会的大力支持。在这个捐助过程中，一种以佛教文化为交流形成的网络有可能得到实现。于是，本着感恩

[1] 李兴前编:《槟城鹤山极乐寺》，页49。

[2] 同上。

[3] 释宝慈编著:《极乐寺志》，页17—18。郑德宝编撰:《极乐寺》，槟城：出版社不详，1971。Wong Choon San, *Kek Lok Si Temple of Paradise*, pp.95-96.

之念和佛教交流的经验，万佛塔就被设计成一座融合中、缅、暹三种佛教寺庙建筑的典型方式的建筑，这在南洋佛教建筑中是绝无仅有的。本忠以不同的塔形建筑风格来纪念南洋并且不忘中华佛教之基本，体现了像本忠一样迁居南洋的华人在文化实践和文化特质上的特性。

获得暹罗王的宠锡，是继妙莲获得中国皇权认可后极乐寺第二次获得的皇权认可的荣耀。值得注意的是，此次赐予极乐寺皇权荣耀的是与槟城隔海相望、佛教盛行的暹罗国。毫无疑问，这事件象征了本忠长老与南洋其他佛教之间的交流互动，其获得宠锡的结果则证明了中华佛教在南洋地区获得本区域其他佛教派别的认可、推崇甚至追随。

从以上的分析可知，本忠长老与妙莲长老一样同样来自福建，但与积极将中国佛教引入南洋的妙莲不同的是本忠住持积极地将南洋地区的因素引入极乐寺，赋予极乐寺以南洋地区的宗教符号，并且通过互动的文化活动，参与并形塑南洋华人文化，体现了一种从旅行到定居心态的转变。

第二节 极乐寺融合多种功能的动力和基本策略

上文的论述表明极乐寺是一个立体的，掺杂和融合了政治、经济等多方面意味的文化空间，但这些功能是否一成不变？当社会政权发生更替和冲突，经济状况发生变化并与其他因素对立时，极乐寺以怎样的策略周旋于复杂矛盾之中，从而保持自己经久不衰的魅力？换句话说，能使极乐寺经久不衰的动力是什么？“自是岛氓侨士乐趣真宗，异国王公喜登圣地，是无遮之佛会，是平等之公园。”[1]极乐寺碑文上

[1] 释宝慈编著:《极乐寺志》，页43。

的这句话启发我们需要考察极乐寺这个文化空间的另两个维度。值得进一步关注的是极乐寺借由这两个维度的功能，不断编织出更多、更大外延的网络空间。

一、非世俗的宗教空间

作为庙宇，宗教的追求是其最基本的立足点。而宗教是绝对精神层面、形成文化软实力的重要基础。宗教的普世性，可以让它在任何时候都超然于世俗权力之外，但也可以在面对有利的世俗权力时相互加持，获得双赢。因此，运用宗教功能是像极乐寺这样的庙宇空间用来应对和化解矛盾的重要的策略。

由于极乐寺这个空间里包容了经济、政治和文化等多方面的力量，这些力量之间有时会产生本质的矛盾。比如，作为经济实体的极乐寺和作为佛教圣地的极乐寺就具有形象上的本质冲突。可以说，极乐寺的经济功能在民间受到过质疑和挑战。那么，极乐寺是运用何种功能进行化解的呢？当基督徒招观海来到闻名遐迩的极乐寺时，与佛教徒本忠住持之间就这个问题进行了深入的讨论。正是通过招观海的游记，我们才有机会重返历史现场来审视这样一次不同宗教信仰人士之间严肃的谈话：

> 我（招观海）问："暹缅二国之和尚都不能睡软床、听音乐、拿钱银，不知中国和尚，是否如是严格的守戒？"
>
> 他（本忠）答："中僧所守者乃大乘佛法；暹缅僧所守者，乃小乘佛法。"并云："此次我到暹为官员军民人等说大乘佛法，大得彼邦人士欢迎。"
>
> 我问："僧人以手拿钱是否破戒？"
>
> 他答："化钱来造好事，多多益善，拿亦何妨？"

……

我问:“佛寺积存大宗产业，有何意味？”（原注：暗指前时极乐寺所有之树胶园而言。）

他答:“（原注：解释了橡胶园的来源、前期的繁盛以及现时负债之情）我之意思以为一间佛寺常常向社会募化，不是长久之策。所以经营此树胶园。再其次，则望将来有多少出息，为筹办及维持一间佛教大学之用。（原注：据本忠所言，南洋各埠，共有未削度弟子四千。）可惜一蹶不起，种种计划，都不能行。既无以自由，更要受人家评论。[1]

从这段话的最后一句“既无以自由，更要受人家评论”，可以看出招观海提的问题并不是无的放矢，这个问题显然在民间有诸多的评论，因此招观海的问题是具有代表性的。招观海的三个问题层层深入，但直接指向的是极乐寺经济与宗教之间不协调的甚至相悖的关系。对此，本忠住持分别从宗教派别的不同戒律要求、极乐寺产业经济状况恶化，以及强调极乐寺产业化经济对弘扬佛法的目的和作用三个方面巧妙地消解了作为宗教空间却拥有巨大经济产业的“不合法性”。也就是说，本忠化解这个矛盾和冲突的策略是运用宗教功能巧妙地解释、淡化甚至转化大地主形象与宗教戒律之间的张力。

不仅如此，极乐寺远离世俗的中华佛教的弘化功能，以其对政治的超越功能化解了政治人物或组织的政治性，然后将其纳入自己的空间。客家社群和槟榔屿副领事馆的被纳入就是一个有力的例证。

尽管客家社群和领事馆大力支持了极乐寺的创建和发展，但是领

[1] 招观海:《天南游记》，页25—26。

图十六　陈西祥（娘）的金身（笔者摄于2009年5月）

事馆和客家社群并没有赋予极乐寺以更多的政治要素，将其当作运作政治权力的空间，反而是将其作为精神寄托的空间。这一方面当然是因为客家族群有其他的空间例如领事馆来运作其政治权力，另一方面，宗教作为超越世俗的信仰，也使得极乐寺成为一个心灵寄托的精神空间。1894年，张煜南就在该寺刻石上如此写道："光绪甲午冬，余于日哩甲必丹署理槟榔屿领事官，两处兼权，徒劳跋涉。公余之暇，辄与同人杨若初诸友往阿依淡，与极乐寺住持方丈妙莲谈佛经、说因果，不觉俗虑顿清，赋此以志鸿爪。"[1]

可见，极乐寺竭力维护的远离世俗的宗教功能，有效地使槟华庙宇帮权存在的特点在极乐寺只以将皇权符号转化为巩固佛教地位的成分存在，从而化解了极乐寺与政治、经济等功能之间的矛盾。当然，

[1] 张少宽：《槟城极乐寺的石刻》，见《槟榔屿华人史话》，页297—298。

对于庙宇空间与政治之间的冲突，我们必须注意到并没有哪种政治力量运用行政和军事力量强势介入极乐寺这个庙宇空间，这是一个重要的前提。也就是说，软实力发挥作用必须建立在与极具破坏性的硬实力的远离。

宗教的功能，还使得极乐寺跟其他佛教庙宇空间一样，是消解性别界限，整合女性群体力量的空间。然而，更重要的是，极乐寺同时也是槟城女性借以登上槟城上层权力阶层的一个重要平台。

极乐寺济济一堂的护法金身里，除了一座是女性金身，其他都为男性，不是达官贵人就是当地富商。这位女性是陈西祥（娘）（见图十六）。陈西祥的金身置身于当地社会上层的华人男性群体中具有强烈的隐喻和标志性作用。陈西祥金身身着清末女性朝服，庄重之态不亚于身着清末官服的其他男性护法金身。

陈西祥之所以能跻身于男权社会的上层，并得到社会的支持和认同主要是通过慈善。庙宇捐赠等慈善事业是槟城女性进入男权社会的公众舞台。广福宫 1861 年重修捐赠碑刻，上有 19 位女性因为捐银而能将名字列入碑刻，然而直到 20 世纪初，极乐寺的建立，才使得陈西祥这位杰出的女性被槟城社会认可。

极乐寺是陈西祥主要的行善空间，而极乐寺对陈西祥的善行用各种方式进行表彰、纪念的行为正是陈西祥进入男权社会上层结构的重要途径。

极乐寺共有两块碑为专人所立，其中之一也是这位女性。对这位女性，极乐寺予以极大的褒扬，不仅供奉金身、树碑，而且在《极乐寺志》给她单独作文《林夫人陈西祥善缘记》[1] 传其贡献，这个殊荣

[1] 释宝慈编著:《极乐寺志》，页 92—94。

图十七　捐建水喉纪念勒石（笔者摄于 2009 年 5 月）

只有张煜南同时享有。树于 1894 年 1 月的极乐寺碑文曰：“此水钻系林宁绰之妻，陈西祥娘敬奉”。（见图十七）陈西祥捐的水喉解决了极乐寺僧众及信徒、游客等的饮水问题。极乐寺对其这一善举非常感激，《极乐寺志》就先后在卷三《寺产》中特别提出：“初，更窘于饮濯，乃如林夫人陈西祥及张公榕轩等之布施，则不独寺僧蒙其泽，即海内外王公士女凡游屐所临者众皆被其惠。”[1]另一块专门表扬陈西祥的碑则在万佛塔上，以中英文书写：“本屿殷商，林宁绰先生嫡配陈西祥女士，对于万佛宝塔之建筑，极表同情，除捐宝塔全座所用洋灰外，复先后资助巨款，以竟全功；特志数言，藉鸣谢忱，并作纪念。”陈西祥在极乐寺修建万佛宝塔、蓄水池和自来水喉中出力最多，极乐寺还专门颁给她“第一名缘银”之雅号。[2]根据陈秋平的统计，陈西祥娘于 1900 年为极乐寺永久施茶，1901 年将位于咯 57 号呀兰第 6287 号的甘露泉买下后转施与极乐寺；1907 年从印度佛足山拓归迦叶佛所遗足

[1] 释宝慈编著：《极乐寺志》，页 37—38。

[2] 张少宽：《槟榔屿华人史话》，页 193。

迹并在极乐寺建亭供之；1911 年捐出一片土地给泰国僧人以作为洪福寺创寺之用。[1] 笔者在槟城考察时发现在海珠屿大伯公庙前也有一座石刻，根据碑文显示，此处的水喉系陈西祥于 1910 年捐建。

这位晚清时期出生于槟城的女性陈西祥是当时槟城种植商人林宁绰之妻，三州府太平局绅林耀煌、耀椿之母，其乐善好施在槟城社会传为佳话。[2] 陈西祥不仅积极投身于槟城的各类慈善事业，更在 1913 年建立了槟榔屿女学校，活跃于槟城教育界[3]，而她的事迹更是进入《南洋名人集传》，广为流传。

极乐寺对陈西祥慈善的大力褒扬，对她作为一个女性典范进入社会名流之列起了很大作用。这大概可以证明以极乐寺为代表的华人庙宇既是跨越男权社会的界限，将女性的力量进行整合的空间，也是南洋华人女性进入权力架构的软性舞台。

二、富有诗意禅境的唱酬空间

陈志明的研究指出：“（佛寺）除了是宗教中心，也是文化中心。佛教属于整体中华文化的一部分，许多华人佛教领袖在传播佛教的同时也认为自己在传播中华文化。”[4]极乐寺就是这样一个在宗教中心外兼具文化中心，或者文化中转站、集散地的空间。

极乐寺除了通过兴建庙堂、佛塔、供奉佛像、护法金身等宗教文化实践营造了一个成功地糅合了南洋、中国等多种文化风格的佛教空

---

[1] 陈秋平：《移民与佛教：英殖民时代的槟城佛教》，页 150。

[2] 南洋民史纂修馆编辑部编：《南洋名人集传第一集》，槟城：出版社不详，1922—1924，页 33。

[3] 张少宽：《槟榔屿华人史话》，页 192。

[4] Tan Chee Beng, “The Study of Chinese Religions in Southeast Asia : Some Views”, in *Southeast Asian Chinese : The Socio-Cultural Dimension*, edited by Leo Suryadinata, Singapore : Times Academic, 1995, pp.139-165.

间，也致力于营造一个富于诗意禅境的唱酬空间。极乐寺寺外禅境空间的营造与寺内庙宇的硬件建设相互补充，使得极乐寺不仅是一个佛学空间，更是一个诗意空间，而这种禅境的营造更扩大了极乐寺的包容维度，使极乐寺成为性质良好的文化黏合空间。

极乐寺在自己的宣传和记录手册里写道："最高一峰，嵂然秀出，左右支脉为青龙、白象，两岗若拱，卫焉据形，家言峰如白鹤展翅，宜建梵刹，故以为名。"[1]极乐寺的这段自我表述体现了一种对禅境诗意的追求。这种审美上的追求，也同时使得极乐寺成了"名胜"。[2]

极乐寺成功营造的诗意禅境，在一定程度上消解了政治性。在中国旅行者的南洋旅行书写中极乐寺是一个"凡赴槟者，无不赴寺游览"之地。[3]"寺离市四英里，电车可直达山麓。地方幽雅，风景美丽。"[4]"到了山门之后，便觉得清凉自在，眼见得山下一般争名夺利的太不合算，何如到这里桃源也似的地方享受些真趣！"[5]从寺里走到寺外登高的雅意也使人产生超脱尘世之感，"两旁陈列佛家三藏一十二部经典，巍然大观，山顶一塔，高耸云霄，则尤令人有'会当凌绝顶，一览众山小'之慨"[6]。旅行者对这种自然空间的审美描写隐约可见中国古代山水游记的笔法传统。而中国山水游记一般都将自然空间经过审美转化为一种精神空间。这种精神空间是一种文人情怀的体现，它超越了政治与经济的疆界，可以与宗教声气相通，甚至有时也能超越宗教。

极乐寺提供的这个可供游者寄托情怀的地方，为这个宗教空间增

[1] 释宝慈编著:《极乐寺志》，页59。

[2] 同上书，页46。

[3] 许瀚:《南洋丛谈》，页104。

[4] 黄强:《马来鸿雪录》，页141。

[5] 梁绍文:《南洋旅行漫记》，页73。

[6] 许瀚:《南洋丛谈》，页104。

添了作为“名胜”层面的意涵和功用。尤其是这里有既具涌泉寺状元僧人罗洪先的气质，又有会以南洋化的语言跟东西方顺畅沟通的文化僧人，如本忠等。人的因素与空间的因素相得益彰，吸引了大量中外人士前来，共同将极乐寺巩固为一个可以阳春白雪的唱酬空间。

> 寺内那位大和尚，法号本忠。……倘是有学问的人游寺，本忠可以滔滔不绝地和你谈学问上的问题；倘是外国人到了，他咕咕噜噜地，可以讲很清透的洋话；倘是别处的大和尚到呢，他亦可以将“法华”、“楞严”一派的佛典佛谜谈得津津有味，舌灿莲花；倘若是政治家到呢，他可以讲国富民强的道理，直令人不得不倾倒，所以当岑春煊氏二次革命失败，跑到南洋的时候，在极乐寺住了好些时不忍舍去，可见得这个和尚交际的手腕，实在不错。[1]

不仅是本忠，即便是一般僧人，也乐于与游者交谈。“故游其地者从树林阴翳中结伴而入与寺僧茶话后，僧即从旁指点海天之胜、林泉之佳。俗虑顿蠲，恍然于尘世中得一清凉世界也。”[2]

侯鸿鉴在其游记中详细记载了自己与庙里僧人慈恩互动的场景：

> 闻此寺有一名僧号本忠者，适他往，否则纵谈所及，议论风雅，且可唱酬也。有极乐寺口占：万三千里此遨游，历尽风波不解愁。极目南天渺无极，一声狂啸海山秋。海外洪荒极乐天，不知开辟几何年。炎凉以外求真我，无我无人且问禅。
>
> 本忠和尚未晤慈恩和尚，赠余极乐寺摄影一张。口占一绝以

[1] 梁绍文：《南洋旅行漫记》，页73。

[2] 张煜南：《乘槎日记》，见《海国公余辑录卷一》，2005，页84。

谢之："何幸炎凉外，来参极乐禅。一图珍重看，沧海亦奇缘。"见壁间章太炎题词，甚得参禅至理，慈恩以纸笔请即余所咏留写纸上。余遂誊一稿以贻之。[1]

极乐寺与中西方文人雅士的频繁互动，给极乐寺留下了丰富的文化遗产，如中西文人雅士唱酬应和的诗词、墨宝、照片等都被极乐寺用碑刻、张贴、悬挂等方式呈现，再通过后来者的凝视和书写，使得极乐寺历史文化的厚度得到不断的累积和流传。

"无论富贵贫贱，中西内外的人到了这个地方都非赏识那座代表中国宗教文明瑰伟奇特的极乐寺不可！"所以一踏足该寺，便见着康有为的碑刻大字、章炳麟的行草律诗，还有日本乃木大将和东乡大将的草书手迹——写"明治某年月日，乃木、东乡，同游极乐寺纪念"等字样，又有暹罗皇帝及皇太子的御笺褒状。除了碑刻外，都用玻璃藏好悬在客堂墙上。一方面留那几个名人的游迹，一方面感谢那些最贵游客的惠赉。[2]

极乐寺在迁居者和旅游者的互动下，在自我呈现和他者凝视的默契中，首先成了中国佛教在南洋的朝圣地，"极乐寺不特是槟榔屿的大丛林，并且是南洋英荷各属天字一号内的东方式大庙宇。"[3]同时也成了中国文化精神在南洋的朝圣地，更因此被当作一种文化的象征整合进整个槟城社会的文化圈。"（槟城）马路之整洁，公共建筑物之瑰伟，海旁马路之幽雅，升旗山之壮观，极乐寺之禅境，即以世界之名

[1] 侯鸿鉴：《南洋旅行记》卷二、卷三，页 34—35。

[2] 梁绍文：《南洋旅行漫记》，页 73。

[3] 同上。

都胜邑拟之，亦不多让。”[1]

三、以极乐寺为中心点向外延伸的网络空间

极乐寺精心建构的宗教和艺文方面的基本功能不仅调和了各种势力因素之间的矛盾冲突，而且，更因为这两大功能的实践活动逐渐营造了极具扩展功能的佛教和艺文网络，从而使极乐寺从一个实体空间成为一个以极乐寺为基础的网络空间。

（一）佛教网络空间

妙莲作为中国近代高僧，不仅以创建槟城极乐寺为槟城乃至南洋留下中华文化一脉，更在中国和槟城、南洋各区域内部以及中国和南洋之间用佛教画出了一幅文化地图。

就中国与槟城而言，极乐寺与鼓山涌泉寺关系十分紧密。首先，从组织管理结构上而言，鼓山涌泉寺的住持也是槟城极乐寺的住持，槟城极乐寺“住持僧众都属于鼓山派系”[2]。继妙莲以后的住持本忠以及圆瑛都是鼓山涌泉寺的和尚，他们均为极乐寺兴建期间，被妙莲邀来槟城协助的。继本忠之后到槟城住在极乐寺的，还有首座觉空，执事善钦、宝月等。

其次，极乐寺与涌泉寺的僧众的互访则不仅密切了极乐寺与涌泉寺的关系，还因为原先涌泉寺的僧人又云游或驻锡中国境内其他禅院而使得这种联系外延为极乐寺与中国的联系。例如，1905年，出家于涌泉寺、受具足戒于妙莲、在中国多个禅院讲经驻锡的“一代禅门宗匠虚云老和尚”从仰光来槟城，妙莲与虚云交谈甚欢。[3]就中国与

[1] 陈枚安:《南洋生活》，页144。

[2] 林水檺、骆静山合编:《马来西亚华人史》，页434。

[3] 岑学吕居士编:《虚云和尚年谱》，香港：香港佛经流通处印行，1992，页39。

南洋而言，虚云曾在光绪末年到南洋弘法。在暹罗寺讲经，轰动了暹京，国王请他到宫中讲经，皈依者官民数千人。[1]本忠和尚在民国元年，与寄禅和尚、虚云和尚等诸山长老入京请愿，希望可以成立佛教总会，以御外侮。最后如愿以偿，乃组织成立佛教总会以及全省支部，后又组织成立南洋支部。[2]而受戒于妙莲法师，学禅于大雪峰寺、天宁寺、天童寺、接待寺等地，1929年成为中国佛教会会长的圆瑛法师更是常常往来于中国与南洋之间。1922年他到南洋弘法，曾在新加坡、槟榔屿等处讲经；1926年再来南洋募款，在马六甲组织基金董事会；1937年前往南洋为抗战救护队募捐；1938年住持极乐寺；1939年回返上海。[3]

除了鼓山涌泉寺，其他寺院里跟妙莲一样前来南洋云游募捐从而成为南洋某寺住持或者在南洋建寺弘法或者前来募捐、讲经，最后又返回中国者还有很多。如民国肇建时，跟八指头陀寄禅和尚、本忠和尚等一起上京要求成立佛教总会的道阶曾先后三次（1907年、1928年、1932年）前往南洋以及印度募捐、朝圣。1907年，他在星马、槟榔屿、锡兰、缅甸等地求得玉佛六尊、舍利一瓶、佛牙、梵文贝叶经典、各地僧伽所赠送的法物等；1928年获得新加坡富商李俊乘的资助，重修了印度鹿野苑中国唐代僧人建的支那寺（后改名为中华寺）。1932年，道阶游历槟榔屿、怡保、吉隆坡、新加坡等地，常驻锡于普陀寺。[4]

而助虚云和尚上京为鸡足山迎祥寺请《龙藏经》的福建南普陀寺住持释转道和尚也于1913年来到南洋。他在新加坡兴建了普陀寺弘法，

[1] 于凌波：《中国近现代佛教人物志》，北京：宗教文化出版社，1995，页1—9。

[2] 释宝慈编著：《极乐寺志》，页25—26。

[3] 于凌波：《中国近现代佛教人物志》，页68—70。

[4] 同上书，页40—41。

后在光明山兴建了普觉寺，在圆瑛等襄助下在南洋募捐重修泉州开元寺，并在漳州南山寺开办了南山佛化学院。同时，他也致力于新加坡佛教事业，并与新加坡的李俊承、邱菽园、庄笃明等居士，发起组织佛教居士林、中华佛学会等组织，同时兼任国内和新加坡佛教组织领导职务。转道和尚更在晚年推动土生华侨研读华文，推广中华文化。[1]

从妙莲1888年驻锡广福宫开始，中国佛教与南洋佛教就产生了密切的联系，并以极乐寺为中心，展开了一张不断展延的网络，不仅将南洋各区域如仰光、槟城、新加坡、马六甲等地联系起来，也将中国与南洋紧密地联系起来，不断整合力量，并在这个过程中形成并塑造了极乐寺所在地槟城的社会文化。

（二）艺文网络空间

极乐寺满壁的“笔走龙蛇、鸿爪雪泥，播为海山佳话，虽曰地实有灵，亦藉人以传已”[2]。《乘槎日记》里的这句话已经点出了文学社会学或者文化传播研究中关注的所谓“文本”、“作者”和“读者”三要素在文化的形成和流通中的关系，揭示了极乐寺的文化素养不仅在于满壁文人雅士的创作，更在于不断前来者的补充、传播。而这个过程体现了极乐寺艺文网络空间的特点。

从晚清到民国初年，极乐寺与先期的文人雅士构成的互动网络是超越政治、经济等疆界的。来自各国、各地、各阶层的名人雅士都聚集于此。释宝慈编的《极乐寺志》中就收录了这些墨宝。比较著名的如清末保皇党领袖康有为，他为极乐寺留下了具有深刻醒示意味

[1] 于凌波：《中国近现代佛教人物志》，页47—48。巴千里等编写：《新加坡佛教居士林七十周年纪念特刊》，新加坡：新加坡佛教居士林，2004，页204。

[2] 张煜南：《乘槎日记》，见《海国公余辑录卷一》，页84。

的“毋忘故国”的墨宝；还有宣统皇帝的老师陈宝琛也在极乐寺留下署名“听水翁”的七言绝句“龙象真成小鼓山，廿年终见请经还；何期六十陈居士，听水椰林海色间”；有槟城副领事张煜南的多块碑刻；有著名学者、居士章太炎留下的志游墨迹：“民国五年秋，自肇庆南行抵槟榔屿过极乐寺见寺主本忠禅师盖外洋所仅有也。南纪小乘佛法不为不盛而摩诃衍法独吾土苾蒭知之，喜正教之未衰，因书此以为志。”极乐寺也保存和展示日本乃木大将和东乡大将的草书手迹，1907年（光绪丁未年）英国康乐王爷、王妃及郡主游极乐寺后华民护卫司致极乐寺的感谢信函，[1]以及暹罗皇帝的御笺褒状。

这样的例子不胜枚举，而这些互动的人文网络以摩崖石刻或者门联、书信等形式被展示在极乐寺。这些文物如今依然存于极乐寺，供游人观赏、瞻仰。

这种雅致之事颇能吸引作为文人的旅行者前来，同时他们的到来又引发另一拨的艺文互动，这样的场景已经在上文所引侯鸿鉴以及招观海的游记中得到体现。更为重要的是，旅行者以及旅行者的书写使得本来只在极乐寺内存在的网络空间扩展开去，形成了更大的网络空间。例如，1919年来南洋旅行的侯鸿鉴在1920年出版《南洋旅行记》，其序即有天津胡家祺、无锡严毓芬、无锡教育和文化界闻人黄龙骧、武进李法章、后来成为国学大师的无锡同乡钱基博等多人撰写。[2]黄强的《马来鸿雪录》1928年由商务印书馆出版后，在1930年再版；[3]而1929年至1933年游遍南洋的许瀚，其游记《南洋丛谈》中的文章

[1] 释宝慈编著：《极乐寺志》，页131—132收录丁未正月初九日护卫司致极乐寺的信函《英康乐亲王览胜谢函》。

[2] 侯鸿鉴：《南洋旅行记》卷二，序一—序五。

[3] 黄强：《马来鸿雪录》，版权页。

先后“载诸南洋及国内各报章刊物之上”[1]。

极乐寺和先期的文人雅士之间艺文互动构成了极乐寺艺文网络空间的基本架构，后期不断前来的游客以及对这一文化现象在报纸、杂志、书籍上的书写扩大了这一艺文网络空间，而文化的积淀更进一步吸引更多潜在的文化流通者前来，这就是极乐寺艺文网络的形成特点和作用。

结　论

通过以上的分析，本文打算从极乐寺空间功能的作用和意义以及南洋移民文化形塑中他者和我者的关系两个方面来结论。

一、极乐寺空间的特点以及对于形塑槟华甚至南洋华人文化的作用

在南洋的贸易港口城市如新加坡、槟城等是南洋、东亚、欧洲货物的集散地。南洋华商往往因为商业发展的关系而形成商业网络。而南洋港口城市中华人的公共文化空间则提供了另一种网络方式和网络空间。

极乐寺就是这样一种既区隔又整合的空间。它通过与市区的距离与槟城社群形成对话空间；通过在法脉、宗教派别上与中华佛教的传承，使自己成为代表中华佛教在南洋的代理人，同时通过与中国寺庙的同质同构，使其成为南洋华人移民进行故国想象的具体空间；另一方面它的筹建方式、庞大的经济产业模式以及对南洋华人社群多

[1] 许瀚:《南洋丛谈》，弁言部分。

神崇拜和南洋其他佛教派别的吸收容纳，使其成为投射南洋想象的空间。

极乐寺更是一个能游刃有余地负起协调任务的游戏场。当它因为自身的开放性而带来的政治、经济等功能随着外部条件的变化而产生矛盾冲突时，极乐寺找到各种势力的最大公约数——宗教功能和艺文功能作为协调的策略，调和各种势力，消解冲突和矛盾，将各种松散的甚至冲突的力量和资源进行有效整合。

二、他者还是我者？参照系的变动对于移民社会文化形成的作用

从黑格尔在哲学概念上提出“他者”在建构“我者”身份中的必要性以来，无论拉康的镜像理论还是萨义德的东方主义，在研究涉及身份问题时，大都认同只有作为他者的双重关系存在才有意义。[1]

从晚清到民国初年，南洋各港口贸易城市基本上由迁居者和旅居者组成。华人移民游走在中国与南洋之间，也游走在南洋的各殖民地、土著王国之间，积极寻求自己的生存和发展空间。有些迁居者由于外部环境的因素而不断处于一种流动的状态。但也有一部分人沉淀下来，另一部分人则不断迁移，更有新的迁居者不断从中国流入南洋。

从极乐寺的建立到发展的过程，我们可以结论：从晚清到民国时期来南洋的中国旅居者并不是一个浮光掠影的观光、猎奇者，他们并不只是他者，他们更多时候积极参与旅行 / 居地的文化建设活动，变

[1] Dani Cavakkaro, *Critical and Cultural Theory Thematic Variations*，London：The Athlone Press，中国大陆华侨华人研究的文献计量分析报告中国大陆华侨华人研究的文献计量分析报告pp.120-130；Irvin Cemil Schick, “The Erotic Margin：Sexuality and Spatiality”，*Alteritist Discourse*，London：Verso,1999, p.23。

身为形塑当地文化的我者。而正是他们的参与，一方面复制、启动或者巩固了槟华社会对移出地文化的记忆和想象，另一方面创造了将南洋这个移入地的文化要素融入自我体系，从而形成一种与移出地文化有一定差异性的新的文化形式。

在流动性比较明显的移民社群里，固定的空间在文化的呈现和实践中具有非常重要的作用。来自迁居地的宗教文化构建的熟悉的空间和集体文化实践，有利于流动的人群在迁居过程中寻求到精神家园的具体投射和文化同盟。另一方面，南洋本地文化在流动人群中施与的影响在此群体与文化空间发生关联时也同时影响文化空间自身的塑造。极乐寺就是旅行者留给槟城社会的文化遗产，是来自中国的文人雅士与槟华社会互动的绝佳空间，也是中西方文化交汇的场所。它整合南洋内部的社群力量，也整合中国与南洋之间的互动力量。它是一个由旅行者、迁居者建构的一个足以供南洋华人产生想象共同体的具体象征之一，也是槟华甚至南洋华人文化特性的象征之一。

一边流动一边固定的人群对固定空间的凝视和融入以及参与，不断调整着南洋华人社群内部自我与他者之间的参照系。而固定的空间又作为这种移民群体的文化代表与当地社会进行内部自我与他者的相互参照。最后，固定的空间又以当地社会文化的代表与外部形成我者与他者之间的参照。因此，移民社会里，华人移民在族群文化形塑中，不断地从他者变成我者，成为嵌入移民社会文化的一个有机组成部分，为形塑移民社会文化作出贡献。

从对极乐寺的个案分析，本文认为能使旅行者、迁居者这种流动性人群凝聚起来的是伴随着文化空间中的文化实践所表现出来的文化软实力。[1]笔者认为不只是国家才有软实力，从晚清到民国初年的南洋，由殖民者和移民组成的社会中，如极乐寺这样的公共文化空间，因为有其“普世价值观”及其产生的吸引力而同样能形成自己的软实力，也正是这种软实力对移民社会起到一种资源整合和凝聚的作用，从而使得本地的社会文化得以形成和健康地扩展。

这种公共空间的文化软实力的形成往往遵循这样的一种方程式：借助一个固定的空间，依托普世价值观，以稳固、沉淀的文化实践活动将流动的人群凝聚，而流动的人群一边将流动中发现的新文化要素注入这个相对稳定的文化空间，一边则将在此文化空间中获得的精神力量和文化特质二次传播出去。因此，流动的人群与公共文化空间形成一种文化的共谋，将极具流动性的南洋华人移民社会黏合在一起，整合了华人社群甚至帮助整合其他社群的力量，最终形成“南洋华人”甚至南洋的想象共同体。

对于一个具有流动性本质的移民社会而言，像极乐寺这种稳定的空间能够产生具有社会凝聚力的软实力。

[1] Joseph S.Nye Jr 在其 1990 年出版的 *Bound to Lead* 一书中创造性地使用了软实力（Soft Power）一词。作者在 2001 年出版的书 *The Paradox of American Power* 中再次提出并试图发展该概念。而其 2004 年出版的 *Soft Power*：*The Means to Success in World Politics* 一书中，他认为，美国是世界上最强大的国家不仅仅在于它的军事和经济力量，也在于第三个维度即他指出的软实力。在此书中作者进一步发展和建构软实力概念，并试图通过大量的例子和历史研究来揭示软实力运用的方法和限度。

第六章　对话与对抗：南洋华人文化主体性的日常实践与呈现

——以南洋华人日常生活空间为例

个体层面上的文化演变是构成社会层面文化演变的重要和基本的因素。作为移民群体的文化，南洋华人文化必然会经历保持族群文化与文化本土化之间抗衡和对话的过程。而西方殖民主义在南洋的侵入和发展又显而易见地会引发关于保持华人文化与殖民同化之间的互动。毫无疑问，这个过程既是摩擦冲撞的，也有寻求接近与协调，既有迎合也有抗衡，可以说是一个一边对话一边对抗，在对抗中对话，或者利用对抗来进行对话的过程。

本论文前几章讨论的南洋书写空间、博物馆以及庙宇空间的体现，更多的是一种从上而下的空间叙述话语，包含宣传、鼓动、呈现、解释和修辞的策略，侧重于进行一种关乎国家或者族群关系的宏大叙述，这是基于社会层面上的。与此互为补充的是通过个人经验来考察基层的、大众层面的文化特点。旅行者自己的旅行路线以及基于这种旅行路线搭建而成的南洋空间就侧重于此。

如果说，旅行者的旅行路线搭建的空间立足点更多的在于旅行者自身，那么，立足于南洋个体自身的文化演变又会是怎样的呢？当时的南洋地区也在华人中掀起一股重视家庭重塑的潮流，[1]这就使得通过考察当时的华人家庭日常生活能够更好地总结当时华人社会文化发生变迁、重塑以至建构出的一些重要特征。本章将主要通过对南洋华人日常生活空间——家庭、学校里一些能代表日常文化实践活动惯例的场景进行分析，探讨这些问题：第一，日常生活体现的南洋华人文化在建构中如何遭遇文化同质化和文化异质化；第二，他们基于何种原因、通过何种方式，与内在以及外在文化体进行多层次的文化对话；第三，在对话中，他们进行了哪些方面的妥协，哪些方面的抗争，哪些方面的迎合。

之所以将学校也纳入日常生活空间进行考察主要是考虑到学校是家庭下一代成员每天例常生活的空间，这将影响到下一代家庭的生活方式。因此，将其纳入日常生活场景进行考察，将能保证体现文化的代纪传承和演变的参数。

通过微观场景的探讨，我们探究到南洋华人文化的、大众的、例常的建构途径和实践方式。另一方面，毫无疑问，对旅行者与南洋华人日常生活之间的关系进行分析依然贯穿此章，以便更加深入地探究移居、驻地华人之间的互动在南洋华人文化建构中的特点、方式和作用。

---

[1] 重视家庭成员以及生活方式的改造的风气很早就在南洋地区的华人社会里形成。比如，1889年，生于新加坡、祖籍为中国贵州客家的林坤泰在长老教会青年会（The Presbyterian Church Young Men's Society）的集会上诵读了一篇关于“海峡华人的娱乐”的论文，其中说道：“谁要促进华人实现改造其体格上、道德上和精神上的素质，必须在华人的家庭中开始这种工作，并且必须取得该华人的妻子和母亲协助。”可见，在南洋地区起码是土生华人族群开始关注家庭的重新塑造问题，而这个问题显然跟建构整个南洋华人社群的文化有密切的关系。见宋旺相：《新加坡华人百年史》，页194。

第一节　华人族群文化内部的同质和胶着

一、南洋华人的“不宜同化”和再华化

作为移出国为中国的南洋华人，他们与中国的关系是密切的，尤其是从晚清到民国初期。许多学者从多个层面对这种南洋华人与中国的密切联系作了精到的研究。陈达《南洋华侨与闽粤社会》[1]从中国侨乡农村的社会人类学考察角度，揭示了南洋华人社会与闽粤侨乡社会之间的社会运作的同质化；崔贵强《新加坡华文报刊与报人》[2]以及郭惠芬《中国南来作者与新马华文文学》[3]两本著作，则基本给我们搭建了在传媒和文学方面，南洋华人社会的文化建设者往来于南洋与中国之间而必然带来的信息以及文化传播方式上的同步与同质；张少宽的《槟榔屿华人史话》[4]一书，就通过细致的考证，揭示了槟榔屿宗祠、家庙以及华人会馆在建筑风格、组织架构和空间功能上与侨乡的文化习俗的同质。黄贤强的《文明抗争：近代中国与海外华人论集》[5]以及《跨域史学：近代中国与南洋华人研究的新视野》[6]两书，在揭示南洋华人自身的抗争特点时，也对中国政局与南洋民众的抵抗运动、革命意识之间的同质化进行了深入的探讨；梁元生的《新加坡华人社会史论》[7]一书则重点关注了新加坡儒学的兴起、发展与中国

[1] 陈达:《南洋华侨与闽粤社会》，上海：商务印书馆，1939。

[2] 崔贵强:《新加坡华文报刊与报人》，新加坡：海天文化企业私人有限公司，1993。

[3] 郭惠芬:《中国南来作者与新马华文文学》，厦门：厦门大学出版社，1999。

[4] 张少宽:《槟榔屿华人史话》。

[5] 黄贤强编:《文明的抗争：近代中国与海外华人论集》，香港：香港教育图书公司，2005。

[6] 黄贤强:《跨域史学：近代中国与南洋华人研究的新视野》，厦门：厦门大学出版社，2008。

[7] 梁元生:《新加坡华人社会史论》，新加坡：新加坡国立大学中文系、八方文化创作室联合出版，2005。

的同质。廖赤阳、刘宏主编的《错综于市场、社会与国家之间：东亚口岸城市的华商与亚洲区域网络》[1]一书中的一些篇章则从网络[2]概念进入，主要从经济、贸易和市场的角度来关注海外华人与中国的同质、同步。[3]

华人不易同化的特性在1949年后被西方学界不断发现和进行各种解读。比如弗尼威尔（J.S. Furnivall）认为中国文化根底深厚，华人具有“不可改变”的特征；[4]柯林（R.J. Coughling）则进一步细化解读，认为华人确实有坚持自我文化的愿望和事实，即使到了移民第二代、第三代，为了适应居留地环境，不得不作出文化上的改变，但仍然具有不同于当地居民的华人性。[5]施坚雅（William G. Skinner）的研究[6]

[1] 廖赤阳、刘宏主编：《错综于市场、社会与国家之间：东亚口岸城市的华商与亚洲区域网络》，新加坡：南洋理工大学中华语言文化中心、八方文化创作室共同出版，2008。

[2] 相对于民族国家层面的建立在“原生性认同”（Primordial Identity）基础上的，构成华人网络的一些基本资源，是地缘、血缘、业缘、神缘、学缘或族群等关系。国民身份认同、主权与国境对于产生网络没有决定性的或者特别的意义。甚至，网络恰恰是以跨境和跨国的横向联系为特征。另外，相对于制度、权利体系和上层建筑，网络更多地属于社会空间，形成与运作于民间社会，有时甚至被称为“非国家空间”。见寥赤阳、刘宏主编：《错综于市场、社会与国家之间：东亚口岸城市的华商与亚洲区域网络》，页3。

[3] 需要说明的是，所有从以上所列之从社会运作、组织方式、哲学研究、信息传播、文学流通、经济贸易、社会革命等途径来关注南洋华人社群与中国社会同步、同质的著作或者文章，也必然会关注南洋华人自身的特点，即与之异质的部分。因此，本文在此部分固然必须关注南洋华人与中国的同质部分，后面的部分也必然会阐述南洋华人社群相异于中国之特点。

[4] J.S. Furnivall, *Colonial Policy and Practice : A Comparative Study of Burma and Netherland India*, New York : New York University Press,1956.

[5] R.J. Coughlin, *Double Identify : The Chinese in Modern Thailand*, Hong Kong : Hong Kong University Press, 1960.

[6] G. W. Skinner, “Chinese and Persistence in Chinese Overseas : A Comparison of Thailand and Java”, *Journal of the South Seas Society*, Vol.16, No.1-2（1960）, pp.86-100.

与赫德荷丝（M.F.S. Heidhues）的看法[1]类似，认为华人会不会被同化，甚至摆脱他们的中华性，由于环境不同、变量不同而可能产生不同的结果。温斯（H.J. Wiens）则认为1949年中国新政权成立后，东南亚华人会将当地人民华化。[2]可见，南洋华人保持与中华文化的同质问题是有南洋华人文化认同和文化实践影响他们进行文化建构，影响他者对华人族群的印象、反应以及采取相应策略的重要因素。

然而，最易于发现异国情调的旅行者为何在南洋，总是特别注意到南洋华人社群与中国同质的文化特征呢？从前述几章可知，南洋对于中国的旅行者而言有其特殊性：这是一个有众多华人垦殖，甚至华人已经在当地社会中拥有较高经济地位的地方。因此，南洋华人被来自中国的旅者赋予了政治上要忠诚、经济上要支持、文化上应认同等各种期待。南洋华人俨然是华人共同体的一个重要组成部分。而这种“共同体”的追寻——寻找认同与故乡——是“人类的境况”本然的一部分。[3]这就一方面造成旅行者到南洋较易将目光集中在文化同质的部分，以增强这种认同期待的合法依据；另一方面，对南洋华人而言，同样基于“寻找认同故乡”的本然而具有对中国期待的不同程度的呼应。这种互动的结果是进一步巩固或者改变着南洋华人的文化建构过程。

这种文化同质化首先对旅行者造成较大视觉冲击的是空间的中国

[1] M. F. S. Heidhues, *Southeast Asia's Chinese Minorities*, Hong Kong : Longman, 1974.

[2] H.J. Wiens, *China's March into the Tropics*, Washington, D.C : The Office of Navy Research, U.S.Navy, 1952.

[3] 吴叡人:《认同的重量:〈想象的共同体〉导读》，见班纳迪克·安德森著，吴叡人译:《想象的共同体》，台北：时报文化出版企业股份有限公司，1999，初版，页xix。

化。首先是唐人街。最容易让旅行者一眼就发现到同质性空间的是各地的唐人街。比如，宰平在安南旅行时发现“华商聚集地方，地名叫作堤岸。此地当法国人未占安南以前，已为我中国人经营商业的根据地。该地马路房屋亦尚宽敞，生意比西贡还热闹。酒楼、饭馆、妓院、戏园，无所不有，完全广东式，简直和在内地一样。广东人在海外殖民的力量，实在很奇怪，他们把内地习惯无论好的坏的一起搬了去，居然也能成一种局面”[1]。从这段描述中，我们可以看到唐人街的职业结构以及体现的生活习惯都是复制了广东地区的。而刘仁航则对西贡的唐人街如此描述：街头有道馆（卖鸦片）、娼寮，有中国杂技表演团、各种小买卖，有精武体育会、药材店甚多，出售膏丹丸散参茸、男女星相命课小馆亦盛。[2]这些具有中国特色的职业和商业，完全是一派中国城市商业街的布局。

对异国出现的唐人街，梁绍文在其游记中曾发出这样的感慨：中国人到外国去随处都有唐人街（China Town），务使西洋城市文明的地方都点缀着东方古代文明的色彩。这种极相反而又极相类的民族性真是不可思议。[3]然而，正是这样的一种对自我文化的复制，使得华人在海外得以保存自己的文化特性，而这种文化特性的复制式的传承形成了所谓华人“不宜同化”的特性。[4]

南洋华人不仅在商业街这个影响着人们日常消费生活的空间复制中国，在自己的住宅区以及私宅内部布置上也同样不忘营造一种中国风，以求跟族群文化保持同步。第一代华人移民的家宅空间当然是相

[1] 宰平:《西贡》，见孙季叔编注:《世界游记选》，上海：亚细亚书局，1934，页74—75。

[2] 刘仁航:《南洋游记》，页15。

[3] 梁绍文:《南洋旅行漫记》，页49。

[4] 同上。

比于土生华人要来得更加富有中国风。比如，位于新加坡樟宜附近鱼眼湾的何园就是一座布置得犹如中国博物馆的庄园。园主是时任华民政务司帮办的何乐如（后任副华民政务司）。何园面积六万平方英尺，“园中有木桥，伸出海湾沙滩，水楼驾其上，窗明几净，遥望小岛罗列，风景宜人。厅内陈设雅洁，布置整齐，书籍画联，琳琅满壁”[1]。厅内高悬养正学校赠送的匾额“辉映圯侯”，这是养正图书馆赠给何乐如以感激其赠书多。水榭上还有一联“楼台终日清虚气，云水一天澹荡音”。屋内的书架上则陈列古版书，如《六朝》、《四家》、《列国志》等，均是明朝版本。[2]从这番描述中我们不难看出何园犹如一个小型的中国文化博物馆。这里有众多的中国书籍尤其是中国古典史籍，体现中国传统文人雅致情趣的对联、画卷，更为重要的是，这里还常常是华族文人相聚交谈之处，是当地华族文人雅士的一个社交场所。这种私宅布置以及私宅功能的设定，无不体现南洋华人中的知识分子对中国古代士子的“园林式生活”从形到神的复制。

新客对移出地文化有强烈的认同是比较容易理解，也是可以被认为是具有普遍性的一种规律。那么，土生华人群体作为华文化最边缘的次华群体，其日常生活中保留汉文化要素的情况又是如何呢？对这个问题进行分析的意义在于：可以寻找和总结出体现文化认同中最顽固、最核心、最不易被其他文化模糊同化的部分。

首先来分析土生华人的家宅建筑风格和内部装饰。先来看土生华人最多、年代最久远的马六甲的情况。“马六甲的荷兰街是土生华人殷商的住宅区。这里的房子檐高六七尺，宽约丈余，长约三四十丈，式如阳江皮枕。门板上一边刊如意，一边刊吉祥，或百福祯祥种种吉

[1] 郑子健:《南洋三月记》，页66。

[2] 同上。

祥话。门楣上砌以砖，再上则镶以木板，正中挂以颍川江夏西河姓氏唐名，门外悬长形灯笼两个，颇似汕头之升平街。但彼门面非赭色，此则金碧辉煌耳。观其形式，犹有中土之旧规模焉。”[1]

华人中等富商聚居的生活区住宅风格的一致，既体现了华人相互之间的一种文化默契，也体现着一种文化约束。而华人私宅内部的布置有更大的个人自由。那么，他们是否也采取这种跟中国文化同步的布置呢？梁绍文到马六甲的土生华人曾江水家去拜访时，仔细观察到：其大屋，采用日字门口，夹木门，活像广东西关式的门拢子（广州城大屋的特殊名号）。客厅陈设华丽，悬挂字画。[2]可见，在富商的私人住宅内部，甚至是土生华人，中华文化的因素通过建筑风格以及饰品装饰呈现出来展示着主人的文化习惯和文化认同。这样的华人家宅建筑和装饰的风格绝不仅仅出现在土生华人较多的马六甲，在新加坡情况同样如此。比如郑子健到新加坡访问，在赴新的船上结识的好友詹锦章位于芽笼律廿六号巷的家时，就发现“其厅事满悬堂联、匾额、神位、灯笼，仍是中国旧式家庭之习俗”[3]。可见，这样的一种家宅建筑风格和装饰风格在南洋地区带有普遍性。

除了在建造日常生活的消费空间、起居空间时南洋华人保持族群文化因子，南洋华人不易同化的特征还表现在南洋处处可见的汉字符号运用、保留甚至崇拜的现象上。汉字是最能够体现中华文化的要素之一。正是南洋华人对汉字的保存和坚持是首先让旅行者认识到南洋华人是“保守性的民族”[4]的一种特征。

[1] 黄强：《马来鸿雪录》，页44。

[2] 梁绍文：《南洋旅行漫记》，页149。

[3] 郑子健：《南洋三月记》，页42。

[4] 梁绍文：《南洋旅行漫记》，页49。

几乎所有的旅行者都对南洋华人尤其是土生华人保留汉字符号的现象有过记录，但是在南洋不管是在新加坡、怡保还是槟城等地持续仔细地观察和详细记录的是梁绍文。

梁绍文刚到新加坡就发现南洋华人即便是那些“不讲中国话，不识中国字的华侨，世居南洋六七代，历岁数百年，似应可以同化与异族了！但是他的家庭习惯、风俗，仍然是中国几千年来的遗训，一些儿也不敢改动。到了新年，门口那些‘生意兴隆通四海，财源茂盛达三江’的门联还是大贴特贴。‘张门堂上历代祖先’的牌位年年新鲜更不必说。至于那些‘横财大吉’、‘老少平安’、‘招财进宝’的迎春话头，贴的满厅满房，自然亦是和国内一样。倘若问他们‘招财进宝’是什么意思？指着‘一见大吉’的‘一’字问是什么字？也许他们哑口无言，半句话都答不出来”[1]。这段话表明，在旅行者看来，定居南洋达五六代之久的华人从道理上而言如果跟当地土著同化是无可厚非的，甚至是理所应当的。而他们将汉字符号当作某种宗教信仰一般(千年遗训，一点不敢动，其地位与祖宗的神位相等)来保存、供奉的行为，对中国旅行者而言，是出乎意料的。也就是说，中国国内的华人对于移居海外的华人尤其是久居海外的华人一开始并没有期待他们能够从文化上继续认同中华文化。因为没有期待，因此才会对这种对文化的保存感到惊讶，发出这样的感慨：这就是不轻易同化于异族的特性。[2]旅行者对土生华人的认同感一旦产生，旅行者对土生华人的文化认同期待就提高了。他们面对土生华人时心态就变得复杂起来。

首先，旅者开始从认同他们应该与本土文化同化，转变为意识到要加强土生华人的华人性。这就催生了对土生华人进行再华化教育的

[1] 梁绍文：《南洋旅行漫记》，页49。

[2] 同上。

观念，并赋予南洋华校一种族群以及国家的责任感和使命感。“菲岛的血统颇杂，闻以中菲混合种占多数。他们因家庭、教育和种种环境的影响，对父族中华祖国，没有什么感情。不过近年来各地中华学校的发达，入校的也渐渐加多。教育的结果，慢慢引起他们关心祖国的事。就中爱国运动，也屡见不一见。好像‘五卅’案起，菲岛各地土生子女联合会，用种种募捐的法子，筹集款项，接济国内的罢工的工人，这很是他们一种爱国重大的表示。”[1]而被马来文化同化很深的新加坡土生华人也因为“近日华侨教育，逐渐发达，风气一开，习俗渐改矣”[2]。

其次，从加强土生华人的华人性进一步转变为积极拉他们为中国效力。“中菲混合种中，很有些优秀的人物，……不过他们都跑到西班牙人或美国人办的学校里边去，结果只是懂得外国的文化和习惯，并且家庭里，从小受母族方面的影响居多。所以与中国渐形隔膜。今后华侨教育，一方当提高程度与欧美办的可以抗衡，一方当劝诱土生子女入中华学校。那么这一班人，可变为纯粹的中国人，为中国效力了。这是华侨教育中一个很重要的问题，大家不要轻轻看过哩。”[3]

通过教育激发南洋华人社群为中国效力、认同中国的意识从晚清开始贯穿至民国初年。它是一种从意识萌发和零散、个体的行动到有计划、有步骤、有规模发展的国家意识和国家行为。从晚清开始，清廷发现了南洋华人对重振中国经济、进行社会转型的作用，因此清廷就开始从国家层面上关注海外华人的教育，希望通过对南洋华人进行“保种”教育，获得南洋华人对中国的忠诚和资金、技术上的支援。

---

[1] 邬翰芳:《菲律宾考察记》，页64。

[2] 郑子健:《南洋三月记》，页42。

[3] 邬翰芳:《菲律宾考察记》，页65。

19 世纪末期到 20 世纪早期清廷曾派出官员到南洋一面考察当地华人教育，一面劝导当地华人兴学，同时干预和管理当地华校教育事务。比如 1905 年，清廷派考察外埠商务大臣兼南洋学务大臣张弼士管理槟城中华学校校务；1905 年，刘士骥接受两广总督岑春煊委派到印尼、新加坡、吉隆坡等地查学、劝导兴学。[1] 1906 年，刘士骥再次来南洋视学，端蒙学堂遂以成立。[2] 而后，两广总督又委派汪凤翔任荷属东印度华侨劝学总董兼视学员，控制当地华侨学校。1906 年，时任中国驻荷兰公使参赞钱恂到爪哇，董鸿纬到巴城，王维忱到井里汶，陈华、陈宝琛等也分别到南洋各地劝导南洋华人兴学。1911 年，清廷更派爪哇马吉朗中华学校校长林鼎华为代表，在爪哇各地查学。清廷在晚期对爪哇地区的华文教育影响较为深远。这也引起爪哇地区华人的回应：1910 年在南京的南洋劝业会上，爪哇学务总会派徐博兴、潘精练为代表参加，两人趁机请政府出资在爪哇兴建一所华侨中学。[3] 这事件代表着爪哇地区一些南洋华人教育愿意被纳入中国政府的行政管理体系。然而这个要求并没有得到清廷的回应。

尽管清廷在末期开始关注华侨教育，但是并没有在南洋地区投入资金兴学，南洋地区的华校从晚清到 1920 年前全靠华人自己投资兴办。清廷所做的对南洋地区华人教育具有影响力和吸引力的事是兴办暨南学堂。[4] 暨南学堂，创建于 1906 年。受清廷委派前往南洋调查学务的钱恂从爪哇电咨两江总督端方：“爪哇学生通晓官音可接中学程度

---

[1] 丁致聘编：《中国近七十年来教育记事》，北京：国立编译馆，1935，页 16。

[2] 李雪芬：《星马潮帮的教育事业》，载《读史劄记》，第三期，1969—1970，页 48。

[3] 周聿峨：《东南亚华文教育》，页 10—11。

[4] 关于暨南学堂的详细介绍可参见张泉林等编：《暨南校史资料选辑第一辑（1906—1949）》，广州：暨南大学华侨研究所，1983。

者约30人，志切归国读书，选地南京，川资日用自备，惟请官给食宿。”端方在奏准清廷后，办起这所附设高等小学的正规中学，用来收录从海外归国升学的侨生。[1]印尼华侨立即成立了“选拔回国学生委员会”，由汪凤翔任主任，梁辉温任副主任，从各地中华学校选拔21名第一批回国就读的学生，于1907年2月由董鸿纬和赵锡龙护送回南京。1907—1911年，从印尼回南京暨南学堂就读的学生就有约200名。[2]从1908年起，新加坡、吉隆坡、槟榔屿和苏门答腊等地也相继选派学生去暨南学堂就读。根据《叻报》记载，新加坡富商卢复初就曾三次护送学生归国读书。[3]1927年暨南大学更增订了新的优待华侨的政策。其中之一为“优待南洋小学教员：凡在南洋各埠充当小学教师，愿回国来本校求学者，经该地学校证明，得免入学考试”[4]。

这种国家关注南洋华文教育的行为到了民国进一步地获得扩展。首先是巡视南洋华文教育的民国官员人数增多，也更频繁。根据周聿峨的统计，1912—1917年，中国各级政府仅在马来亚就8次派出官员前往调查华校情况。而其他政府官员到南洋办理其他事务时也常常去参观华校。1914—1932年，就有14批次官员参观了马来亚一些学校。而马六甲培风，新加坡端蒙、侨星、养正以及槟城台山是最主要的接待学校。[5]第二，驻外使馆开始介入当地华校事务，法定具有兼管华侨学校的职责，而华侨学校也必须通过中华民国驻外使馆向中华民国

[1] 梁德坤:《暨南大学历史沿革简介》，见张泉林等编:《暨南校史资料选辑第一辑（1906—1949）》，页48。

[2] 周聿峨:《东南亚华文教育》，页17—18。

[3]《本坡学生第三次回国就学记》，载《叻报》，1911年2月14日。

[4] 暨南大学校史编写组:《暨南校史1906—1996》，广州：暨南大学出版社，1996。

[5] 周聿峨:《东南亚华文教育》，页16—17。

教育部注册。[1]第三，越来越多关于华侨教育的规章被民国政府制定出来，一些跟华侨教育直接相关的机构、学校在中国设立。比如1914年制定了《侨民子弟回国就学规程》；一大批各层级的机构如侨民教育委员会（1927年建）、侨民教育处（1932年建）、侨民教育师资训练所（1934年建）等建立。第四，开始出现关注南洋华文教育的学术机构和学术刊物。1927年暨南大学南洋文化教育事业部成立。该部门成立后，出版了一系列关于南洋、南洋华侨教育等方面的书以及刊物。该部先后组织人力对南洋各国的华侨教育进行调查与统计，出版了《南洋华侨学校之调查与统计》[2]、《南洋华侨教育论文集》[3]等，并参与编写华侨学校的教材。这个部门的运行跟刘士木有很大关系。刘士木是南洋归侨，他早在南洋文化事业部成立前就于1926年2月在上海发起成立了华侨教育协会，该会的宗旨为"协助华侨教育之发展，增进侨民之文化事业"。1927年刘士木加入暨南大学南洋文化教育事业部后长期专注于南洋教育以及文化事业的介绍、推广。[4]

除了国家层面对南洋华文教育的介入和建构外，民间的革命势力也通过积极参与建构南洋的华文教育培植自己的势力，在南洋争取人力、财力的支持。比如以康有为与孙中山为首的保皇派和革命派两股势力在南洋到处讲学、兴学、办报，一方面传播中华文化，一方面进行意识形态宣传，培植自己的势力。因此，"当时华侨，因受康有为

---

[1] 1913年，北京政府教育部公布了《领事管理华侨学务章程》，规定："居留各国华侨办理学校，由住在该埠之总领事或领事或副领事考查，报告教育总长。"职责有：对于各华侨学校，宣达教育法令；对于华侨学务上之纷争，调停或处理之；处理华侨学生回国就学事宜等。转引自周聿峨：《东南亚华文教育》，页7。

[2] 钱鹤编：《南洋华侨学校之调查与统计》，上海：国立暨南大学南洋文化事业部，1930。

[3] 刘士木等编：《南洋华侨教育论文集》，上海：国立暨南大学南洋文化事业部，1929。

[4] 周聿峨：《东南亚华文教育》，页19。

与革命党人鼓吹之故，思想上形成两大对垒。……此时南洋华侨教育，无形中即受此两种思想之影响矣”[1]。

从清末到民国初，从政府到民间都兴起这股关注、参与，甚至部分主导南洋华文教育的潮流，这带动了南洋华人新客，甚至土生华人社群迎合中国，进行族群文化再华化的潮流，也造成了南洋华人与中国出现越来越多文化同质化的现象。

然而，同质化的同时，南洋华人自身的特性也通过旅行者两地比较的视野得到发现。梁绍文在马六甲巧遇陈祯禄，并得以在陈祯禄家参观、逗留，这让梁绍文对南洋华人“不轻易同化于异族的特性”有了新的认识。尽管陈祯禄家的墙壁上也仍然贴着“招财进宝”、“精神爽利”的迎春帖子，神台上还有“陈门堂上历代祖先”的灵牌，但他这个从祖先算起移居马六甲第八代的福建人“连福建话也说不出来；平日里在家里所讲的是马来语，在社交所用的是英语……最怕的是讲中国话；还有那生意来往的中国字，他不但不用它，连见面也怕见得”[2]。梁绍文非常注重观察南洋华人的认同问题。因此在与陈祯禄交往后，他进一步揭示了以陈祯禄为代表的马六甲土生华人的认同，“可是和祯禄谈话之间，切记不可提及‘中国’两个字，倘若犯了，当面就要抬杠。因为他心目中，自己便是一个英国的市民”[3]。梁绍文接着从自己的角度以及观察到的现象发挥想象地进行论述：“中国”是软弱无能、肮脏卑陋的代表者，所以他怕认自己是一个中国人。[4]显然，

[1] 张正藩：《近六十年来南洋华侨教育史》，台北：“中央”文物供应社出版，1964，页16—17。周聿峨认为，从（清末）改良与革命两派之争，一直到国共两党之争，华侨一直分作两派。周聿峨：《东南亚华文教育》，页14。

[2] 梁绍文：《南洋旅行漫记》，页146。

[3] 同上书，页147。

[4] 同上。

土生华人认同殖民宗主国而不是中国的现象在南洋地区并不少见，因为梁绍文在怡保也遇上了同样的土生华侨。而这是中国来的旅行者所不愿意看到，并且对此持不满和批评态度的。

梁绍文初次在新加坡见到土生华侨对中国文字符号的固守时，激发了他对土生华侨认同中国的期待，而其后在怡保、马六甲的进一步试探却失败了，这让他对认同英国的土生华人陈祯禄进行了嘲讽："可惜他眼睛不蓝，头发不金。"[1]然而，从他的游记中不难发现一个在梁绍文眼里对中国没有认同感，害怕说中国话的土生华人竟然对他这来自中国的旅行者热情招呼：不仅接待他，更邀请他参加自己女儿的婚礼，完全把他当作自己人。[2]而马六甲另一富甲一方的土生华人曾江水则不但会说福建话，而且亲自带素不相识的梁绍文参观了自己的工厂。[3]事实上，很多"害怕说中国话"的土生华人说马来语、英语以及方言。这点，郑子健在新加坡访问土生华人詹锦章家时就发现：当时一起来作陪的其他本地土生华人祖籍广东的能口操广东话，祖籍福建的则能口操闽南语，而其中一位郑颜珍因为任职于协荣茂轮船公司而有机会数次回返厦门，对国内的情形颇为熟悉。[4]这从另一个方面说明土生华人对中国的认同，而这个认同的层面显然并不同于以文字符号呈现的面貌，而是以华人的待客之道、礼仪这些更为内在的文化行为来表达。

土生华人自身对于中华文化既然也有意识地保存，那么当中华文化圈核心地区发出对他们的文化认同淡漠的批评以及要求加强文化认

[1] 梁绍文:《南洋旅行漫记》，页 147。

[2] 同上书，页 145—148。

[3] 同上书，页 150。

[4] 郑子健:《南洋三月记》，页 42。

同的召唤时，他们固然不能像第一代移民那样对中国抱一种难以割舍的情感，但也不同程度地迎合。比如，左秉隆任职驻南洋领事期间，在南洋大肆兴学、组织文社，鼓励南洋华人学习中华文化，当时就有很多南洋土生华人被吸引，并开始关心族群文化的发展。他们一方面开始在南洋大规模捐资兴学，积极参加华人文社活动，另一方面送自己的孩子回中国接受传统教育。比如 19 世纪 60 年代非常活跃的马六甲商人、丰裕号东主以及振裕号股东之一的李清辉，就积极参加萃英书院的工作，逐步致力于推动中国传统文化的教育。还有一些华商则送自己的孩子回中国读书，如恒春号邱正忠送其子邱菽园回原籍福建接受传统教育并参加科举考试，而谦源公司黄福也送其子黄景棠归国读书参加科举；南洋社会名人章芳琳家族、胡亚基家族都有子弟跻身南洋士人社会，参加文社吟诗作文。[1]槟城戴欣然（清朝驻槟城领事），在南洋发达后送他的长子和次子回中国受科举教育，后来大儿子在福建任知府，次子戴淑原则先在中国做了法部的部员，后来到槟城接任戴欣然成为驻槟城领事。[2]而南洋富商陆佑的长孙和次孙陆容康、陆容章两兄弟也都系中国岭南大学毕业生。[3]

土生华人重新发现族群文化、重新塑造自己的华人特征的风气到了民国初年比晚清时期更甚。著名的海峡三杰林文庆就是一个典型的例子。而一般的土生华人如果家里有较多孩子时，也会考虑让子女接受不同的教育。比如梁绍文在爪哇经过中国领事馆的朱书记介绍访一位开西洋粮食庄的福建人。这位爪哇的华人诚诚恳恳将他们邀至住家，叫齐他的三个儿子一一为之介绍。大儿子在该地的荷兰学校读书；

---

[1] 梁元生:《新加坡华人社会史论》，页 24—26。

[2] 梁绍文:《南洋旅行漫记》，页 76。

[3] 招观海:《天南游记》，页 59。

老二和老三则在中华学校高小读书。这位福建籍华人指着梁绍文，对他的儿子说："这位先生是刚从中国来的，你们若想回唐山读书，就要领教这位先生了。"后，又与梁绍文谈许多家事，将他的先祖怎样到爪哇，怎样发达，他本人对中国怎样的希望，教训儿子要怎样的爱国一一告知。[1]这样的情形并非个案，其他旅行者大都有这样的经验。比如邬翰芳在宿务华侨商会会长薛芳锥家留宿，观察到非常有趣的现象，薛芳锥娶菲妇为妻，育有一子五女，他送其中的几名子女去西班牙人办的学校，另外几名则去中华学校里读书。在邬翰芳留宿期间，两位小姐尔尔和汝省跟随他学国语。而且据邬翰芳的记载，薛先生希望自己的女儿能被华侨娶回去并且最好带回中国去。而邬翰芳也劝两位在中华学校读书的薛家小姐回中国求学。[2]这个案例中比较重要的一点是薛芳锥是一个"中国旧礼教中的人物"[3]，这个具有中国传统家庭伦理观念的父亲对孩子的教育问题起着重要的作用。从以上的两个例子不难看出，南洋土生华人虽然来南洋好几代，有些文化习俗已经本土化或者西方化，但是仍然在日常生活的各种例常仪式中保留中国文化的要素，而其对中国语言的记忆方式以及对下一代中文教育的灵活分配方式，则体现出南洋华人坚持族群文化的顽固性中伴随着灵活性。

毫无疑问，无论是政府层面还是民间革命派别之间在南洋发起的兴学办学热潮，确实促进了华侨对中国的认同，但是否就能说南洋的华侨完全为中国所主导，完全认同中国和中国文化了呢？一系列证据表明南洋华人的文化认同并没有这么单一。南洋华人学习中文固然有中国方面的呼吁、吸引的措施，但我们也不可忽略另外两个原因。

[1] 梁绍文：《南洋旅行漫记》，页180。

[2] 邬翰芳：《菲律宾考察记》，页98—99。

[3] 同上。

一是为谋生所需。郑子健在怡保华民政务司拜访华视学官时，遇到副视学官王宓文。谈及霹雳以及马来半岛的教育时，王宓文认为当时的马来半岛非常注重中文，因为洋行雇佣职员，如中英皆优者，薪水亦较丰，故侨生子弟亦知学习本文。[1]从这里我们可看出，南洋华人学习中文的原因并不仅仅是因为中国方面的政治的、文化的有意识和无意识的拉力，还出于自身环境影响，在生存需要和经济发展需要的情况下进行文化回归。

第二个原因是南洋华侨回归中国求学的潮流是南洋的华文教育体系以及欧美殖民教育体系的总和仍然无法消化南洋华人上升性求学的需要造成的。刘熏宇在南洋旅行时遇见讲英语的土生华人F君，此人向他打听回国读书的事宜。

F君（南洋土生华人）的发问很诚恳，他说："我有两个兄弟，我要送他们回国去进学校。南洋的学校办得不好，并且中学很少，只有小学，英文学校又是奴隶教育。"[2]

南洋地区虽然在缅甸建有英式仰光大学，但该校1900多名学生中华侨学生仅有100多名，而仅缅甸一地就有华侨30万。[3]在荷属棉兰，则在1908年才由时任棉兰玛腰的张榕轩及其弟张耀轩设立第一所华文小学敦本学校。因为侨生回国升学有诸多不便，1928年，当地华人开始建设棉兰第一所中学——苏东中学，以满足小学毕业生能够顺利在本地升学的需求。而其高中部直到1938年才开始创建。[4]在1911年前，英属马来联邦、马来属帮和海峡殖民地的华校只有小学而未有

[1] 郑子健：《南洋三月记》，页94，95。

[2] 刘熏宇：《南洋游记》，页22—23。

[3] 许瀚：《南洋丛谈》，页65，66。

[4] 苏东中学：《苏东中学史迹》，苏东：苏东牧校友会，2008，页58，61，71。

中学，更不要说大学。即使到了20世纪二三十年代，南洋开始涌现多所华文中学，也多只设初中部，仅新加坡华侨中学与南洋女校始有高中，而中文的高等院校也只有莱佛士书院和新加坡大学。在越南，西贡有华侨约20万，华侨所办学校最高学府为“中法学校”。但是校长却为法国人，教科也以法文为主。[1]由此，在南洋针对华人甚至所有南洋人设立的高等教育机构极其缺乏，南洋华人华侨学子升学无门的情形比较严重。这就迫使在南洋初等教育体系毕业的学生不得不考虑相对南洋来说有更多接受高等教育机会的中国作为求学之地，而这恰好和中国希望拉拢南洋华人文化回归巧合。这就造成1911年前一些南洋的华小选派学生前往暨南学堂升读中学。这些侨生毕业后如果成绩优异，还会被暨南学堂选派到欧美留学，学成后就被派到各国去当外交官或其他职位。[2]而其他毕业者或者肄业者很多回到南洋，致力于华侨工商企业、文化教育事业、新闻事业和华侨中小学教育事业。[3]

到了二三十年代，回国升读中学的侨生人数已经减少（此时南洋已经在本地兴办中学），但升读大学等高等教育的人数依然不少。郑子健就在游记里记录到当时南洋的“华侨学生毕业后，升学国内大学，如暨南、沪江、金陵等校，大不乏人。毕业后南归，多掌教育”[4]。此记录显示这些侨生在中国学成后并没有留在祖籍国而是纷纷返回南洋，发展南洋的文化事业。这说明南洋华人移民并不是如祖籍国、殖民者以及后来的一些研究者所断言的那样，只是将自己当成南洋的寄

[1] 许瀚:《南洋丛谈》，页68。

[2] 梁德坤:《暨南大学历史沿革简介》，见张泉林等编:《暨南校史资料选辑第一辑（1906—1949）》，页49。

[3] 蔡世英:《暨南大学杂忆》，见张泉林等编:《暨南校史资料选辑第一辑（1906—1949）》，页89。

[4] 郑子健:《南洋三月记》，页57。

寓客居者。他们求学后返回南洋的行动证实了他们已经将南洋当成自己安身立命之地。

从这个角度，我们可以看出中国方面的华人与南洋华人对于南洋华人文化回归问题的看法其出发点有很大差异。中国方面夸大了南洋华人对中国在政治、文化上的认同感，而南洋华人之所以对中国产生政治、文化的认同则大多从生存的需要、自身环境的限制出发，在择优机制的作用下产生。这种差异的存在恰恰体现了南洋华人在文化选择和实践中的自主性。

二、节庆日的同步

南洋华人除了通过保持汉字崇拜传统以及积极推行华文教育来保持跟中国的同步外，他们在节庆日的庆贺上也跟中国保持同步。节日具有明显的仪式性质。节日既有国家层面带有明显的政治色彩的节日，也有体现民间传统习惯的，但无论哪种都具有表演性质。节日既是群体用以识别和区分我者和他者的一种文化符号和仪式，有时也是用来展示群体自我，甚至也是借此融合他者的一个平台。那么，晚清民初的南洋华人热衷于什么样的节日呢？

南洋华人首先是过中国官方的节日。清末时，慈禧太后的生日或其他重要的节日对南洋华人而言也是重要的。领事馆尤其会利用这样的时机，集合南洋的巨贾假领事馆或当地的俱乐部募捐、庆贺。一些由维新党（保皇党）势力渗入的华文学校也会举办庆贺，但是这样的庆贺规模一般并不是南洋华人全民参与。[1]

到了民国时期，国家的节日倒是被普遍地接受并且得到宣扬。这

[1] Lee Ting Hui, *Chinese Schools in British Malaya : Policies and Politics*, p.14.

一方面跟革命党人在南洋的势力发展和宣传力度有关，另一方面也表明南洋人愿意接受一个有国号的政府，不管是清朝还是民国。因为国家的朝代更替与国土的长久存在是两个概念。只要国家没有灭亡，那么在政治上南洋华人是随时可以将之作为靠山，或者将之作为与南洋殖民地政府对抗和对话的砝码。因此，当侯鸿鉴1920年10月10日到达吉隆坡，参观吉隆坡华侨公立尊孔学校[1]时发现了这样的一幕场景就不足为奇了：该校当日布置开会庆祝而其他“各校皆停课，商家皆悬五色国旗，表示庆祝之意”。身在海外仍然过国庆纪念日并且满目国旗炫耀使侯鸿鉴精神愉快。[2]南洋华人普遍地庆祝双十节已经形成了一种传统，根据招观海的观察，他在南洋过了三次双十节，一次在新加坡，一次在吉隆坡，还有一次在爪哇吧城。而吉隆坡的双十节灯会的盛况让招观海认为南洋华侨比较国内之人，为更热烈爱国。1928年，吉隆坡华人庆祝双十节的盛况被如此记录：

> 爱国运动是南洋侨胞所一直努力的，所以未事之先，早已定双十节为公共假期，不特华人之生意为然，即西人之公司亦未尝例外。届时家家户户张灯结彩，布置装潢，更争奇竞巧，一若非此不足以表现其爱国之热心者。提灯会过处，约需二小时，士农工商各界，无不踊跃参加，尤以女子体育会之部分为最有可观。标语乃早经委员会审定者，故只有“三民”、“五权”、“国庆”、“统一”、“精神不死”等标语，无过激者。吉隆坡侨民办事，又素有秩序，所以政府对之，除禁舞狮子等外，并无何等限制。（新加

[1] 根据侯鸿鉴在《南洋旅行记》卷二，页23—24中记载，此校是清光绪三十三年四月建校，由南洋富甲一方的陆佑（陆弼臣）首捐三万元组织开始。民国五年侯鸿鉴的故友宋木林担任校长。

[2] 同上书，页24。

坡无此特别权力，盖鉴于民国十六年三月新加坡华侨举行孙中山先生逝世二周纪念会，到会者千余人，英国政府派军警干涉，结果华侨被枪杀者六人，伤者十余人，之往事也。）巡行装饰以中山先生大像一幅为最迫真，面色如生，两目闪闪有光，上题“精神不死”，后闻是某戏院之作，此次巡行，参加民众不下万余，领队者为叶宝清君。[1]

从招观海的描写，不难看出几个事实：20世纪20年代国民党在南洋地区发展的势头很猛，虽然屡遭各殖民国的压制，但仍以不公开的形式遍布于南洋的书报社、华校和华文报社。[2]其发展已经以压倒性的胜利将晚清和20世纪10年代的保皇党、维新党等的影响降到最低；而革命党人将革命意识和新的国家意识通过中国新的节庆日仪式，灌输给南洋的华人，进一步在民众中普及了革命的思想；而南洋华人也乐于迎合这种国家意识。这种现象在槟城也同样存在。[3]

但是，如果就此认定南洋华人一心爱中国，更就此断言，南洋华人在东南亚各国独立前都是效忠中国的，[4]就忽略了南洋华人与其他压力集团之间的对话和妥协的事实，不能深入认识南洋华人的本土性主体特色，因而，结论也就显得不那么客观。根据招观海的记载，南洋的华人也庆祝当地土著马来苏丹的生日，场面一样热闹、欢庆。如，1928年9月11日是雪兰莪老苏丹生日，参加生日庆典的华人是吉隆坡的华人代表，他们带着礼物和礼帖前往位于吉冷（巴生）的王宫赴苏丹的

[1] 招观海：《天南游记》，页64。

[2] 许瀚：《南洋丛谈》，页46—48。

[3] 同上书，页101中就提到除国历元旦及双十节国庆纪念均张灯结彩悬旗志庆。

[4] 崔贵强：《新加坡华人——从开埠到建国》，页293。

茶会。整个吉冷埠随处贴满长联横额，都是华侨恭颂苏丹的。[1] 对于殖民地统治者如维多利亚女王的诞辰庆典，南洋华人一样庆祝恭颂。因此，不能说南洋华人庆祝中国的国家节日就表明他们效忠于中国。事实上南洋华人对于移出国、移入国、殖民统治国这些能够施加政治影响，从而影响他们的生存和发展的压力集团，都会表达一种顺从、配合的意愿。然而，对移出国的顺从和配合显然比对其他两个压力集团多了几分文化认同和亲情维系的因素，而这让殖民地政府感到一种认同的危机，因此从 1920 年学校注册法令的颁布开始，他们对华人的学校、会馆、节庆日、教材、新闻媒体等各个方面都开始加强审查，逐步收紧国民党在南洋的发展，开始抑制中国国家意识和革命意识在南洋的蔓延。比如：招观海就了解到（英殖民地）政府限制华校之最要点在不准宣传政治，倘若教科书有关于诋毁政府之处，则要责成校长开除。[2]

南洋华人除了表示认同国家意识的节日会集体参与以外，更注重跟族群传统文化和宗教信仰有关的中国节日。华人新年春节是当仁不让的一个热闹而重要的节日。招观海在南洋旅行到缅甸时恰逢华人的农历新年。他目睹了南洋华人过新年的过程，并将华人到处悬挂青天白日旗，从除夕到正月初九每天绵延不绝地放鞭炮、游街等庆祝的景象记录下来。元旦到正月初三，居留地政府也特别恩准华人大赌三日。这让招观海发出这样的感慨：海外华侨去国虽远，但奉行旧习，则比之国内尤为严谨。[3]

此外，以祖先崇拜和宗教信仰为目的的华人节日在南洋也被保持得很好，而且这些传统节日的仪式跟中国的还略有不同——被南洋

[1] 招观海:《天南游记》，页 72。

[2] 同上书，页 18。

[3] 同上书，页 100。

华人办得比中国还要热闹。这再次让旅行者感到一种来自文化内部差异性的震惊。梁绍文就在南洋感受到南洋华人对农历七月盂兰节的注重以及仪式的差异性。南洋华人从农历七月开始就进入了节日而中国则是在七月中旬，南洋华人在这个月除了跟中国的习俗一样烧衣焚纸钱外，也随街打天醮，而这种做法在中国已经非常少见了。南洋华人打天醮是在街头巷尾搭一座小小的戏台，请一班潮州艺人来接连演唱三日，一切的和尚道士都以戏子来代替了。街坊邻里大家集合些经费，买一大批纸钱纸衣之类，找一所空旷地方焚化，那就算了。说起来很简单，但看起来，真是热闹非凡。因为同时同地的几十条街，轮着搭棚演戏，连续不断的一个月内都有热闹。这真是一个非常狂热的节日。[1]

根据许瀚在游记中的记录，我们可以看出南洋华人对节日之重视。“槟榔屿华侨之习俗，因其地开辟较早，华侨居留年代较长，故一部分已如前章所述与马来人同化，另一部分则仍牢守中国古代遗俗……清明节仍扫墓祭祖等较有意义外，其余节期，一律均照废历，祷神祭鬼，煞有介事。”[2]作者列举了槟榔屿华人过的几种节日：正月初一——废历元旦、正月初九、正月十五、二月十九、六月十九、九月十九、七月七、七月十五 。[3]从以上两则记录我们能够勾勒出南洋民间对于华族宗教崇拜的狂热，而这种崇拜狂热正如论文述及槟城极乐寺的研究中所论，是基于一种离乡背井的草根移民对于未知的社会环境和未来的一种恐惧，基于一种对于安全感的渴求，而这些又同时基于一种生存的压力。因此，故乡熟悉的宗教崇拜不仅被毫无保留地移植到南洋，而且各地民众相互学习，将各地的民间崇拜融合在一起。

[1] 梁绍文：《南洋旅行漫记》，页269，270。

[2] 许瀚：《南洋丛谈》，页101。

[3] 同上书，页101，102。

许瀚的叙述，也显示出作者经过中国近现代革命的洗礼，对于一些跟宗教信仰有关的民间习俗颇不以为然，然而这恰恰是南洋人拼命保持的。随着 1911 年辛亥革命、1919 年“五四”新文化运动的发生，中国的知识阶层或者城市生活方式中，基于民间的宗教信仰体系以及中国传统文化都遭到了不同程度的怀疑和反动甚至推翻，因此中国南来的知识分子对于南洋地区华人仍然保持这些在大陆被视为“封建的”、“落后的”的节日庆贺的习惯，颇不以为然，甚至鄙视。而南洋虽然有众多国民党人云集，但并没有政府行为对华人原有的文化进行主导，这使得南洋华人民间崇拜文化处在一种相对自由、自然的整合和发展中。而这恰恰证明了近现代南洋华人文化跟近现代中国的文化相比，有其自身的鲜明特征。

第二节　南洋华人文化与本土文化：相互调适的文化适应

前一节从土生华人这个对中华文化在时空上最为疏离的中华文化边缘群体进入，找出土生华人如何以及在什么样的层面上保持与中华文化的同质性，能够找出中华文化认同的核心和坚硬部分。

这一节谈南洋华人与中华文化异质或者说与在地文化的同质。本文将从与中华文化认同最为强烈的新客群体进入，看他们是如何以及在哪些方面开始异质化。从而找出文化圈中最易跨越的界线，以与最不易跨越的界线进行对照。

毫无疑问，华人移民在保持中华文化核心要素的同时，他们也逐渐地在很多层面上与所在地文化越来越紧密地融合起来。如果说，南洋华人保持的中华文化主要集中在精神领域，如国家意识、文字、文学艺术、宗教信仰、伦理价值观等方面，并将此落实在日常生活的实践中，将之符号化的话，那么他们的文化本土化，则更多地落实在物质层面，基本的生活习惯上，而这种生活习惯或者风俗的形成背后也蕴含着更深层面的政治以及集体记忆方面的原因。以下，将根据各游记文本中提及最多的两个方面来谈这种本土化（本论文认为称之为“文化更新”更为确切）的特点和形成的原因。

一、冲凉与文化更新

自然环境对旅行者意味着什么？集体记忆对移民的文化建构又意味着什么？华人移民是如何以原有的文化体系解释新的文化因素，从而让其因为合乎原有体系而得以进入，并从而形成文化的自我更新？让我们从南洋的气候和南洋人的生活习惯中一个重要得近乎仪式的生活方式——冲凉，进入分析。

南洋旅行者在出发前已经通过各种资料预知了南洋的气候，他们在行李中对服装部分作了充分的准备。然而，他们无法在生活习惯上预测到他们一到南洋就接触到的一个生活习俗——冲凉带给他们的冲击。20 世纪初，曹鼎钟到南洋后，发现南洋此地四时皆是夏，一雨便成秋。一日宜沐凉水三四次，人便快爽，否则多病。[1]

这种生活习惯引起了旅行者强烈的兴趣，他们试图从学理上对这一习惯进行溯源性的认识，如刘仁航在游记中对“冲凉”一词的来源进行探讨，对这种日常生活方式进行了追根溯源式的解释和定义：“此地生活每人皆须‘冲凉’。‘冲凉’本广东语，即谓洗澡也。但至南洋则真为冲凉而非洗澡。冲者以凉水从头或臂冲下。……初到此地日须冲五六次。”[2]

[1] 曹鼎钟：《曹少将南洋游览记》，页 11。

[2] 刘仁航：《南洋游记》，页 37。

冲凉习惯形成的原因一方面看起来并不复杂，所有游南洋的旅客都知道这源自于南洋的气候。“南洋气热不适客人。其生于此者则不虑，其抵抗热之唯一要事即在借水之冷度以减身上之热度。”[1]而当地的南洋华人也会积极向前来南洋的游人朋友介绍这一生活习俗。比如新加坡的黄曼士就将这种风俗形成的原因及效用向郑子健认真地作了介绍：“南洋群岛，地热水寒，天气虽甚爽快，而皮肤总觉翳热，且南洋流行病症，多是热病，最宜早起冲凉一次，午后一次，晚间又一次，醍醐灌顶，冷水浇背，乐不可言，幸勿忽之！”[2]从这样的记载看来，这个习俗似乎纯属适应本土的地理环境而作出的行为上的反应，属于人对自然环境的本能反应。

冲凉是南洋当地土著的生活习俗。Antony Reid 在其著作 *Southeast Asia in the Age of Commerce 1450-1680*[3]一书中就特别记载了南洋马来人的这一生活习俗。华人移民来到南洋跟当地人学习如何适应自然环境，而冲凉则是保证“健康”的一种有效的方法。

值得关注的是，对南洋华人而言，“冲凉”跟“健康”联系起来，不止于自然环境的解释，它还跟移民记忆以及殖民压迫有着很深的渊源。

中国移民来到南洋大都先到新加坡。自1874年起，英国殖民政府在新加坡离岛淇漳山（圣约翰岛）设立检疫所，所有入境或者过境新加坡的移民或者旅客，如果患上或者被怀疑患上传染病，都会被送

[1] 刘仁航：《南洋游记》，页42。

[2] 郑子健：《南洋三月记》，页22。

[3] Antony Reid, *Southeast Asia in the Age of Commerce 1450-1680*, New Haven : Yale University Press, 1988-1993, Vol.1, pp.50-51.

到那里进行健康检验。[1]

从20世纪初开始，随着来南洋的华人移民人数的暴增，淇漳山的健康检疫给移民或者过客留下的不仅仅是印象深刻的个人记忆，更形成了一种集体记忆。根据黄贤强的研究[2]，这样的集体记忆主要体现在几个方面：一是裸体检验带来的屈辱感；二是妇女遭到性侵的伤害感；三是非华人差役给受检验者带来的恐惧和不满；四是检验站环境恶劣，检验方式有苛刻侮辱之实。在这些记忆中，有一个细节屡被提及，从而形成一个"共同的记忆，那就是遭到消毒药水洗涤的待遇"[3]。这个被冲消毒水的移民记忆几乎是每一个被送去检疫站的移民都经历的。而这样的"冲凉"经历和方式，一方面跟殖民政府赋予移民健康与卫生概念的认识紧密相连，另一方面因为其方式的粗暴而激起移民对殖民政府的不满和反抗情绪。

因此，我们一方面认为，"冲凉"是华人为适应自然环境而学习当地马来族群生活方式，进行自我行为调试的自然反应；另一方面，对南洋华人而言"冲凉"是一种带有被殖民、被侮辱记忆深刻的"健康方式"。

那么，华人移民如何处理带有这种集体记忆的"冲凉"的健康生活方式呢？首先，他们以适应自然天气环境的理由接受了这种方式，跟土著学习这种生活方式；甚至在实践上更为严厉：每日都冲五六

[1] Lee Yong Kiat, *The Medical History of Early Singapore*, Tokyo : Southeast Asian Medical Information Center,1978, pp.299-300. 转引自黄贤强《移民、检疫、殖民社会：英国殖民政府、中国总领事和新加坡华人》，见夏诚华编:《新世纪的海外华人变貌》，台湾新竹市：玄奘大学海外华人研究中心，2009年5月，页328。

[2] 黄贤强:《移民、检疫、殖民社会：英国殖民政府、中国总领事和新加坡华人》。

[3] 同上书，页336。这个共同记忆被多种文本证实:《叻报》1930年3月27日;《叻报》1932年1月18日;《黄奕欢口述历史》，新加坡国家档案馆;《黄二甲口述历史》，新加坡国家档案馆。

次。然后，华人使用中医的理论阐释，进一步将这种生活方式合理化以及赋予其华人式的“健康化”。比如郑子健就在其游记中记录了他初到南洋时因为水土不惯，而头晕目眩，伤风发热，最后依此习惯进行“治疗”的过程就很能阐释这种本土文化对人们的影响。他生病之初，“闻此间习惯，水能医病，勉强冲凉，冷水浇淋，似较舒适”[1]。这样的经历使他相信了这种本土经验，而且在自己的实验中反复验证这种经验意识，并以自己的经验为这种南洋华人的文化特性作出更为详细的注脚。比如他在南洋生病期间，不仅非常注重冲凉的习惯，还特别注意与冲凉相关的一些看起来非常“科学合理”的禁忌。“余日冲二三次……人有病者亦停止冲凉。余初仍以老式洗澡法。人告以切不可。冲者将热气冲去，再加摩擦，若到冷水中浸洗则反有病。余受其警戒，不敢不遵其土风矣。近余脚有湿气，……各友人纷纷赠药……然此后承友人劝告，于冲凉时应拭干脚趾缝以免于水湿，又每中食决食面包矣，遂以为常良也。[2]郑子健这种得小恙——依据本地移民形成的文化习俗进行自我治疗的过程也解释了这种本土文化在当地华人社群的成型和成熟。

某种生活方式，一旦形成了某种行为规范或者成为一种约定俗成的习惯，并在日常生活中不断被实践，那么，这种生活方式就可能形成某种划分人群界线、约束人群行为的文化要素的特征。一旦如此，基于当地自然环境而产生的所谓“本土文化”就形成了。在南洋，很显然，当近现代的南洋旅行者一入本地即受到此一文化深刻的刺激。而这种生活习惯之所以成为某种文化，还因为在这种行为背后蕴藏了南洋华人关于“健康”、“卫生”这些现代观念的认识，包含

[1] 郑子健:《南洋三月记》，页22。

[2] 刘仁航:《南洋游记》，页37。

着他们基于自然环境和生活经验以及中国传统医学体系（而非西方自然科学如医学研究）提炼出的关于疾病防治、治疗的知识，而这逐步地从日常行为习惯到知识架构几个方面建构了南洋华人文化的一个重要部分。南洋华人的这种基于自然环境形成的文化特色直接影响了旅行者在南洋的生活习惯，他们通过学习和实践这种本土化习惯以及通过书写，将这种南洋华人更新后的文化意识传播出去。

冲凉的习惯由于南洋天气炎热，人们为了生存必须适应自然环境而形成，并进一步由殖民地生活经验上升为一种疾病防治的方法。这里面既有科学的成分，又包含了一定的神话成分，还包含着对殖民政策的反抗性接纳，这些都体现了南洋华人独特的认识自然、社会，根据自然环境和政府政策策略性地建构社会生活习惯的特点。而这种生活习俗更是影响着当地的房屋以及市容建设，成为构成当地文化的一个重要部分。比如邬翰芳在菲律宾考察时，就意识到因为天气热的缘故，每天总要洗一两次澡。几个市政完备的岛里，如马尼拉、宿务等处，都已装设自来水管。中人之家，每家均有洗澡房。没有装自来水的人家，都跑到海边、河边、井边去洗。[1]从这份记录中，我们可以看到在哪里洗澡，有没有洗澡设施在南洋已经具备区分城市等级、社会等级的作用。“有钱的人，家里有自来水，早晚都可以在家里洗澡。”[2]可见，冲凉（洗澡）已经从个人对自然环境的适应转变为一种具有区分人群边界的社会文化符号。

[1] 邬翰芳：《菲律宾考察记》，页77。

[2] 罗井花：《南洋旅行记》，页60。

二、服装与文化更新

如果说基于生存的原因，华人迁徙者自然吸收本土化文化要素是南洋华人文化建构中的一种文化“添加”的形式的话，自然环境又会对南洋华人原有的文化要素进行怎样的改变呢？南洋华人的穿衣习俗显然能够很好地解答这个问题。

中国一向自诩为“衣冠上国，礼仪之邦”。在体现中国文化行为规范的典籍如《周礼》、《仪礼》和《礼记》中，服饰文化观念与着装的惯制往往是核心内容之一。服饰作为礼治的重心，在中国漫长的历史发展阶段成为经国治世的重要方略。中国古代服饰礼仪不仅体现社会等级尊卑，具有重要的社会政治功能，而且成为标明社会角色和特定身份必不可少的包装与标志，甚至承载了中华伦理教化的价值观。可以说，根据中国传统礼仪文化的判断标准，一个族群形象的确立，在不同程度和不同侧重面上依托服饰礼仪。而服饰构成的整体着装风格不断积淀，形成一种认知与文化传统。

正因为服饰代表着一种礼仪，区分着社会等级，规定着政治功能，常常在体现国家意识的史书、礼仪之书中出现，因此中国旅行者对南洋华人进行服饰的观察、关注显然体现一种基于族群文化传统的文化认同。比如许瀚就特别注意史料中对南洋华人服饰以及背后体现的文化认同的记载。“清季外交史料七十四载：‘华人开采锡矿者十余万人，富至百万者数人，服饰礼仪，一如故乡。’”[1] 透过许瀚的记录，我们可以发现清季外交史料这种体现国家意识的文件中对南洋华人服饰的重视，官员甚至依据南洋华人的着装习惯来确认华人对族群，准确地说是对朝廷的认同程度，这足以证明南洋华人的穿着背后所承载的丰

[1] 许瀚:《南洋丛谈》，页41。

富内涵。正因为此，晚清民初的旅行者对南洋华人的服装风格观察得非常仔细，并且对此发表的议论也很值得研究。

让我们首先辨析一下许瀚游记中所引的清史料中关于南洋华人的服饰描写是否真实。我们先来考察一下南洋华人普遍的日常服饰习惯。首先，南洋人衣服颜色尚白。曹鼎钟发现南洋华人衣服尚白，斜纹，人人多着，以其白色可抵抗阳光以减热度也。[1]关于这点，邬翰芳1925年到菲律宾考察时也发现“热带里宜于白色，所以穿白色的斜纹布居多”[2]。南洋人服饰尚白色显然跟他们养成冲凉习惯的原因一样，是基于酷热的热带气候。

不仅尚白，他们的服饰也本着风凉的原则，向本土服饰习惯融合。“华侨风俗习惯，虽然保存国粹不少，但其与马来土人同化之处实多，如马来土人不喜穿裤，仅围纱布，妇女所围，上自乳部，下至足部，男人则及腰而止，因为热带气候太热，围此则较穿裤风凉，故华侨亦争效之。华妇之着马来装者，极为摩登之能事，头挽高髻，两耳戴环，颈围项圈，足着脚镯，富者系用金银制成，或尚镶以宝石，贫者则以铜锡代之。”[3]从这些记载来看，南洋华人的日常服饰事实上并没有清史材料中所述在在体现了南洋华人着华人服装，认同于中国，而是因为气候原因开始本土化。

除此外，南洋华人与当地族群通婚这一社会文化行为也从社会习俗方面影响了南洋华人的着装习惯。南洋华人之所以与马来妇女通婚有其深层次的原因。最重要一点为，在南方诸省中女性出洋人口不多，崔贵强认为主要有这么几个原因导致19世纪华人女性很少到南

[1] 曹鼎钟:《曹少将南洋游览记》，页11。

[2] 邬翰芳:《菲律宾考察记》，页76。

[3] 许瀚:《南洋丛谈》，页101。

洋：一是清政府的严加限制，以免受奸人诱骗拐卖；二是早期移民很穷，没有经济能力携眷前往南洋；三是南洋的苦力活不是女性能够胜任的工作；四是男主外、女主内是旧中国家庭模式。[1] 19 世纪女性移民占到所有移民总数的百分比极低。据统计，从 1878 年到 1901 年间，所占比例最高的为 1897 年的 6.54%。[2] 而其中官府严禁女性出洋的重要原因是到南洋的华人女性常常被拐骗或者贩卖为娼妓。当时南洋有些私会党有完密的组织进行人口贩卖，他们有负责人在中国各地招募或诱骗妇女，然后运送到南洋，再转卖到各地的妓院。[3] 不过，南部中国的女性出口到南洋以卖淫为生的基本上是广东人，琼州海南则乡禁很严。“凡在外洋谋活者，概不得挈眷出口。”[4]而福建一带也施行相较广东更为严格的妇女出洋条例。不仅在中国内地由政府出面下达行政法令禁止海南、福建一带妇女出洋，而且南洋的殖民政府也因为私会党拐卖妇女猖獗、女性移民的卖淫问题严重而颁布了一系列的法令，对女性移民实行严格的检查和管理制度。因为去南洋各地的女性首先在新加坡登陆，所以海峡殖民地对女性移民的管理法令对整个南洋的女性移民都具有相当程度的有效性。1870 年，海峡殖民地颁布了传染病法令，虽然这法令收效不大，却表明了殖民政府开始关注女性移民当娼妓的社会现象。1878 年在毕麒麟的主导下，海峡殖民地设立了保

[1] 崔贵强：《新加坡华人——从开埠到建国》，新加坡：宗乡会馆联合总会，1994，页 21。

[2] 根据 Lim Joo Hock：“Chinese Female Immigration into the Straits Settlements, 1860-1901”，载《南洋学报》，1967 年，第 22 卷第 1、2 期，页 99。

[3] 黄贤强：《槟城的娼妓与华人社会》，见黄贤强：《跨域史学：近代中国与南洋华人研究的新视野》，厦门：厦门大学出版社，2008，页 121。

[4]《严申厉禁》，载《槟城新报》，1896 年 8 月 15 日。转引自黄贤强：《跨域史学：近代中国与南洋华人研究的新视野》，页 121。

良局，并在其后逐渐推出了一系列“保护妇女儿童法令”。1927年英国殖民部成立一个调查组，决心压制南洋的卖淫业。1930年正式立法取缔公娼制度。唯其可惜的是公娼虽禁，私娼却又层出不穷。[1]除了中国和南洋两地的政府行为对女性移民起到一定的控制作用，南洋的民众中也自然以祖籍地为限，出现一些排斥祖籍地妇女前往南洋的民风。[2]尤以海南人为甚，这种情形一直延续到民国初。黄强就在其游记中记录了这一独特的移民现象：

> 民国六七年间，郭君（巨川）有戚携一妇人来马六甲，为同乡（注：此处为琼州海南人）侦知，大肆纷扰。其戚携妇逃入郭君所设之巨隆店内，乡人仍以瓦煲盛粪汁抛至店内。店伴闭门以避之。现巨隆店门楣上犹留遗迹。[3]

这种在南洋的同乡排斥家乡女性出洋的极端风气在马六甲最盛。以至于1878—1889年间，马六甲总共才来了322名女性移民，而1890—1901这十多年间，马六甲只来了3位女性移民，大大少于新加坡和槟城。[4]

马六甲的海南同乡之间为了保护自身在男权社会的社会声望而以极端方式排斥以正当身份来南洋的女性的情形直到1920年（民国九年）方才得到改变。当时，郭巨川携其夫人南渡，制造了浩大的声势，

[1] 崔贵强：《新加坡华人——从开埠到建国》，页121—122。

[2] 黄强：《马来鸿雪录》，页55。

[3] 同上。

[4] 根据Lim Joo Hock："Chinese Female Immigration into the Straits Settlements, 1860-1901"，载《南洋学报》，1967年，第22卷第1、2期，页99。

不仅请华民政务司派警保护，而且赴琼州会馆欢迎会，加上众亲友迎接，一时之间使得有经济能力者携妇来南洋成为一种提高社会声望的时尚。[1]自此，南洋海南华人排斥华妇进入南洋的现象才稍告缓解。

长期的女性出洋管制使得南洋社会华人男女比例长期以来严重失调。在传宗接代的压力和基本人权受到严重影响的情况下，华人迫于生存的压力与南洋的非华族妇女通婚。华人与当地妇女通婚的情况在南洋并不少见。许瀚就统计了荷属东印度的华人与土妇同居的情况。“兹经调查，全荷印所有之土妇，与我侨胞同居者之数目，总数为一万零七百余人……按荷印土妇总数比较：一百个土妇，即有二个以上的土妇是嫁华人。”[2]

因为通婚，再加上自然环境的影响，南洋华人日常服饰的本土化逐渐形成一种现实。然而，为何清廷的外交记录中会出现南洋华人着装与故乡相同的结论呢？就服饰角度而言，南洋华人如果在日常生活中开始转变自己原有的文化习惯，那么，他们会在什么情况下保持跟故乡一致的习俗？而这又体现了南洋华人怎样的一种认同特点？首先，南洋华人确实有坚持一如故乡的服饰礼仪者。在本论文述及极乐寺里南洋华人的雕塑时，特别指出了其服饰在表明社会地位和文化认同方面的功能，而最能体现这一着衣传统的事例一般都发生在晚清时期，而且集中在具有特别隆重意义的场合。比如领事馆为前往欧美路经新加坡的清廷的达官贵人接风洗尘时，为慈禧太后以及清廷皇帝办各种纪念活动时，接待到南洋巡视的北洋舰队时，都会邀请当地华人社群中的非富即贵者相聚，此刻，南洋当地的华人富贵者都隆重地穿着清廷的官服以表示跟清廷的文化同质性。

[1] 黄强:《马来鸿雪录》，页55—56。

[2] 许瀚:《南洋丛谈》，页207—208。

然而，当清廷被民国取代，民国在服饰和发型上对前朝的传统进行了彻底的颠覆，可以说，传统的族群服饰文化几乎被完全弃置，在社会、政权和文化权力拥有者的男性社会中，取代中国传统服饰的不是西式服装就是所谓的“中山装”。乃至这些民国时期来自中国的旅行者的游记中无不留下这样的有趣照片：中国旅行者大都着西装留影。这样的服饰变化对南洋华人意味着什么？当然不能排除接受了殖民体系高等教育的土生华人，或者因为生意而跟殖民政府关系密切之土生华人在服饰上追随西方着西装的部分史实，但我们也必须注意到另外一种有趣而又富含深意的现象。招观海在游记中详细记录了一位“终生不穿异服的李遐养”。这个典型案例能有效说明近代与现代的更替中，南洋华人通过服装表现的对祖籍国发生了巨大变化的文化产生的认同混乱，以及身穿附着着强烈族群文化因素的服饰之南洋华人，在南洋这个充满本土族群和西方殖民者之地，不时摆出的一种文化姿态。

> 李君遐养，广东之台山人，自幼来缅（一说是土生），曾留英学法学，回缅后，除当律师外，历任缅甸英政府下要官，现当农林部长。学问虽多欧化，习尚虽多缅化，但生平只穿中国衣服，遇大庆典时，更穿中国前清袍服。一次有人告之以红缨帽是前清异族之遗臭，民国改建，无用之者，他遂脱帽而去其顶。人又告之以去顶存帽，乃广州堂倌之所为，他于是又去其帽。看他一种彷徨无主之举动，虽属可笑，但已足以见其爱国之诚也。[1]

从这段叙述中，我们可以发现一个看起来矛盾的现象：一个接受

[1] 招观海：《天南游记》，页95。

殖民教育并最终在殖民体系中上升为管理者的南洋华人，在着装上却如此执著地固守华人的服饰礼仪。而这种执著在全新的现代中国的服饰礼仪视野下早已失去了它的认同价值，这造成了南洋华人的文化认同的混乱。而处在新旧交替中的中国的旅行者显然也还不能意识到文化认同与国籍认同之间的区别，而将这归为“爱国之诚”。但是，很显然，接下来招观海与李遐养的对话，迅速让招观海陷入了一种认知的矛盾中。这个中国的“化外之民”似乎完全不忠于中国。

> 李君又最怕中国内地之官吏，有劝其回国任事，他便以“怕杀头”对。著者与李君初见面时，曾问以“华人在缅甸之政治地位”，但他答著者谓：“我现任缅甸九个要职，所以未能自由发表政见。”[1]
>
> 李君识中文，又能识中国戏，当李华林君设宴庆贺待明康君得爵士之夕，著者与李君并肩看《三国演义》，谈及戏文，津津有味……[2]

从这段记录中，我们可以清楚地看出这个穿戴前清服饰、识中文、看中国戏的缅甸华人在政治上是完全认同缅甸的殖民政府的，这一点让中国旅行者感觉吃惊。而南洋华人文化认同以及政治认同的不对等甚至是相互对立或者南辕北辙的特征在李遐养的身上体现得最为典型和极端。

这种文化认同的矛盾不仅体现在个体身上，也体现在华人社群内部。华人社群内部对文化的认同的矛盾尤其通过服饰发型等表现出来。比如，《叻报》1898 年 2 月 1 日的文章《纪论割辫可骇事》一文论述道：

[1] 招观海：《天南游记》，页 95。

[2] 同上。

“本埠生长之华人暗行约集党类议于岁除之日，各将辫发割去以示不服大清之意。”这一方面表达了发型跟服饰一样表达一种文化的认同，同时，更表达了土生华人已经开始疏离中国，而这些人更进一步表示要仿照西人的发型和服饰。文章评论该现象，认为：“吾辈华人，其装饰已数百年相沿如是，今一旦将辫割去则华不华、西不西，尚复似何景象。”此文揭示了清末在叻地的土生华人已经开始以西化的方式表达对族群认同的一种不满和反动，而叻地华人社群对这种有伤雅化不中不西之举更有挞伐之声。这也体现了华人族群内部对族群文化认同和国家认同南辕北辙的矛盾甚至冲突，而这种冲突本身体现了文化边缘的土生华人挣脱文化圈的努力以及其他华人对此种挣脱表达文化惩罚的一种文化圈机制。当南洋地区的华文学校、英文学校越来越多时，面临再华化以及殖民教育的土生华人群体内部观点的分裂以及与新客华人之间产生的文化认同矛盾就越来越多，越来越明显。

这种矛盾的典型性充分说明了南洋华人（尤其是在文化界限前沿的、为殖民政府服务的华人人群）早已在各种矛盾冲突中认识到文化的认同不同于政治认同的问题，他们自觉或者不自觉地通过各种不同层面的参与和文化实践来表达这种多元的身份认同。他们通过自己参与殖民体系的建构和建设来表达自己与殖民者的政治认同，通过服饰、家庭布置表达对自我族群的文化认同。这种现象充分体现了南洋华人面对本土族群以及殖民体系时面临一种确立相应的合适的文化身份以便找到相对平等的文化对话平台的迫切需要。

三、食物与文化更新

南洋与中国在自然环境（包括地理、气候等方面）的差异，除了导致南洋华人在添加了“冲凉”这一本地文化要素的同时，也使得华人原有的服饰文化发生了变异，并且对南洋华人移民的饮食习惯也产生重要的影响。另外，通婚这一重要的改变华人家庭结构的社会行为以及当地社会风尚甚至当时的交通情况，都对居于南洋者产生重要的影响及约束，这些都使得南洋的华人移民在饮食习惯上发生重要的改变。如许瀚所录："马来土人就食，恒在门外檐下，用芭蕉叶分盛饭菜，食前将手洗净，以便抓食，食毕又再洗手，殊较用箸便当，又马来土人喜食辣椒，几乎无辣即不吃饭，谓食辣椒可以免除热带潮湿所生之脚气病云。其次，马来土人对于咖喱与咖啡亦均嗜食，遇菜既必放咖喱，而早午晚各次之点心，或客来之款待，更非咖啡不可，至于视奇臭如粪之榴莲如命，则尤其于事，凡侨居南洋稍久之华侨，其不受此同化者几希矣。"[1] 而家中饮食"马来化"情形大都发生在有"番婆"的华巫通婚家庭中，其特点是烹饪必用辣椒、咖喱、黄姜之调味料。[2]

饮食习惯的改变，意味着消费习惯、经济模式甚至家庭分工以及文化呈现的改变。南洋的华人移民社群从南部中国的亚热带地区移居至赤道地区，饮食习惯也遵循着文化涵化的规律发生了一些改变。与此同时，这样的改变并不是整体的、完整的或者一次性的变化，而是有层次的、有所保留的并且在马来化和再华化之间游移的一种变化。接下来将以南洋的一种最常见、又最富南洋本土特色的水果榴莲为例，来分析南洋华人移民是如何以及为何能够建立起一种游移在本土与祖籍国之间的独特南洋移民文化符号的。

榴莲是东南亚的一种常见水果。其外形和气味以及功效都非常特别，虽然贵为"果中之王"却只风行于南洋的街头巷尾，堪称极具草根性的"果中之王"。对榴莲的华文记载早在明朝就出现了。马欢在《瀛

[1] 许瀚：《南洋丛谈》，页101。

[2] 郑子健：《南洋三月记》，页105。

涯胜览》中记载道：有一等夏叶番名赌尔乌，如中国水鸡头样，长八九寸，皮生尖刺，熟则五六瓣裂开，若烂牛肉之臭。有栗子大，酥白，肉十四五块，甚甜美，可食，中有子炒而食之，其味如栗。[1]这里的“赌尔乌”根据冯承钧的研究和校注，认为它是“马来语 durian 之对音”[2]。而与马欢同时期的费信在《星槎胜揽》中提及一种水果，据其描写似乎是榴莲，但作者并没有指出水果的名称。清朝乾隆时期王大海曾泛游南洋爪哇，并且在南洋侨居多年后返回中国，其游记《海国逸志》对榴莲的外形和气味进行了描写，但由于其书印刷流行都在小范围中，榴莲这种水果并没有引起像清末中国人的书写中那样的关注。另一方面，由于当时前往南洋地区的华人很少，且大都务工或从商，因此，这时期南洋华人对南洋生活的书面记录几乎不可见。

19 世纪中期，大量的华人涌入南洋或做生意，或出卖苦力，或参观旅行，从而使这种在南洋受寻常百姓喜爱的水果榴莲开始频繁地出现在南洋书写中。

清朝乾隆年间王大海在《海岛逸志》说：“流连树如羊桃，实大如柚，剖之，肉颗颗如鸡蛋，色白如核，其香浓浊不堪，妇人嗜之，华人且掩鼻而过焉。”[3]在南洋各地游历的王大海对南洋的民间生活很熟悉，因此榴莲的色香味也就出现在他的文中，不过显然，王大海不喜欢榴莲的味道。至于此，书写者仍然只注重在榴莲的自然属性的描写，并没有涉及其符号化特征。

郑子健在其 1933 年出版的《南洋三月记》中专门用一节来叙写热

[1] 马欢：《瀛涯胜览》，上海：商务印书馆，1937，页 41。

[2] 疑是赌尔焉之误，唯诸本并作乌，其误或始于马欢书之原刻本，后检国朝典故本实作赌尔焉。冯承钧：《瀛涯胜览校注》，北京：中华书局，1955，页 29。

[3] 王大海：《海岛逸志》，见王锡祺编：《小方壶斋舆地丛钞 14》，页 8475。

带之水果。其中第一种被提及的水果即为榴莲。开首就说："榴莲，为星岛最著名之果品。"显示出榴莲给与他者的形象盖过了其他的水果。究其原因则为其带刺的外形和浓郁的气味。"壳外密排齿状硬刺"，"初嗅之，觉甚臭，习惯后，又觉其味甘美适口，土人及华侨无不嗜之。"[1]

上文中揭示了南洋华人跟土人一样嗜好榴莲的饮食习惯。而榴莲的味道也在作者简朴的叙述中存在一个感官转变的过程。由"甚臭"而至"甘美适口"，经历的是一个"习惯"。而这个习惯当然涉及排斥—容忍—接受—同化—享受的一个心态过程。在许瀚 1937 年出版的《南洋丛谈》中，作者专门谈了槟榔屿华侨生活马来化的现象。而其中马来化之一种重要的表现形式即对南洋本土水果榴莲的嗜好。"至于视奇臭如粪之榴莲如命，则尤其于事，凡侨居南洋稍久之华侨，其不受此同化者几希矣。"[2]作者从吃榴莲这样一个小小的生活习惯的改变看到了槟榔屿华人与当地"马来土人"种族同化的宏大叙事层面。

而"南洋华人吃榴莲"这样一个生活习惯和实在的社会行为被建构成指涉更广泛意义的文化符号，主要通过书写赋予其抽象的社会、文化含义而来。据形象学理论的解释，这种指涉意义的扩展首先是从语词发生语义层面的革新。保尔·利科（Paul Ricoeur）在其《在话语和行动中的想象》一文中提出隐喻理论，"要求（人们）将想象与语言的某种用法相连，确切地说，是要求（人们）看到其中语义革新的层面，这是语言隐喻用法的特征"[3]。而文学创作中作者对"榴莲"语义的革新确实是采用异化语词词性这种最基本的隐喻方法达成的。以下的两个例子将是最好的证明，同时也清楚地显现了"榴莲"这个词

[1] 郑子健：《南洋三月记》，页 32。

[2] 许瀚：《南洋丛谈》，页 101。

[3] 收录于孟华主编：《比较文学形象学》，页 44。

成为某种本土文化形象的过程。

晚清政治家、诗人黄遵宪（1848—1905年）在他的《人境庐诗草》卷七《新加坡杂事十二首》之第九首中描写了许多南洋水果："绝好留连地，留连味细尝。侧声饶荔子，偕老祝槟榔。红熟桃花饭，黄封椰酒浆。都缦都典尽，三日口流香。（留连，果最美者。谚云：典都缦，买留连；留连红，衣箱空。）"[1]黄遵宪自1891—1894年任清朝驻新加坡总领事，因此对于新加坡等南洋地区文化的各个层面都有比较深入的了解。榴莲从南洋华人的日常生活走入他的视线并进而走入他的诗歌。在这首诗里第一句使用双关的修辞手法，使得"留连地"具有了引申义，第二句中的"留连"使用的是其水果的本意。最后诗人用备注的方式在诗的末尾加上了两个注解。一个"最美"体现了诗人对榴莲的欣赏。而谚语则将当地人对榴莲的嗜好生动地表达了出来。

最饶有趣味的是诗人在写这种水果时用的不是前人所用的"榴莲"，而是用了"留连"这个词。如果说榴莲是个名词的话，"留连"则显然是个动词。作者用具有"停留、不肯离去"意义的动词异化为名词的时候，该诗化的名词显然仍然保有其原始意义。这样一种用词手法使得榴莲这种水果的形象不仅仅止于最美的南洋水果，它已经具有了某种指涉居住者心态的文化意义。

如果说黄遵宪开始关注榴莲，并使得榴莲具有了某种朦胧却不甚稳定的文化意义，那么，另一位清末文人林豪[2]在其写于1907年的《南

[1] 转引自饶宗颐：《新加坡古事记》，页282。

[2] 林豪，字嘉卓，一字卓人，号次逋，福建金门人，咸丰己未科举人，曾至台湾创修《淡水厅志》，丁未九月，由厦门南渡新加坡，著有《瀛海客谈》四卷，《星洲见闻录》二卷（未见）。生于道光十一年（1831年），卒于民国七年（1918年），年八十八。又有《诵清堂诗集》，转引自饶宗颐：《新加坡古事记》，页323。

游诗》中则对榴莲进行了全方位的观察和思考，榴莲给予林豪的形象远远超越了其水果的原本面貌。林豪用了八首诗来描写和想象了榴莲这个意象：

咏榴莲（八首）[1]

未食不敢尝，既尝方知味。士女俱流连，人情有同嗜。
树高刺如蜚，墙角凭杂植。佳果能避人，夜深方落实。
住久始闻香，大叫不能罢。臭味本差池，习乃与俱化。
厚貌饰顽皮，中心藏热脑。有刺欲砭人，负腹无乃可。
气味杂熏莸，闻根为之异。俨同剖如何，随刀能变味。
吾闻换心山，住久不言旋。世上心能换，何止一流连。
坠地当残夜，知无阿世心。朵颐为谁使，汝自系情深。
谏果甘徐回，蔗境善其后。人情亦其然，馨闻重末路。

这八首诗从南洋地区人们好食榴莲的风尚开始，分别写了榴莲的栽种、气味、外貌、习性和隐喻意象。作者将榴莲拟人化，使得榴莲在诗人的笔下成了有“热脑”的佳果、“情深”的谏果，这样的形象与黄遵宪的“最美”之果相比显然更为具象化。有趣的是，作者在第一首中“士女俱流连”用了“流连”这个词的动词意义，而在第六首中“何止一流连”的“流连”又异化为名词。跟黄遵宪使用“留连”一词一样，林豪使榴莲的语义层面扩增了“流连”这个动词的意义。而隐喻的意义绝不仅仅止于此。如果说黄遵宪的诗歌还不是很明显的话，林豪诗歌显然已经开始把移民与榴莲组合成一组关系密切的意象，

[1] 转引自饶宗颐:《新加坡古事记》，页295，296。

而从“嗜榴莲”到“思流连”正体现了华人移民“换心”的过程。我们可以说林豪笔下的榴莲体现南洋游子“流连南洋”意象已臻成熟和完整。不仅如此，榴莲在众多南洋书写的重复下更形成了“整个的南洋的社会的象征”[1]形象。

面对南洋华人流连南洋之社会现实，招观海的一首诗则表达了中国对南洋华人回归的召唤。

> 身如孤雁向南飞，飞入蛮荒有所依。
> 毋也虑渠忘故垒，“榴莲”少买买“当归”。[2]

这是《天南游记》中一首涉及当归和榴莲两种植物的诗歌。这首诗的主题绝对不是止于当归和榴莲这两种植物的本原形象。其诗序云：此次过贡，姑母若兰多以当归饮我，买榴莲食我反之，“当归”有团圆意义，“榴莲”与“流连”同音，因戏而作此。从其序中，我们可以看到从黄遵宪到林豪创建榴莲文化符号的方法在这里再次得到了重复。榴莲已经具有“流连”之意义是稳定的了。比较林豪的诗歌与招观海的这首诗，我们可以看到最起码两种对待南洋华人的心理期待。而这两种相反的心理期待的共同起点是如何看待“流连”的问题。而这个问题的背后蕴藏的是：第一，离散中心的南洋“中国人”被异地同化的现实；第二，处在中国中心的中国人对离散中心的南洋“中国

[1] 许杰：《椰子与榴莲》，页 54。

[2] 招观海：《天南游记》，页 204。本诗是 20 世纪 20 年代从中国来南洋为广州惠安堂（平民医院、义学）进行宣传和募捐的基督教徒招观海博士所著。在这本游记中，作者将自己在南洋的所见所闻作了详尽的记录。游记中有一组诗《由西贡赴星洲舟中杂感》，其中题为《流连》、《当归》的是组诗中的第一首。

人”的一种国族认同期待的大概念。

1907 年林豪在南洋旅行期间通过对榴莲的观察发现当时居留于南洋的中国人已经开始同化的社会现象。这种同化由原来的“不敢”到“知味”的第一个过程，进一步进入了“士女俱流连”的第二过程。这个过程当然是“习乃与俱化”的结果。那么，对于这种同化现象，林豪的态度是谴责、赞赏还是包容？诗人接下来的这首诗“吾闻换心山，住久不言旋。世上心能换，何止一流连。”明白地表达了自己的态度：人们改变自己的意识形态是一种正常的状况，而且引发人们改变心态的事物是很多的，绝不只是因为“流连”而已。诗人把这种同化归为世间“人情”，予以理解和包容。

但是，这种态度绝不是唯一的一种态度。处于中国中心的中国人对离散南洋的同胞是有着强烈的盼归期待心理的。这种心理从招观海的诗歌中透露了强烈的讯息。招观海的诗题是“流连”、“当归”蕴含着对流连于南洋之地的国人一种呼唤、一种盼归的期待。而诗句“母也虑渠忘故垒”则充分地体现了盼归心理的源头：母亲担心游子忘了故乡，而这个母亲也暗合祖国的形象。最后一句“‘榴莲’少买买‘当归’”则用谐音，一语双关地道出了母亲对游子的叮咛。

除此，还有另一种对“流连”南洋者持不满心态的。在 1930 年出版的《椰子和榴莲》一书中，许杰以散文的方式对榴莲进行了更为详尽的书写。《榴莲》一文围绕着榴莲产生一组二元对立体：如“会吃榴莲者”和“不会吃榴莲者”、“老南洋”和“新客”、“逐臭”与“坚守”等。而榴莲不仅代表南洋还是充满“资本家的铜臭、帝国主义的羊腥臭、洋奴走狗们的马屁臭……”的南洋的化身。对于“老南洋”的乐不思蜀，作者说：“要做老南洋的人，是非学会吃榴莲不可，换言之，即是非把自己的人格出卖、固有的节操出卖、见解立场出卖、主义人生观出卖不可的。所以，居处南洋的至上的法宝，或至上的处世哲学，是捏着鼻头吃榴莲；明白点说，便是忍臭的在帝国主义者的羊腥臭、资本家的铜青臭、马屁鬼的马屁臭中讨生活，而且，应该崇拜臭的神圣。”[1]这段话体现了作者对南洋这个榴莲的象征体、对流连南洋、淡忘民族传统的不满甚至是鄙视。

至此，榴莲本身从一种植物、水果，被书写为一种代表南洋、代表移居南洋华人的文化符号。而这个过程本身体现出南洋华人的文化本土化过程受到了来自中国的认同压力和本土环境压力的双重考验。

从以上华人在冲凉、服饰以及饮食方面的习惯发生了变化的情况来看，华人移民社群的文化确实有一部分开始被本土化。而这种本土化都集中在日常生活习惯上。其浅层的原因无疑是因为：第一，气候等自然环境的影响；第二，通婚等家庭环境的影响；第三，书写等舆论方面的影响而产生文化的添加、变异，从而形成本土化。然而，再分析这三大原因，我们不难看出，其基本的共同点在于人们基本生存条件的影响。也就是说，当外部的环境影响到华人的生存时，他们才会选择适应环境，改变原有文化特征和要素。因此，南洋华人的所谓“马来化”（本土化）有一部分是自然、自动的改变，还有部分则源自于社会压力。值得关注的是，这种“本土化”不是简单的同化，或者如果将之称为“文化更新”更确切。因为，这种所谓的本土化不是完全承袭当地的习俗，其中还包含华人独特的移民记忆、运用自我文化机制吸收并转化本土文化符号的过程，以及以现有的自我文化机制解释新吸纳的本土文化要素，并赋予其新的意义，从而使之成为自我文化体系的一个更新部分。而这种更新后的文化因为吸纳了本土文化因素，而具有了在必要

[1] 许杰：《椰子与榴莲》，页55，56。

时可以跟本土文化构成文化共同体的基因。这是南洋华人移民文化主体性中所谓“本土化”的特点，本文认为与其将这种文化转变方式称为“文化本土化”，不如称之为根据当地自然、社会环境进行的文化更新。

事实上，华人即使跟马来人通婚亦要保持其华人的文化身份。从第一节中我们就可以明显看出在有别于物质生存的精神世界中，大多数殖民地华人始终以自己的方式（或者诗文书画，或者日常生活实践，或者宗教信仰）坚持华人文化身份。即使一时因为政策要求，而必须隐藏华人身份，他们也会在整个舆论环境和政策转为良好的情况下恢复甚至强化自己的华人身份。

华人在精神和意识形态方面保持华人性，大部分原因是要将自己跟马来人等本土居民区分出来。不论是移居当地较久的华人，还是新客或者旅行者，对马来文化或者其他南洋土著文化大都抱有轻视的态度。比如招观海就在其游记中将马来人描述为“马来人民既赋性怠惰，马来君王又荒淫无度，无怪其不知亡国之苦”[1]。而郑子健在观赏游戏场中之戏剧表演时则认为马来人之戏剧“剧情沉闷”，“使人引起无聊之情趣”[2]。然而，跟邬翰芳赞赏在菲律宾观看反映革命主题的戏剧[3]比较，我们可以看出当时从中国前来的旅行者对戏剧的欣赏以“雄壮”和“革命题材”为上乘，而如果戏剧“哀艳”、“歌声凄迷清脆，多淫靡之音”则为“无聊作品”[4]。这当然跟民国初年风起云涌的反殖思潮有着密切的关系。

而马来人则一方面对华人感到憎恶，另一方面又跟华人多有合作。

[1] 招观海:《天南游记》，页 21。

[2] 郑子健:《南洋三月记》，页 106。

[3] 邬翰芳:《菲律宾考察记》，页 59—60。

[4] 郑子健:《南洋三月记》，页 106。

他们也在向华人文化学习、靠拢。甚至有的“土妇与我侨胞同居多年后，能操华语，竟否认其为土妇”[1]。而黄强则在其游记中记录了柔佛王设学校聘请华人教马来子弟汉文之事。对马来人学汉文，华人既喜又忧。“喜的是柔佛王倾慕华夏文化，让人深感荣幸；忧的是马来人可能别有意图，可能要取缔华人。”[2]从这样的风尚可以看出，华人自认为文化比当地土著的文化要高级，因此他们的通婚家庭，一般来说都形成了一种中国男权社会模式而不是马来人以母亲为主的家庭文化模式。而一个次华族群——峇峇华人也在南洋诞生。峇峇华人在这样的通婚家庭中，家境越殷实，越要强调自己的华人性以示与马来文化的区别。因此，保持华人的文化在这样的家庭里也就显得越重要，而这个家庭也就更具有特色。

可见，华人跟马来人的关系既存在竞争也互相依存，是一种多元的、灵活的，而不是单一的、僵化的关系。同时，从以上的分析，我们不难看出，华人跟马来人或者其他南洋本土居民之间的文化关系互相对话或者对抗，主要体现在日常生活习惯上的妥协或者坚持。而精神层面上的文化则被华人用文化符号和庆祝重大节庆日的文化实践方式保留下来。

第三节　南洋华人与殖民者的文化互动：迎合与对抗

正如本章第一节所述，从晚清开始，中国开始通过朝廷和个人多方面、多层次对南洋华人的教育施加影响。从朝廷方面而言，学部派出专人前往南洋考察教育；而从清末光绪初年（1877年）开始设立的驻新加坡领事馆历任领事（尤其是左秉隆和黄遵宪）也开启重新形塑

[1] 许瀚:《南洋丛谈》，页206—207。

[2] 黄强:《马来鸿雪录》，页32。

南洋华人社群文化的先河。中华民国成立后，对南洋的华人产生影响最大的莫过于华文教育。综合看来，中国方面对南洋华人教育建构主要通过几个方面进行：向南洋输送南洋华校缺乏的教员和教材。而伴随着这两者的是隐藏在背后的爱国思想。尤其在民国时期，南洋华校教材主要来自中国的中华书局和商务印书馆。这些教材常带有浓厚的政治意味。[1]

然而，南洋本地的华文教育是否由中国主导？或者即使中国积极地通过多种渠道介入南洋华文教育，他们的主导起了多大的作用？中国政府（从清朝到民国）在南洋的积极行动，如何影响了南洋殖民政府的华文教育政策制定？在面对这两股势力的情况下，南洋华人对于自身族群的教育又有何作为？

一、战前南洋华文教育的发展阶段

南洋的华文教育并非起始于1877年（清朝在新加坡设立领事馆之年），可以说随着南洋华人建立家庭，从社群形成一定规模开始，华文教育就在南洋开始了。有研究者认为欧洲人未到达之前，马来人有一些可兰经学校教导自己的子弟，华人有少量的私塾教导男童。除此之外，大多数的孩子的教育是基于父母或者他人的学徒制。

华文教育起源时期基本存在几种形式：家庭教育，师徒传承以及在社会生活中接受的社会教育，具有学校教育意义的私塾、义学和书院教育。这些是晚清之前南洋华人社群的主要教育途径和方式，当然还有部分华人就学于英文学校。华人富商家庭、会馆、庙宇等空间基本承担了这几种形式的华文教育的责任。南洋的华文教育在19世纪

---

[1] 陈丽仁:《二十世纪初期新加坡华文教育的发展》，新加坡：新加坡国立大学中文系荣誉学士学位论文，1988，页61。

80年代之前乏善可陈：学校少、规模小、教师素质不高都导致了教学质量低下的事实。当时尽管已经出现了一些义学和书院，数量却很少。比如1829年新加坡出现最早的三间义学：一所在甘榜格南，为广府人的学校，另两间则在北京街。[1]其后有碑文可考的义学则为由陈金声倡导，始建于1849年，位于直落亚逸天福宫右侧的崇文阁；1854年，陈金声等南洋富贾又完成了位于厦门街的萃英书院；1872年，天主教徒林春在实笼岗上段创办了一所义塾（第一所天主教开设的华文学校，后定名为“道南学堂”）。

具有学校教育意义的义学和书院在左秉隆担任中国驻新加坡总领事期间（1881—1891年）开始进入发展阶段。这主要与左秉隆兴办华文义学、书院，推动南洋地区华人社群的族群文化教育，培养南洋地区的华人士人阶层有较大的关系。在他的大力推动下，至1893年新加坡一地除了原有的义学和书院，又增加了五间（毓兰书室、进修义学、乐英书室、养正书室、培兰书室），而私塾则数目更多。[2]

1905年是南洋华文教育的一个有意义的年份。这一年清廷废除了科举制，开始设立具有现代教育意义的新式学堂。同时，清廷也在南洋鼓吹新式学堂，而在这点上，保皇党、革命党等势力也跟清廷有一致的想法。南洋的华文新式学堂迅速发展起来。当时第一所新式学堂是1905年吉隆坡的中华学堂。而新加坡在1906年开始兴建了一批新式小学学校：应新学堂、启发学堂、养正学堂、端蒙学堂、道南学堂、育英学堂等。不过，此时期无论是从社会习惯还是教师来源等方面而言，新式学堂仍然难脱私塾、义学的旧貌。真正意义上的新式学堂要到民国建立，甚至直至“五四运动”带给南洋巨大影响后，才在南洋

[1] C.B. Buckley, *An Anecdotal History of Old Time in Singapoe, 1819-1867*, p.206.

[2] 陈丽仁：《二十世纪初期新加坡华文教育的发展》，页11。

发展壮大起来。

综上，19 世纪末 20 世纪初，南洋华文教育的特点主要有以下几个方面。第一，从办学目的看，这些华文教育机构的目的主要在于以优良的中华传统文化教育子弟以摆脱海外衰陋的风俗。[1] 也就是说，将南洋华人子弟培养成有别于当地鄙陋风俗之人的华人是其根本目的。第二，当时的华文教育都由南洋华商集体或私人捐资建立，这使得学校的长效发展无法得到保证。第三，教学内容包括教材和学制都以中国的标准为标准。第四，1905 年清廷废除科举制，南洋地区也开始开办新学。普通话（国语、官话）的教育在林文庆等人的鼓动下开始兴起；但面临师资情况不佳等情况（师资短缺或者滥竽充数，教师因为待遇问题而缺乏积极性）。但是，尽管此期间南洋华人的教育刚起步，而且还有很多问题和缺陷，但其发展势头旺盛。

南洋华人教育的一个历史转折点出现在 1920 年。这一年，殖民政府的势力开始介入南洋的华文教育：正式在南洋地区推行学校注册法令。这个法令的推行最直接的原因是“若干华校师生的卷入中国政治漩涡”[2]。崔贵强与周聿峨在研究中都认为第一次世界大战后，中国签订了不平等条约，丧失了山东的权益，使得全中国掀起反日运动，这影响了南洋地区的华人，南洋华人（主要是槟城和新加坡）在当地也掀起抵制日货运动，他们不仅游行示威，而且强行进入商店捣毁日货。华人也拒绝参加庆祝英殖民政府“一战”胜利庆祝大游行。激烈的抗争运动使得英政府宣布全面戒严，并且宣布执行军事法令控制局

[1] 崇文阁碑刻有云：从兹成人小子，读孔孟之书，究洛闽之奥，优柔德性培养天真，化固陋为文章，变鄙俗为风雅。又 1890 年 6 月 27 日《叻报》社论文章《叻地义学亟宜创设说》亦提出与此类似之观点。

[2] 崔贵强：《新加坡华人：从开埠到建国》，页 165。

面。他们并因此逮捕了吉隆坡尊孔学校校长宋木林、教员陈国俊和赵士池以及其他一些华文学校的师生，并将其中一些师生驱逐出境。[1] 1920 年 5 月 21 日，英国殖民政府颁布了《学校注册法令》，正式介入管理南洋的华校教育。这使得南洋华校的发展进入了另一个新阶段。这个阶段持续到日本占领新加坡的 1942 年。

二、南洋华人对殖民地英文教育体系的妥协以及对华文教育管制的反抗

南洋华人在南洋殖民政府以及当地土著政权的双重管理下，根本不可能获得跟殖民者以及土著相等的地位，反之，地位十分低微。比如，在海峡殖民地，华民政务司虽然没有司法权，却可以任意驱逐华人出境，不必以法律为根据。[2] 即便已经本土化和殖民化的峇峇和娘惹族，也受到殖民政府差别对待的歧视。比如英属马来半岛的峇峇大都是英籍人，而待遇与英人不同。服务于官厅者，不过一种雇员，而无文官或法官之资格。[3]而 1900 年代的荷属东印度的华人遭到的不平等待遇更甚。“中国人不得入荷人学校，即其一例。”[4] 为了生存，为了能在当地社会获得一定的社会地位和上升通道，华人对于英国殖民者的态度也是因时因事而异，非常灵活。即便是在最能捍卫华人文化的华人的教育事业上也无不体现南洋华人对英国殖民者既迎合，也妥协，更反抗的态度。

（一）华人对殖民政府教育制度的迎合

华人对殖民政府的政策很多时候是迎合的。比如，很多华人将孩

[1] 崔贵强:《新加坡华人——从开埠到建国》，页 165。周聿峨:《东南亚华文教育》，页 127。

[2] 张相时:《华侨中心之南洋》上卷，第二章“英属马来”，页 12。

[3] 同上书，第二章“英属马来”，页 14。

[4] 同上书，第十章“荷属东印度”，页 9。

子送去英文学校、接受英文教育的潮流就体现了这种迎合。

尽管华人的华文教育体系从清末开始在南洋呈现一种蓬勃发展的态势，但另一股在新马社会的华人学习英文的潮流更不容忽视。如1898年1月12日之《叻报》头版刊登文章《论宜毁寺观以扩充西学书院》一文指出应该将寺庙场所用作西学书院的用途，聘请传教士教导华人以英文，弥补中国缺乏英语人才之憾。这则文章透露出当时华人社群认为能讲西文的华人太少，不利于国家、社群的发展，因此，应该大力提倡西文教育，培养能讲西文的华人。可见，无论是殖民社会还是遭西方渗透的中国社会都需要面对西人对话，因此学习西文就成了促进中西方各方面对话的唯一可靠有效的途径。

正因为有这样的一种认知，当时的社会出现了一股学习英文以迎合以西方为主导的殖民社会需要的潮流。如1898年1月19日《叻报》针对"华人子弟纷纷转入英校，西人义塾则有日起无疆之势"，建议设立中英文兼学的学校。而此后不久，颜永成就捐资创办了兼教中英文的中西义学。[1]

从个人方面而言，华人中之所以出现重视英文教育的倾向，与谋生发展密切相关：在殖民地，懂得英文比懂得华文者更容易获得较好的工作，因此显得更有经济价值。

但是，英校也会对华人的培养出现另一种异化的结果。梁绍文在马六甲旅行时，从民族主义的情怀出发，对英国对华人尤其是土生华人展开的殖民教育进行批评：马六甲有一间很大的师范学校，有五千多名学生，可惜是英国人开来教马来人和已经归化的中国人的。内中的教材，自然是英国人偏于殖民政策的教科书：讲历史便描写中国怎

[1] 周聿峨:《东南亚华文教育》，页120。

样的失地赔款、国弱民贫的丑历史，讲地理便挑剔到中国缠足好赌及不洁好吸鸦片的恶风俗（用意无非使土生华侨厌恶中国）；讲解都用马来话，中学以下完全用马来人当教员，中学以上才有英国人。所以华侨有子弟入过这样的学校念书简直是将这个子弟卖了一样，以后总不认自己是中国人了！[1]这种担忧也影响了一部分家长不肯将孩子送进英校。

华人当时就读英文学校的原因当然不只学好英文有助于谋生，其实进这些受到政府津贴的、由教会或者殖民政府主办的英文学校，可以减轻家庭负担，而新马一带甚至整个南洋大多数华文学校在1920年都没有来自殖民政府或中国政府的任何津贴和经济上补助，完全需要靠当地的华人自己来支撑。相比较之下，英文学校吸引了许多贫穷的家庭。

尽管殖民政府并不特别鼓励英文学校在殖民地的建立，但是在传教士的积极推动下，马来半岛的英校还是很快获得了发展。这股学习英文的潮流似乎越来越热，甚至引起了土生华人自己的反省，林文庆在《海峡华人杂志》中发表文章指出：一二十年代以后，一知半解的英文程度相等于若干金钱价值，这个事实给予很多贫穷家长一种强烈印象，他们于是打破先让孩子接受母语教育的传统惯例，迫不及待地把孩子送入英校。他认为长此以往，中华文化会在华族中衰微。[2]

（二）华人对殖民政府的反抗

尽管华人因为谋生等原因愿意将子弟送入殖民政府学校学习，然

---

[1] 梁绍文:《南洋旅行漫记》，页153。

[2] 转引自陈平福:《第二次世界大战前新加坡华文教育之发展》，台湾：台湾师范大学硕士论文，1977。周聿峨:《东南亚教育》，页109。林文庆、宋旺相编:《海峡华人杂志》第1卷，页55。

而，事实上，华人并不能顺利地进入这些殖民政府学校。因为殖民地的英文学校并不多，规模也不大。根据研究，殖民政府在马来半岛建立的英文学校在1920年前很少，直到1919年才有19间，而且规模很小，即使加上当时的63间教会学校，马来半岛这个聚集了大半中国华人移民的地区也只有区区82间英文学校。[1]而19世纪中期，南洋各地的中国移民及其后裔数量超过150万，而到了20世纪20年代，南洋移民（土生华人、契约华工和自由移民）人口已达到500万。[2]大量的人口与极少量的学校之间存在着巨大的矛盾。可见，即便在当时南洋地区经济最发达的新加坡，英校的发展都完全无法满足当地学生的求学需要，何况其他地方？同时，英国殖民地教育政策严格限制南洋人就读英校中学的人数，[3]因此，在新加坡除了1903年建成的莱佛士书院和1931年建立的维多利亚中学外，20世纪30年代前的英校大都是小学。这就造成英校毕业出来的学生除了极个别优秀的可以到英校的中学深造外，其他都没有机会进一步求学。

殖民政府没有在殖民地开办更多的英文学校满足当地居民的教育需求，是因为殖民政府并不愿意对这些移民提供适当的教育。1898年的一份视学官报告明显指出殖民政府根本不愿意为被认为是其他国家的国民、殖民地的暂居者、翻译者提供任何好的教育。“我认为这些州政府没有任何理由不去促使他们成为这里的中文或者淡米尔文中

[1] Keith Watson *Educational Development in South-East Asia*：*An Historical and Comparative Analysis of the Growth of Education in Thailand, Malaya and Singapore.* Doctoral Thesis of School of Education of the University of Reading, 1973，pp.459-462.

[2] 庄国土:《华侨华人与中国的关系》，页161。

[3] T.R. Doraisamy et al.（eds.），*150 Years of Education in Singapore*，Singapore：TTC Publications Board, Teachers Training College, 1969, p.36.

介，而将这里的孩子们教育成中国或者南印度的良好国民。”[1]在这种傲慢的殖民政策和殖民心态的指导下，在1920年前，殖民地政府基本上对于南洋的华人教育采取不闻不问甚至打压的态度，尤其是在英荷殖民地区。美国殖民地菲律宾的教育发展相对而言发展出另一种积极介入的殖民风格。在菲律宾，美国殖民政府对菲律宾人采取强迫接受殖民教育的手段。侯鸿鉴在菲律宾考察教育时，发现“强迫教育，近数年始实行之耳。故菲人不得不男女皆入学。虽过学龄，亦强迫入学，则父母可免处罚”。[2]而美国在菲律宾的强制式殖民教育一方面当然是推行英文教育，另一方面也对这种强迫教育进行财政上的完全补贴。无论是教师的薪酬还是教科书、学生的学杂费，学校做好预算上报殖民政府则可领取每月报销。“在政府官厅方面，亦绝无批驳缓发之弊。”[3]

相较于殖民政府，另一股来自殖民地内部的力量对于发展南洋英文教育起着不可忽视的作用，这股势力是欧洲的传教士。随着欧洲人到达南洋，南洋地区除了原有的简陋的教育体系外，增加了传教士创办的学校。但是，这些传教士办的学校并不见得都用英文教学，同时因为马来半岛传教士的教育方针跟英国对待南洋地区殖民地教育的政策并不一致，因此英国殖民政府并不鼓励教会学校。[4]

---

[1] *Annual Education Report* FMS 1898, pp.5-6. Quoted from J.K.P. Watson, *Educational Development in South-East Asia : An Historical and Comparative Analysis of the Growth of Education in Thailand, Malaya and Singapore.* Doctoral Thesis of School of Education of the University of Reading, p.461.

[2] 侯鸿鉴：《南洋旅行记》，页13。

[3] 同上。

[4] J.K.P. Watson, *Educational Development in South-East Asia : An Historical and Comparative Analysis of the Growth of Education in Thailand, Malaya and Singapore.* Doctoral Thesis of School of Education of the University of Reading, p. 442.

殖民政府的态度和教育政策当然还是影响南洋英文教育的最重要因素。然而提供良好的教育意味着投入资本，这是马来半岛英殖民政府所不愿投入的。之所以对殖民地大众教育持此种态度是因为英国在南洋的殖民政策将自己社会管理的基本职责定位为维持法律、秩序和金融管理。“殖民政府本身并没有把教育当作自己的责任。”[1]教育和其他的社会公共服务只被当作一种附属品，殖民政府可用于教育等方面的资金很有限。[2]而且只有当资金有多余的时候才往这方面拨款。[3]这种指导思想一直到1932年的《马来属邦报告书》中仍有直接而明显的体现。[4]

在这样的情况下，华人开办华校事实上不仅仅是出于中国政府的一种鼓动，南洋华人自身对知识和教育体系的一种需求，很多时候，也是对殖民政府蔑视和忽略华人享有接受教育的权利的一种反抗。比如1902年1月，林文庆在立法会议上请求政府为华人开设华文班，但被总督瑞天咸拒绝。1903年10月，在中国领事馆多位秘书的鼎力协助下，他才又成功组织另一个华语夜班校，分为两组，一组在华人体育协会上课，一组在中国领事馆内上课，全部免费。[5]这事件充分表明殖民政府对华人教育的态度，也表明华人即使在英国殖民体系里有

---

[1] T.G.W. Miller (ed.), *Education in South-East Asia*, Sydney, Novak, 1968, p.170.

[2] Tan Cheng Lock, *Malayan Problems from a Chinese Point of View*, Tannsco, Singapore,1947.

[3] J.K.P. Watson, *Educational Development in South-East Asia : An Historical and Comparative Analysis of the Growth of Education in Thailand, Malaya and Singapore.* Doctoral Thesis of School of Education of the University of Reading, p.444.

[4] *Report of the Retrenchment Commission, Federated Malay States*, Kuala Lumpur, 1932 , Para. 172. 转引自J.K.P. Watson, *Educational Development in South-East Asia : An Historical and Comparative Analysis of the Growth of Education in Thailand, Malaya and Singapore.* Doctoral Thesis of School of Education of the University of Reading, p.444。

[5] 周聿峨:《东南亚教育》，页122。

一定的发言权，这种发言也未必会获得尊重，那么，华人的这种发言权事实上作用和意义并不是很大。事实上，这样的事件并不是孤立的。比如林文庆在第一次世界大战后曾就增加海峡殖民地亚洲人议员进行提议，结果“今欧战终了已十年矣，自林氏后要求增加议员之声浪，亦日高一日，仍未见之实行也”[1]。林文庆的提议是非常合理的，因为海峡殖民地立法会议与行政会议之组织分子，几全由海峡殖民地总督所指派（十分之八）。而东方数百万民族代表仅官选之华人一名。[2]但这种合理的要求依然被拒绝。

由殖民体系一手栽培出来的杰出的土生华人如林文庆在殖民政府中的发言都受不到重视，更不用提其他的华人。尽管华人在殖民地掌有较多的经济权利，然而，他们似乎并没有因此而在殖民政府的体系里获得跟经济地位相应的文化地位。南洋华人面对的是殖民政府对南洋华人的文化轻蔑甚至打压。殖民政府在马来半岛的教育政策在1786年至1872年之间由东印度公司管理，基本属于放任自流期。1872年至1920年间为政策探索期：政府控制开端。19世纪70年代初期是殖民政府教育政策的分水岭。他们开始调查学校，派施坚雅出任视学官。这个时期殖民政府对当地教育的态度是倾向于扶植和保护马来人的教育，因为他们要阻止所谓的马来人被华人和印度移民剥削。[3]

华人移民为了能够接受教育，在以华人富商为主导的全华人捐助扶持下，开办了许多华校。如果我们将此视为一种对殖民政府制造的

[1] 招观海：《天南游记》，页15。

[2] 同上。

[3] J.K.P. Watson，*Educational Development in South-East Asia：An Historical and Comparative Analysis of the Growth of Education in Thailand, Malaya and Singapore.* Doctoral Thesis of School of Education of the University of Reading，p.460.

南洋华人就读难问题的一种反抗的话，那么1920年前，南洋地区的华校也以开设英文课作为另一种争取教育权和社会上升权利的一种既迎合又抗争的行为。除了新加坡的颜永成学校实行中英文双语教学外，菲律宾的华校也实行双语教学。1919年侯鸿鉴到位于马尼拉知彬彬街五〇四号由王泉笙为校长的普智学校参观夜课，即发现那里的五班中有两班是教授英文的。他到另一间颜国祥为校长的溪亚婆小学参观时亦“见授英文”。[1]华文学校教授英文是因为华人需要适应南洋被英语系国家殖民的社会情状，另一方面则是许多华人进英校而不得的情况下，华校被迫在师资不足的情况下勉力开设英校来对抗华人无法入英校之现状。

然而华人在教育上对抗殖民政府的最主要的行为则发生在1920年。1877年清廷驻新加坡总领事馆建立后，在历任领事尤其是左秉隆和黄遵宪的经营下，南洋华人开始关心中国政治。随着康有为、孙中山在南洋的频繁活动，尤其是同盟会以及后来的国民党在南洋的发展，民族主义开始在南洋的华人社群传播开来。尽管从1870年代开始，英国殖民政府也开始派出如施坚雅等人，开始关注其南洋殖民地的教育，但是因为英国殖民地还没有意愿来承担殖民地教育的责任，因此，1920年前，英殖民地政府对于马来半岛的殖民教育体系、华人教育体系以及马来人、印度人等族群的教育都没有太多的干预和作为。[2]与此同时，1915年由于日本向中国提出“二十一条”合约，引起中国群众展开大规模反日运动，南洋的华人社群除了因为这项，同时也由于

[1] 侯鸿鉴：《南洋旅行记》卷一，页10，12。

[2] J.K.P. Watson, *Educational Development in South-East Asia：An Historical and Comparative Analysis of the Growth of Education in Thailand, Malaya and Singapore.* Doctoral Thesis of School of Education of the University of Reading. pp.443-445.

日本人与华人在南洋的商业竞争，而趁势展开反日运动。

1919年5月，巴黎和会对中国利益的出卖，促发了中国的“五四运动”。此运动爆发后迅速蔓延至南洋的华人社群。1919年6月，新加坡、槟城等地爆发一连串反日游行以及抵制日货运动。他们捣毁商店的日货，分发传单，四处游行示威。为了控制治安局面，英殖民政府立刻宣布戒严，并开始执行军事法令。吉隆坡尊孔学校校长宋木林、教员陈国俊与赵士池被逮捕并被驱逐出境。[1]这次事件直接导致英殖民政府为防止中国民族主义进一步在南洋的华校泛滥而决定介入华校管理。殖民政府于这一年5月31日颁布《学校注册法令》。这个法令的颁布在南洋华社引起轩然大波。法令的主要内容有这么几条：第一，所有华校必须向殖民政府注册，殖民政府查有不合意，如学校教授革命思想或其利益与殖民政府利益相冲突，则政府有权宣布该校非法并且关闭该校；第二，教员以及管理者须得政府之许可，领得注册证，否则要受到法律的制裁；第三，立法加强学校管理。政府提学司或视学官有权巡视及管制学校，并且视察学校的书籍、文件等。[2]

法令颁布出来后遭到华人的反对。新加坡的中华学务总会首当其冲，召集会议，商讨对策，其后成立了英属华侨学务维持会，以庄希泉、陈寿民（新政）为首，呼吁华人团结一致，反对该法令。由于两人发表的言论被殖民政府认为偏激，而遭到当局以煽动罪名驱逐出境。

殖民政府不顾华社的反对，于1920年10月27日通过了该法令。这更激起华社的反对情绪。英属马来半岛的华人社群一方面派当时的

[1] 崔贵强：《新加坡华人——从开埠到建国》，页165。

[2] Proceeding of Legislative Council, 31.5.1920. 同时，何尔玉、萧友玉编著：《南洋群岛一瞥》，上海：商务印书馆，1937，页26；周聿峨：《东南亚华文教育》，页127，都对该法令进行了记录，但是《南洋群岛一瞥》中的记载跟法令本身略有差异。

南洋女校校长余佩皋回国，向中华民国政府外交部求助，要求中华民国外交部出面就此事向英国政府力争，要求取消该法令；另一方面则派钟乐臣与吴源和（槟城教育界人士）赴伦敦，当面向英殖民部大臣陈情。然而，两方面的努力均告失败。[1] 其后，"居留政府对华侨学校既多干涉，且又另办英华学校等以资抵制外，复对华校施以津贴，亦有一二万元，此风一起，关于国家体面、教育主权、两俱损失，'饮鸩止渴'，挽救无方，徒唤奈何而已。"[2] 至此，华人尽管仍然对此法令不满，却不得不在政府的行政和法律压力下被迫接受并履行。正面的反抗虽然失败，大多数华人和华校仍以拒绝殖民政府津贴为保全教育的主权而消极反抗。

（三）华人对殖民政府的妥协

华人在南洋反抗殖民政府进行的反抗大多以上书呈情、掀动舆论压力等较为缓和的方式进行，这完全不同于华人对日本社群的暴力抵制和抗议。当华人的上书呈情、以言论表达抗议的方式不被采纳时，华人对待殖民政府之法令采取的是妥协的姿态。仍然就教育上的问题而言，一旦殖民政府采取不考虑华社舆情，强制通过并执行相关法令，那么，华社就失去了反抗的有效方式。之所以如此，关键在于殖民政府除了逮捕等法律专政手段外，还有遣送移民回国的权利。1920 年在英国殖民地马来半岛上发生了在《学校注册法令》执行过程中，多人因为抗议而被遣送回中国的事件。"遣返"的政府行为对华人移民而言，一方面意味着失去事件的主导者，另一方面意味着殖民政府对华人移民的居住权具有生杀予夺的权力。而华人移民一旦被迫失去在南洋的居住权，不仅意味着失去了在南洋发言的机会，而且意味着他们的生

[1] 崔贵强：《新加坡华人——从开埠到建国》，页 166。

[2] 许瀚：《南洋丛谈》，页 67。

存面临危机。这对于华人移民来说是相当严重的事情，因此殖民政府的“遣返”权，对华人移民来说具有较强的威慑力。这种“遣返”权及其对华人移民的威慑力在南洋各殖民地皆盛行。

殖民政府对当地学校教育进行政府控制的一个重要途径就是拨资助款。事实上英殖民政府在1920年前只对英文以及马来人的学校拨资助款。正如上文所言，殖民政府吝啬于向教育拨款，比如，1907年，英殖民政府拨出国家预算2亿元中的1.5%，也就是相当于301600元给马来半岛的310所学校。（这部分款项中的50%拨给了英文学校。而拨给英文学校中的钱的三分之二又拨给了屈指可数的政府学校。[1]）教育拨款的比例直到1918年才开始增长为国家预算的10%，1919年则增加到25%。[2]政府财政的支持，无疑对这些学校的设备维护和更新、教职人员的聘用等都有作用，但另一方面，这些受资助的学校必须向政府作出常年报告，也就是说，不管这些学校一开始是政府设立的，还是教会设立的，或者富商捐建的，一旦接受了政府的财政津贴，他们就都被纳入了政府管理的范畴。

这样的情况对华人的学校而言是一把双刃剑。1920年前，殖民政府根本不愿意帮助华人接受基本的教育，也就完全没有对华校进行财政补贴。因此，华校一方面很难培养出日后能够进入殖民行政体系的人员，另一方面却获得了办理学校、管理学校的自主权。这也是导致1920年《学校注册法令》通过后，华校大呼失去自主权以及要保权的原因所在。

然而，尽管华校以及华社对于殖民政府强行介入华校的管理，将

[1] J.K.P. Watson, *Educational Development in South-East Asia：An Historical and Comparative Analysis of the Growth of Education in Thailand, Malaya and Singapore*, p.462.

[2] Ibid., p.465.

一向自主建立、经营与中国的关系更为密切的华校并入了政府教育体系非常不满，但面对可能被“遣返”引发生存危机的行政力量，华校无法抗拒此法令，华人移民只有妥协，方能在南洋继续生存。

面对《学校注册法令》的颁布，华人移民除了按规定向殖民政府注册以外，还作了这几方面的妥协：

1. 教材编写

新加坡的华校采用的教材基本上因袭中国。晚清时期，邱菽园认为这些教材不太符合南洋的情况，而自编一套适用南洋的教材，但这样的举措并没能改变南洋其他华校采用中国教材的局面。这些华文教材分别来自中国的商务印书馆和中华书局。这些书都配合中华民国对教科书的要求，因此其内容具有“爱国（中华民国）以及排外的意识”[1]。从殖民政府的角度而言，这显然不适合南洋的华校，因此“荷属华校，在教材上取缔极严。必须民国十四年以前出版之教本，方许采用”。即使爪哇领事多次交涉，也没有任何结果。而英殖民政府1935年发布的一份禁书公告中更列出了中国16家出版社的84种教科书与教学参考书。其内容分为：（1）清末以来中英外交的详情；（2）中国是次殖民地国家的远近原委；（3）觉醒中国民众与复兴民众的思想；（4）现代帝国主义者所处的阶段及其对付中国的政策；（5）启示中国青年认识本国（中国）今日所处的危险地位。[2]

许瀚认为使用旧版教材的问题在于，这些老教材，国内已大多绝版，这导致很多荷属东印度的华校，不得不印刷讲义。面对这种情形，华校与殖民政府采取一致的态度，要求书局修改教材内容。而书局也

[1] 崔贵强：《新加坡华人——从开埠到建国》，页164。

[2] 郑良树：《马来西亚、新加坡华人文化史论丛》（卷二），新加坡：新加坡南洋学会，1986，页114—117。

相当配合南洋的教育要求，“前岁中华书局亦发行专供南洋侨校适用之教本，曾经送请英荷政府核准行销，但闻今又有多篇认为不可教授矣”[1]。而南洋游记中其中一名作者郑子健就因商务印书馆的派遣前往南洋调查教科书情况，以便回国作出调整以编印更适合南洋的教材。另一方面，殖民政府也想为华校编纂富有本地色彩的读物，但并没有成功。[2]殖民政府方面对华校教材的审查和控制与华校以及教科书出版商对这种审查和控制的妥协，使得中国的教材在作了若干调整后得以继续流行在南洋的华人学校中。

2. 接受政府津贴

对于接受政府津贴的问题，华社的心态也很复杂。因为华校得以支撑主要靠富商以及每一个华人的捐款。“在昔商业发达，一倡百和，筹款无难……市况萧条，自顾不暇，安有余力，故学校经费，减少收入，则教员薪水，亦须扣折支送……则学校建设亦多窒碍。”[3]捐款多少受经济好坏的影响，而学校能否维持靠捐款情况而定，这使得华校的经营常面临一些困境。另一方面，民国初尽管中国方面也宣称对华校具有领导权，并且常常派员来南洋调查教育，但“我国领事馆又以外交条约所限，对于华侨学校，虽有调查之责，而无保护之权”[4]。同时，中国因为军阀混战，无力给予南洋华人以任何经济上的补贴。例如，直到 1935 年，新马地区才只有 4 所中学、22 所小学得到中华民国政府的些微的津贴。[5]

在这种情况下，一些华校开始接受殖民政府的津贴，但因为津贴

[1] 许瀚:《南洋丛谈》，页 70。

[2] 崔贵强:《新加坡华人——从开埠到建国》，页 164。

[3] 郑子健:《南洋三月记》，页 56。

[4] 同上。

[5] 崔贵强:《新加坡华人——从开埠到建国》，页 166—167。

的发放有很多条件，华校仍然有所顾虑。所以一直到 1929 年，海峡殖民地予以津贴的学校只有 15 所。20 世纪 30 年代的经济危机则使得越来越多的华校开始接受殖民政府的津贴，到 1938 年已经达到 78 所。[1]然而，殖民政府给华校的津贴很少。1924—1928 年政府给予海峡殖民地和马来属邦华校的津贴，平均每人的津贴额在最低 6.74（1938 年）到最高 10.77（1926 年）之间，[2]相比较下，英校生获得的津贴远远超过华校生。如 1929 年，马来联邦的英校生每名得 45 元津贴，而华校生则只有 9.78 元。[3]这种悬殊差异体现了英殖民政府对待华文教育的不公。但由于有华商的支持以及南洋华人的捐款，南洋华校就在一边跟殖民政府妥协，一边跟中华民国借力的情况下，迅速地发展、成长。据统计，1921—1938 年，英殖民地的马来半岛上华校从 252 所增加到 1938 所。

结　论

19 世纪中后期，由于殖民开发的需求，大量的华人移民南洋。这些迁徙者来到一个全新的自然以及社会环境中，他们不断地根据周围的自然与社会环境进行文化的调整。他们与不同压力集团对话、对抗、妥协的方式以及过程帮助这些南洋的中国移民在新的自然、社会环境中重新形塑自我，并最终形成一个具有主体特征的南洋华人群体。也就是说，正是不同的压力集团对这一群体进行命名，并就这一被命名群体制定政策或拉拢，或打压的过程中，这一群体以

[1] 崔贵强:《新加坡华人——从开埠到建国》，页 166。

[2] 周聿峨:《东南亚华文教育》，页 131—132。

[3] 崔贵强:《新加坡华人——从开埠到建国》，页 166。

不同的姿态灵活地应对，从而形成了自己的文化规则和文化话语，形成了自己的文化特性。

当南洋华人进入南洋场域时，他们首先面对的是自然环境带来的挑战。为了生存，他们必须修正自己在原籍国形成的富有深厚文化意蕴的衣食住的习惯，他们向当地人学习，形成新的日常生活习惯，这种习惯大部分时间以本土化的形式出现，在特定的隆重场合中则以先前的文化习惯出现。这表现出南洋华人在本土化的过程中以增加当地文化要素、暂时隐藏而不是抹去原有文化符号的方式进行文化重组。新的文化要素更广泛地呈现于日常生活实践中，当这种新文化要素被书写、传播，形成一种社会共识时，新的文化要素逐渐被符号化。而旧有的文化符号和习惯往往以记忆或者祭奠的方式被保存，在隆重的场合，比如节庆，比如重大的典礼中被实践和呈现。这种灵活地隐藏和显现文化符号表达文化身份，正是南洋华人文化保存和发展的一个特点。

晚清民初南洋华人在自我文化特点形成的过程中，另一个起重大作用的压力集团是祖籍国——中国。晚清民初的中国处在衰亡和新生的嘈杂的政治环境中，既面对西方各国的侵略带来的种种外患，也面对国内各种革命势力的挑战和混战，这个时期危机四伏的中国也是最富有活力的。中西各种意识形态、革命力量，代表着古代、近代和现代的各种文化话语之间的相互抗衡和对话，使得中国固有的文化传统遇到巨大的挑战。中国开始艰难地进行文化转型。而中国自身的文化转型又通过移民这个“文化走廊”影响了走廊另一端在地华人移民的文化发展。面对来自祖籍国的文化召唤，在来自中国的各种革命力量的影响下，南洋华人通过学校、报纸、社团的建立和运行来回应这种召唤，南洋华人一边本土化，一边再华化。

如果单一地从中国方面的召唤来看待南洋华人再华化的行为，无疑地会跌落进所谓东南亚各国独立前南洋华人忠于中国的认识窠臼。当我们考虑到殖民地政府与南洋华人之间的关系后，我们即发现南洋华人之所以在文化上再华化，固然一方面是因为废除了延续明清两朝的“海禁”，中国也认识到海外华人在财力、物力、智力和网络力量对中国自身发展的重要，这使得海外华人终于在被当成“化外之民”、背叛的贱民、流民长达两个朝代之后，获得了祖籍国的认可和认同。这也导致了渐趋萎缩和本土同化的族群文化获得了活化（再华化的机会），从而造成海外华人一种认同的井喷期。

但另一方面，我们可以明显看到南洋华人选择认同中国的同时，也积极地寻求殖民地政府的认同。一旦有机会跻身于殖民体系中，他们也会积极地迎合。然而，南洋殖民地政府对南洋华人的殖民主义态度以及文化忽略的政策，使得南洋华人无法通过正常的途径学习西方的文化，进行另一种文化的整合。在这种大多数南洋华人缺乏就学、体面工作和社会地位上升通道的殖民体系里，为了生存和发展南洋华人不得不寻求另一种平台，而此时的中国恰好能提供这样的平台。

而中国在南洋的介入触动了殖民政府的神经，于是南洋华人的价值和地位被殖民政府重新发现和定位。中国和南洋的殖民政府对于南洋华人群体在政治、经济和文化上都有了新的认识，从而展开了对该群体的归属争夺。这个过程中，由于南洋华人已经形成了一种再华化的潮流，其族群文化基础已经在日常生活、教育等领域中获得了巩固，因此，当殖民政府用强硬的行政和法律手段将南洋华人从再华化的过程中拉出时，南洋华人依托中国这个平台，与殖民政府一边对抗，一边对话和妥协。

民国初期的中国，由于军阀混战，出现多头政府的局面，没有一个明确的可以代表国家的政府，这导致了南洋华人在面对殖民地政府进行抗争时缺少了坚实的后盾，因此，南洋华人更多地体现了对殖民政府的妥协。

总之，南洋华人无论是选择再华化、本地化，还是选择跟殖民政府妥协，都建立在生存、发展的基本原则上。他们灵活地选择政权力量以获得生存权和话语权，而几个压力集团之间的矛盾在带给他们选择的压力外，也给他们创造了一个多元选择的可能以及自主发展的碎片空间，换句话说，南洋华人可资利用的资源因为各压力集团相互之间的矛盾而变得更多，他们得以根据在地的经验和情况，在求存和寻求社会上升通道的原则下灵活地应对。这是南洋华人自身文化特色得以形成的一个重要原因以及表现形式。

第七章 结论

本论文从第二章始到第五章，研究了几种南洋空间：分析了“南洋”作为概念空间形成的思想史路径以及对形成晚清和民初旅行者国族主义的作用；分析了南洋华人文化主体性被命名式的起源；分析了旅行者通过旅行路线搭建的南洋空间，从而发现概念南洋和行旅南洋之间的差异，并通过此差异进而发现南洋华人文化主体性存在的事实；通过新加坡博物馆，将华人文化话语放在被殖民语境中，考察新加坡博物馆中华人作为缺席者体现出的殖民文化体系与华人文化体系之间的关系以及双方的互动；通过极乐寺，将华人移民文化放在中国与本土两地的区域语境中，分析了作为南洋华人重要宗教信仰文化空间之一的槟城极乐寺调和各种压力集团关系的策略和作用，从而整理出南洋华人从旅行者到并非固定的定居者的移民文化形塑特征。最后，将南洋华人文化话语放在日常生活语境中，通过对南洋华人在日常生活空间如家庭和学校中的种种文化实践的研究，分别有侧重地回应前几章中南洋华人一移出地母国中国人、南洋华人一殖民国人、南洋华人一当地土著居民、南洋华人一日本人等各组关系，分析了南洋华人在与各种压力集团的对话、对抗中逐渐形成的本土文化特性。

第一节　晚清民初，南洋华人文化的主体性浮现

一、被命名/被指称与主体性

一个主体的“认同”，单方面并不能完成，必包含认同主体和认同客体。认同既有主体的自我认同，也包含主体的被认同。而南洋华人的主体性尽管先于被认同而存在，但将这种主体（“南洋”——“南洋华人”）命名、指称始于作为他者的中国，而非南洋华人自身。

同时，很重要的一点是，就“南洋华人主体性”由被命名开始而言，近代南洋华人主体性的出现最迟也当在晚清时期。“南洋”是中国指称如今被称为东南亚一带的专有名词。西方人不称“南洋”，而说“远东”或者“东南亚”。中国对“南洋”的指称虽然明朝时即有，但真正被大规模书写和口头使用则是从晚清开始。因为晚清时发生了大规模移民潮，因此需要一个词来指称这群移居彼地者，并据此制定特定政策。

从“南洋”一词指称空间的发展轨迹以及最终固定的释义看，可以让人明显看出这一概念背后蕴含的中国对地域空间的认识，辨析中国与东南亚地区在历史上的双边关系，以及现代旅行者策略性使用这种朝贡式外交和贸易关系来作为阐明和鼓动国族主义的历史事实。用历史来说现代，凸显南洋与中国的朝贡关系，是旅行者书写让南洋这个空间具有前现代的历史时间感，增强其对中国附属性的一种策略。而这种策略是旅行书写用以对抗南洋的西方现代殖民主义的手段。

通过南洋旅行书写的出版和流通，本来仅仅存在于有限的历史文献文本以及少数旅行者印象和体验中的“南洋空间”概念得到了大范围的传播（南洋、香港、大陆一些大城市如北京、上海等）。南洋以

另一种不同于地理概念的空间形式存在于书写，流通于出版，扩大于读者之中。因为南洋旅行和书写经验，南洋的空间从一种地理的固定领域转变为一种灵活的、既有实际地理意义又同时具有想象的社群意义更是一种具有文化意义的建构出来的空间概念和内涵。

因此，“南洋”就成了一个华人发明的，用来指称一个整体模糊、内部联络和流动频繁的华人族群文化空间。用“南洋”来指称东南亚，使得“南洋”具有一种先天的华人性，而“南洋华人”也随着空间的被指称而成了被命名式的“主体”。而这种指称被清朝官方和民间普遍而频繁地使用，也使得“南洋华人”的主体性以被命名的方式在晚清浮现。

随着清朝以及西方殖民者纷纷在南洋设立领事馆以及相应的管理机构来对“南洋华人”这一个被指称出来的群体进行管理权的争夺，“南洋华人”的主体性就在一系列移出国和移入国政权制定的针对性政策、法规条文中被法定化、区隔化和专有化。“南洋华人”的主体性构建过程脱离不了跟各方势力的斡旋。然而这种被命名的主体性却容易造成“南洋华人”既附属于中国又附属于殖民政权的主体缺失的吊诡印象。

二、南洋华人主体性在各种空间中得以自我呈现

讨论南洋华人的主体性产生有很多途径，然而光从文本切入而缺少了对南洋华人文化实践的各种社会空间的关照则会因为文字与社会实践不一定同步而出现偏差，甚至导致误判。这一点在南洋研究中尤其必须注意。因为早期来南洋的华人移民大都文化程度不高，或者没有接受多少教育，较少有能力用文字将当时的社会文化风貌及时记录下来。本论文通过对各种南洋空间的研究，认为南洋华人的主体性正

是因为在各种空间的文化实践以及伴随与各种权力集团进行协商、对话、对抗、妥协的过程中得到了认同和自我呈现、凝聚并且得到凸显和强化。

南洋旅行者在谈及南洋空间的先验历史印象时，都将南洋当作中国朝贡体系中的附庸。然而，这种观点是旅行者在出发之前的先验历史印象。当他们真正开始南洋旅程时，他们的观点因为环境的转变、对南洋空间真实触摸的经验而发生了变化。他们的先验印象一路受到拷问和反思，随着他们在南洋空间的足迹的扩张，他们对南洋华人社会的观察视角发生了改变，他们的身份、与南洋华人社会的关系以及互动也发生了改变。

晚清民初，南洋旅行者的旅行得依靠人际关系、人脉网络，依照已有的交通工具和路线旅行，而这也决定了当时大多数的中国人对空间的认识更多的来源于文献的记载、依赖于交通路线以及自身能够绘制的基于人际关系的空间概念图景。这就决定了对中国人而言，南洋空间的概念内涵远远超越于疆界，它包含着历史的经验、书写的策略、人际关系带来的情感体验；它是一种通过实践而形成的空间概念，也是一种在空间里进行的新的实践。而他们都将主动地把建构空间以及传播这种南洋空间概念的方法和目的编织进南洋文化的脉络。

通过前述几章的研究，从晚清到民国，南洋对中国而言是中国将在国内发生的与他国的冲突关系延展至国外的斗争场所，而中国欲借南洋华人之力在南洋与日本、欧美等国抗衡，以获取国家尊严。中国旅行者通过各种有目的的旅行希望达致“救国”目的的策略，一定程度上改变了南洋华人社群的文化结构、文化话语和文化趋向。但另一方面，旅行者通过在南洋的旅行对南洋产生了不同于历史和想象的新发现，使得他们一方面从历史想象的“我者”的共同体有时因为差异而成为南洋华人的“他者”，另一方面，内在的可供连接的文化气脉能让这些因为疏离和差异成为“他者”的母国来者，有时能主动站在南洋华人的立场思考南洋华人在南洋的境况，并且为南洋华人在南洋争取到较高的地位出谋划策：他们不仅提供文化原料，还主动将这种中华文化原料与先来南洋者一起进行“南洋化”。

正是旅行者的这种社会特征，导致了南洋华人社群文化主体先是被发现和被命名，而后，在不断地与本土族群、南洋殖民集团、中国新旧政权之间进行对话的过程中逐渐自我认同、定义自我。而其文化主体性也就在与各种压力团体对话、妥协、对抗中逐渐形成、清晰、巩固。

可以进一步合理猜测的是，尽管南洋华人主体性一开始看起来是被命名和指称，并且由此被法定的，然而，南洋华人的主体性应该不全然是在认同客体的认同中浮现，它如果不早于被指称，就是与这种被命名、被指称、被法定化的过程同步出现自我的身份认同和特征呈现。而这种自我呈现当遭遇了来自中国的旅行者时具有了更为重要的意义：南洋华人以自我呈现一方面印证主体的存在，另一方面则纠正了其主体附属的先验历史印象。

本论文认为南洋华人文化主体性建构体现了一种主体性的命名和自名、呈现和被呈现、从被发明到被发现、从旅行到定居、从中国到南洋、既现代又保守的一系列特征。它的文化建构的话语权既有被动性更有主动性。它的主体性由于旅行者的加入具有了呈现和被重新发现的途径。而来自移出国和移入国的各种推力与拉力则影响着南洋华人文化建构中涵化、同化和再华化的过程和形成。

第二节　旅行者在建构南洋华人文化主体性中的作用

一、南洋华人社会的旅行者特点

晚清民初，大量华人移民到东南亚。他们大多数先来到新加坡，而后由此散布到东南亚各个地区和国家。随着经济繁荣或萧条的消长以及殖民政府移民政策的调整，来到此地的移民会再次回归故乡或者在南洋内部寻求适合生存的空间。因此，此期间，南洋华人群体呈现出往返于中国，在南洋内部继续迁徙、移居的不停流动的现象（当然，不能排除另一部分逐渐定居下来的事实）。人口的流动性、移民的往返性与旅行书写者之间具有某种共同性：旅行，移民的旅行特征跟旅行者稍有不同的是，他们的“归去”可能并不是终结，因为一方面即便归去，下一次下南洋并不困难，另一方面，很多人的“归去”是一种心理上的想象性归去，在实际生活中也许几十年都不能归去。更为奇妙的是，南洋旅行者跟具有旅行特征的南洋华人群体有另一种重合之处，他们中的一些人在旅行的过程中也往往会因为在南洋的各种人脉而逐渐定居下来。因此，可以说整个南洋华人社群的文化一直处于一边急剧流动一边缓慢凝固的流沙型、多元化的移民文化模式。

二、他者与我者：灵活的身份建构

南洋华人社群先天具有的被发明、被命名的原生性特点决定了南洋华人文化建构的话语权一开始就因为群体身份的被命名而具有被动的特征；具有被居于中国的华人——相对于“南洋华人”而言是他者——发明、发现的特点。但却因为一方面认同南洋是中华帝国时期朝贡体系的一个重要部分，同时也认同移民南洋的华人都是我族类，理应同属一体，因此，对命名者而言，“南洋”不是他者，是构成“我者”的一部分。

也就是说，正因为南洋以及南洋华人群体的概念产生于中国华人的命名，同时晚清民初的南洋华人又大都是新移民，因此中国—南洋、中国人—南洋华人这两组如今相互为他者的两极之间可以随时互换，或者相对于任何一方，另一方都具有“我者—他者”共生的特性。

这种“我者”、“他者”共生的特点体现了移民与移出/移入地之间的联系与疏离、融合和割裂的关系。

而移民与移出国、移入国之间的联系与疏离有时是“联系你必疏离它”，有时却又是“双方都联系，却对双方都保持独立性”的状态。而这种灵活切换“我者与他者”身份的特征，保证了南洋华人社群既能与本地融合又能保有自我文化的独特性。

第三节 新方法、新视野的开拓

一、游记研究的“旅行模式”

为了处理游记中各种空间与问题意识下必须进行挑选的矛盾，本论文在结构上模拟了一个旅行者旅行的过程来分别处理各种空间。首先处理了“概念南洋”，即南洋作为地理空间到文化空间概念的形成以及传播的过程和特点，在这一章中，南洋以及南洋华人虽然是研究的重点、关注的焦点，但南洋华人是不在现场的，他们的主体性是通过被动的命名和他者认同得到体现的。本论文接着处理了“真实南洋”，即旅行者到达南洋后实际接触的真实南洋华人社群文化空间，通过对旅行者旅行路线以及激活人际网络关系的分析，揭示其跟概念南洋（历史南洋和书写南洋）的差异。这样的差异性是真实的互动产生的，具有在场性和当下性。论文希望以这章旅行者脚下、眼中、生活里接触的真实南洋跟前一章的概念化的、历史化的、文本化的南洋空间进行对话，进而，让我们从他者化的旅行者角度，进入南洋现场，进一步发现南洋以及南洋华人作为我者的主体呈现，以及旅行者在与南洋接触时，逐渐浮现的南洋“我者”因素的特点。接下来处理了两个个案式的空间：新加坡莱佛士图书馆和博物馆、槟城极乐寺。处理这两个空间，是因为这两个空间分别是能体现殖民政府与华人文化权利对话、华人移民本土化过程中与中华文化以及移民内部次文化进行对话的典范空间，具有象征性的意义。接着的一个空间则是南洋华人的日常生活空间。处理这个空间是为了进一步勾连并且回应前面四章个别处理中国—南洋、殖民政府—南洋、移民—本土几组关系，从而让“南洋华人文化主体性的建构是在与各种势力集团对抗、对话的激烈或温和的互动中不断塑造和被塑造，从而让自我逐渐清晰的过程”的主要结论完整呈现。

这样的模式能让旅行书写分析者一方面跟随旅行者的步伐和眼光来分析旅行者，另一方面能分析旅行者看到的社会文化现象，同时把握住旅行书写者在旅行中的个人情感和思想脉络。这种模式的另一个好处是能自然地捕捉到与“空间研究”的契合点和默契度，利于研究者选择富有研究敏感度的空间。

二、南洋华人社群研究的压力场域模式

正如绪论中所言，“接触区”理论产生于殖民帝国与殖民地关系的研究，它对于研究殖民地与外部世界关系当然不无助益，然而对于研究南洋华人社群这个被殖民却保有相应独立性的群体的文化主体性问题显然并不那么恰当。薮野佑三提出“地方主导”（local initiative）的概念，认为“地方主导”意味着将国家相对化，以地方

为核心创造与产生跨越国境的历史、文化、生活和政治之新空间。[1]这个概念相较于接触区概念更接近于本论文的压力场域模式。首先，晚清民初南洋华人社群看起来处在多重“国家”政权的管辖网中，比如中国、欧美殖民国甚至本地土著王权，然而正是这几种国家政权之间对南洋华人社群展开争夺，使得南洋华人社群反而可以更灵活地把握几大权力争夺的空隙和有利因素生存、发展。可以说，晚清民初的南洋华人社群既是在多重国家权力的管理下，又有足够的灵活度游离于任何一种国家权力。因此，通过任何一种国家权力的途径来解读南洋华人社群都会偏颇，只能将南洋华人社群去国家化，作为一个以“地方主导”的主体，考察其跟不同压力 / 权力集团的关系，从而在一种跨国、跨文化的语境中考察其文化互动、文化发展和文化更新的过程。

第四节 未来，论文拓展的可能方向

一、深化南洋旅行者、南洋华人社群与日本的关系

在本论文的写作中，笔者注意到并且也尝试将日本与中国、日本与南洋华人社群的关系作一分析，但是因为本论文的主要目的是要先探索南洋华人社群本身的主体性浮现和特征，从理论和方法上填补南洋游记研究的空白，因此，与日本的关系无法深入地得到研究。然而，日本这个压力场域与中国以及南洋社群的关系是一组极其有趣的三角场。日本的南洋游记的写作，日本人对南洋的觊觎以

[1] 转引自廖赤阳、刘宏主编：《错综于市场、社会与国家之间：东亚口岸城市的华商与亚洲区域网络》，新加坡：八方文化创作室，2007，页 4。

及在国内提倡移民南洋的南进政策是否与中国掀起的南洋热潮有内在的关联？而有政府直接支持的南洋的日本移民与华人移民社群之间在南洋这个场域存在着哪些竞争？这样的竞争会对南洋华人社群的身份认同产生怎样的刺激和效应？而晚清民初的这种南洋场域的日本人与华人的关系与南洋日占时期对华人的政策和行动有什么样的历史沿袭？它对南洋华人社群的文化造成什么样的影响？这些问题将是下一步的研究急需解答的。

二、与欧洲殖民国的南洋旅行书写进行比较研究

本论文通过中国旅行者的观察，将南洋华人社群放在被殖民的语境里，考察了南洋华人社群与南洋殖民统治者之间的关系，以及在此关系下南洋华人建构族群文化的动力和压力特征，也考察了殖民语境中南洋华人社群的面貌。那么，欧美殖民国的旅行者来到南洋后观察南洋社会时华人处于何种地位呢？欧美殖民视角与中国朝贡视角之间有何共同处又有何差异？这种比较分析相信会对南洋华人的文化主体性建构产生某种作用，值得进一步探讨挖掘。

三、南洋游记作者归国后的跟踪研究以及与南洋华人的“祖国”游记进行比较研究

通过中国人的南洋游记，我们考察到中国的旅行者不仅积极参与对南洋华人社群的文化建构，而且有时起了主导作用，那么，南洋华人社群的文化到底会给中国的文化场域带来了什么？这种变化能否通过南洋旅行者归国后的一系列活动来探究？或者能否通过南洋华人的中国旅行游记的研究来思考这个问题？目前这方面的研究尚在开拓阶段。除了梁元生的一篇《凝观与反照：十九世纪八十年代星沪之间两

本游记的解读》一文外，新加坡国立大学中文系的黄贤强教授已经做了，并且正在做更多相关工作，发掘南洋华人与中国的近现代化、现代化之间的关系，比如，研究伍连德、李登辉等人对中国医学、教育等方面近现代化的贡献。[1]

南洋华人对近现代中国的文化建构显然是有反向作用力的。陈达的《南洋华侨与闽粤侨乡社会》一书，事实上已经从社会人类学角度对南洋华人对中国农村的，尤其是侨乡农村的日常生活的反向影响作了详细的记录。

然而，这种记录的意义可以放在更为深刻和广泛的中国近现代社会文化发展和变化的脉络里进行考察，笔者认为对南洋华人对中国社会的影响当然是可以从各个学科的不同角度或者途径进行考察，而笔者感兴趣的是这样的一个问题：当学界在研究中国现代性的时候，往往将眼光放在城市，例如北京、上海，而侨乡研究中又仅仅集中在侨乡与移入地之间的关系和互动，如果将侨乡受到南洋华人的反向影响放在中国现代性发展的问题意识里考察的话，我们似乎可以纠正中国现代性研究过度关注城市而在某种程度上忽略农村现代性，从而想当然地认为现代性问题上城乡是割裂的这个问题。

研究南洋旅行者回到中国后的一系列活动以及南洋华人的中国旅行游记，也能从另一方面带给我们思考中国近现代史的新视角和新途径。

[1] 黄贤强在较长的时间里在此领域作了重要的探索，形成了一批研究论文，如《南洋归来知识分子与晚清国家与社会——以辜鸿铭、李登辉和伍连德为例》，见中国社科院近代史研究所政治史研究室等编：《晚清国家与社会》，北京：社会科学文献出版社，2007；《活跃于马来亚与中国的医学博士——论伍连德的族国认同》，见张启雄编：《时代变局与海外华人的族国认同》，台北：海外华人研究学会，2005；以及《跨域知识分子——再发现南洋与中国》第十三章“南洋知识分子与晚清国家与社会”，见黄贤强：《跨域史学：近代中国与南洋华人研究的新视野》续编，厦门：厦门大学出版社，2008。

参考书目

中文专著

爱德华·萨义德著，王宇根译:《东方学》(北京：生活·读书·新知三联书店，1999)。

本尼迪克特·安德森著，吴叡人译:《想象的共同体：民族主义的起源与散布》(上海：上海人民出版社，2005)。

滨下武志著，朱荫贵、欧阳菲译:《近代中国的国际契机——朝贡贸易体系与近代亚洲贸易圈》(北京：中国社科出版社，1999)。

岑学吕居士编:《虚云和尚年谱》(香港：香港佛经流通处印行，1992)。

蔡佩蓉:《清季驻新加坡领事之探讨(1877—1911)》(新加坡：新加坡国立大学中文系、八方文化企业公司，2002)。

曹鼎钟:《曹少将南洋游览记》(出版地不详，1914)。

曹云华:《变异与保持——东南亚华人的文化适应》(北京：中国华侨出版社，2001)。

陈达:《南洋华侨与闽粤社会》(上海：商务印书馆，1939)。

陈翰笙主编:《出国华工史料汇编》(北京：中华书局，1980)。

陈枚安:《南洋生活》(上海：世界书局，1933年再版)。

陈秋平:《移民与佛教：英殖民时代的槟城佛教》(马来西亚槟城州：南方学院，2004)。

陈室如:《近代域外游记研究(1840—1949)》(台湾：文津出版社，2008)。

陈衍德:《对抗、适应与融合——东南亚的民族主义与族际关系》(长沙：岳麓书社，2004)。

崔贵强:《新加坡华人——从开埠到建国》(新加坡：宗乡会馆联合总会，1994)。

崔贵强:《新加坡华文报刊与报人》(新加坡：海天文化企业私人有限公司，1993)。

崔贵强:《新马华人国家认同的转向 1945—1959》(新加坡：新加坡青年书局，2007)。

丁成泉:《中国山水诗史》(武汉：华中师范大学出版社，1990)。

丁致聘编:《中国近七十年来教育记事》(北京：国立编译馆，1935)。

方修:《新马华文新文学六十年》(新加坡：新加坡青年书局，2006)。

费正清著，张理京译:《美国与中国》(北京：世界知识出版社，1999)。

葛晓音:《山水田园诗派研究》(沈阳：辽宁大学出版社，1993)。

古鸿廷:《东南亚华侨的认同问题 马来亚篇》(台北：联经出版事业部，1994)。

顾彬(Wolfgang Kubin)著，马树德译:《光明的山：中国文人的自然观》(上海：上海人民出版社，1990)。

顾海:《东南亚古代史中文文献提要》(厦门：厦门大学出版社，1990年)。

郭惠芬:《中国南来作者与新马华文文学：1919—1949》(厦门：厦门大学出版社,1999)。

郭少棠:《旅行：跨文化想象》(北京：北京大学出版社，2005)。

国立暨南大学南洋文化事业部:《国立暨南大学南洋文化事业部工作报告》(上海：国立暨南大学南洋文化事业部，1929)。

何尔玉、萧友玉编著:《南洋群岛一瞥》(上海：商务印书馆，1937)。

黄浩威:《戏剧盒与新加坡的社会剧场：文化干预与艺术自主性》(新加坡：南洋理工大学中华语言文化中心、八方文化创作室，2011)。

黄锦树:《马华文学与中国性》(台北：元尊文化企业股份有限公司，1998)。

黄昆章:《印度尼西亚华文教育发展史》(雪兰莪：马来西亚华校教师总会，2005)。

黄孟文、徐迺翔编:《新加坡华文文学史初稿》(新加坡：新加坡国立大学中文系、八方文化企业公司，2002)。

黄强:《马来鸿雪录》(上海：商务印书馆，1928)。

黄贤强主编:《槟城华人社会与文化》(新加坡：新加坡国立大学中文系，2005)。

黄贤强主编:《吉隆坡与槟城华人社会——历史书写与记忆》(新加坡：新加坡国立大学中文系，2006)。

黄贤强编:《文明的抗争：近代中国与海外华人论集》(香港：香

港教育图书公司，2005）。

黄贤强:《跨域史学：近代中国与南洋华人研究的新视野》（厦门：厦门大学出版社，2008）。

黄秀爱:《二十年代末期新马小说语言研究的历史意义：从文学语言看作者对当时社会的态度》（新加坡：新加坡国立大学中文系，1995）。

侯鸿鉴:《南洋旅行记》（无锡：锡城公司，1920）。

暨南大学校史编写组:《暨南校史 1906—1996》（广州：暨南大学出版社，1996）。

贾鸿雁:《中国游记文献研究》（南京：东南大学出版社，2005）。

蒋静编:《旅外游记选》（长沙：湖南人民出版社，1982）。

蒋松源:《历代山水小品》（武汉：湖北辞书出版社，1994）。

《景印文渊阁四库全书》（台北：台湾商务印书馆，1986）。

柯思仁:《战前新马的戏剧副刊与戏剧评论（1924—1941）》（新加坡：新加坡国立大学中文系，1994）。

李威宜:《新加坡华人游移变异的我群观：语群，国家社群与族群》（台北：唐山出版社，1999）。

李文初:《中国山水诗史》（广州：广东高等教育出版社，1991）。

李兴前编:《槟城鹤山极乐寺》（槟城：极乐寺，2003）。

李元瑾:《东西文化的撞击与新华知识分子的三种回应》（新加坡：新加坡国立大学中文系、八方文化企业公司，2001）。

李钟珏:《新加坡风土记》（新加坡：南洋书局有限公司，1947）。

梁绍文:《南洋旅行漫记》（上海：中华书局，1933，1924 年第一版）。

梁元生:《新加坡华人社会史论》（新加坡：新加坡国立大学中文系、八方文化创作室联合出版，2005）。

梁志明:《殖民主义史 · 东南亚卷》(北京:北京大学出版社,1999)。

廖赤阳、刘宏主编:《错综于市场、社会与国家之间:东亚口岸城市的华商与亚洲区域网络》(新加坡:南洋理工大学中华语言文化中心、八方文化创作室共同出版,2008)。

林水檺、骆静山合编:《马来西亚华人史》(八达岭:马来西亚留台同学会联合总会,1984)。

林万菁:《中国作家在新加坡及其影响,1927—1948》(新加坡:南洋大学硕士论文,1978)。

林文月:《山水与古典》(台北:纯文学出版社有限公司,1984)。

林有壬编:《南洋实地调查录》(上海:商务印书馆,1918)。

林远辉、张应龙主编:《中文古籍中的马来西亚资料汇编》(吉隆坡:马来西亚中华大会堂总会,1998)。

刘宏:《中国——东南亚学:理论建构 ·互动模式 ·个案分析》(北京:中国社会科学出版社,2000)。

刘仁航:《南洋游记》(上海:上海南洋编译社刊行,1935)。

刘士木等编:《南洋华侨教育论文集》(上海:国立暨南大学南洋文化事业部,1929)。

刘玉遵:《猪仔华工访问录》(广州:中山大学东南亚历史研究所,1979)。

罗靖华:《长夏的南洋》(上海:中华书局,1934)。

麦留芳:《方言群认同:早期星马华人的分类法则》(台北:中研院民族学研究所,1985)。

梅新林、俞樟华主编:《中国游记文学史》(上海:上海学林出版社出版,2004)。

孟华主编:《比较文学形象学》(北京：北京大学出版社，2001)。

《明太祖实录》卷二七（台北：中研院史语所校本，1962)。

南洋民史纂修馆编辑部编:《南洋名人集传》(槟城：出版社不详，1922—1941)。

齐格蒙特·鲍曼著，郑莉译:《作为实践的文化》(北京：北京大学出版社，2009)。

钱谷融主编:《现代作家国外游记选》(上海：上海文艺出版社，1983)。

钱鹤编:《南洋华侨学校之调查与统计》(上海：暨南大学南洋文化部，1930)。

饶宗颐主编:《新加坡古事记》(香港：香港中文大学出版社，1994)。

宋旺相:《新加坡华人百年史》(新加坡：新加坡中华总商会，1993)。

释宝慈编著:《极乐寺志》(槟城：极乐寺，1923)。

松村金著，刘士木译:《日本之南生命线》(中南文化协会，1935)。

苏东中学:《苏东中学史迹》(苏东：苏东牧校友会，2008)。

孙叔季编注:《世界游记选》(上海：亚细亚书局，1934)。

陶文鹏、韦凤娟主编:《灵境诗心——中国古代山水诗史》(南京：凤凰出版社，2004)。

藤山雷太著，冯攸译:《南洋丛谈》(上海：商务印书馆，1930)。

田子渝、任武雄、李良明:《恽代英传》(武汉：湖北人民出版社，1984)。

王大海:《海岛逸志》，见王锡祺编:《小方壶斋舆地丛钞 14》(上海：著易堂，1891）。

王国璎：《中国山水诗研究》（台北：联经出版事业公司，1986）。

王赓武：《中国与海外华人》（台北：台湾商务印书馆，1994）。

王慷鼎：《新加坡华文日报社论研究，1945—1959》（新加坡：新加坡国立大学中文系汉学研究中心，1995）。

王润华：《华文后殖民文学：中国，东南亚的个案研究》（上海：学林出版社，2001）。

王锡祺编：《小方壶斋舆地丛钞》（上海：著易堂，1891）。

王锡祺编：《小方壶斋舆地丛钞附补编》（上海：著易堂，1894）。

王锡祺编：《小方壶斋舆地丛钞补编，再补编》（上海：著易堂，1897）。

王志成、刘虎如：《南洋风土见闻录》（上海：商务印书馆，1931）。

邬翰芳：《菲律宾考察记》（上海：商务印书馆，1929）。

吴凤斌：《契约华工史》（南昌：江西人民出版社，1998）。

吴庆棠：《新加坡华文报业与中国》（上海：上海社会科学院出版社，1997）。

吴元华：《务实的决策：人民行动党与政府的华文政策研究，1954—1965》（新加坡：联邦出版社，1999）。

夏菁：《欲望与思考之旅：中国现代作家的南洋与英美游记研究》（台湾：文史哲出版社，2010）。

《现代中国人看世界》丛书（长沙：湖南人民出版社，1985）。

向达：《新加坡的赖佛尔博物馆及图书馆》（槟榔屿：出版社不详，1935）。

萧驰：《佛法与诗境》（北京：中华书局，2005）。

萧驰:《中国抒情传统》(台北：允辰文化股份有限公司，1999)。

小尾郊一著，邵毅平译:《中国文学中所表现的自然与自然观》(上海：上海古籍出版社，1989，原著作于1962)。

徐艰奋:《铁笔春秋：马来西亚〈益群报〉风云录》(新加坡：新社，2003)。

许瀚:《南洋丛谈》(杭州：现代书局，1937)。

许杰:《椰子与榴莲》(上海：现代书局，1931)。

杨进发:《战前星华社会结构与领导层初探》(新加坡：新加坡南洋学会，1977)。

杨松年:《〈槟城新报〉文艺副刊与早期马华文学》(新加坡：新加坡青年书局，2010)。

杨松年:《战前新马文学本地意识的形成与发展》(新加坡：新加坡国立大学中文系，2001)。

杨松年、王慷鼎编:《东南亚华人文学与文化》(新加坡：新加坡亚洲研究学会,1995)。

姚祝萱编:《国外游记汇刊》(上海：中华书局，1924)。

于凌波:《中国近现代佛教人物志》(北京：宗教文化出版社，1995)。

余定邦、黄重言编:《中国古籍中有关新加坡马来西亚资料汇编》(北京：中华书局，2002)。

曾少聪:《东洋航路移民：明清海洋移民台湾与菲律宾的比较》(南昌：江西高校出版社，1998)。

詹道玉:《战后初期的新加坡华文戏剧》(新加坡：新加坡国立大学中文系，2001)。

张正藩:《近六十年来南洋华侨教育史》(台北：“中央”文物供应

社，1964）。

张锦忠:《马华文学与文化属性》（台北：麦田出版社，2003）。

张锦忠、黄锦树、庄华兴编:《回到马来亚：华马小说七十年》（雪兰莪：大将出版社，2008）。

张泉林等编:《暨南校史资料选辑第一辑（1906—1949）》（广州：暨南大学华侨研究所，1983）。

章尚正:《中国山水文学研究》（上海：学林出版社，1997）。

张少宽:《槟榔屿华人史话》（吉隆坡：燧人氏事业有限公司，2002）。

张煜南:《海国公余辑录卷一》（广州：出版地不详，1898，2005年重印）。

招观海:《天南游记》（上海：暨南大学，1936年）。

赵永良:《无锡名人辞典》（南京：南京大学出版社，1989）。

郑德宝编撰:《极乐寺》（槟城：出版社不详，1971）。

郑良树:《马来西亚、新加坡华人文化史论丛》（卷二）（新加坡：新加坡南洋学会，1986）。

郑良树:《马来西亚华文教育发展简史》（新山：南方学院出版社，2005）。

郑一省:《多重网络的渗透与扩张：海外华侨华人与闽粤侨乡互动关系研究》（北京：世界知识出版社，2006）。

郑逸梅:《南社丛谈》（上海：上海出版社，1981年）。

郑子健:《南洋三月记》（香港：中华书局，1933）。

钟怡雯:《马华文学史与浪漫传统》（台北：万卷楼图书股份有限公司，2009）。

钟怡雯:《亚洲华文散文的中国图像1949—1999》（台北：万卷楼

图书有限公司，2001）。

周聿峨:《东南亚华文教育》（广州：暨南大学出版社，1996）。

朱德发主编:《中国现代纪游文学史》（山东：山东友谊书社，1990）。

庄国土:《当代华商网络与华人移民——起源、兴起与发展》（台北：稻乡出版社，2005）。

庄华兴:《国家文学，宰制与回应》（吉隆坡：雪隆兴安会馆、大将出版社联合出版，2006）。

中文论文、篇章

爱德华·索亚:《重描城市空间的地理性历史——〈后大都市〉第一部分导论》，见包亚明编:《后大都市与文化研究》（上海：上海教育出版社，2005）。

《本坡学生第三次回国就学记》，载《叻报》1911 年 2 月 14 日。

蔡世英:《暨南大学杂忆》，见张泉林等编:《暨南校史资料选辑第一辑（1906—1949）》（广州：暨南大学华侨研究所，1983）。

陈剑虹:《槟榔屿广福宫史话》，见《槟榔屿广福宫庆祝建庙 188 周年暨观音菩萨出游纪念特刊》（槟城：槟榔屿广福宫，1988）。

陈丽仁:《二十世纪初期新加坡华文教育的发展》（新加坡：新加坡国立大学中文系荣誉学士学位论文，1988）。

陈艳云:《日据时期台湾总督府对南洋种养业的调查与日本南进政策》，载《求索》，2010 年。

陈志明:《华裔族群、语言、文化与认同》，载《广西民族学院学报（哲学社会科学版）》，第 21 卷第 4 期，1999。

高维廉:《黄公度先生就任新加坡总领事考》，见郑子瑜:《人境庐丛考》(新加坡：商务印书馆，1959)。

《广州民国日报》，1930年9月11日。

黄锦树:《过客诗人的南洋色彩赘论——以康有为等为例》，见《海洋文化2007国际学术研讨会会议论文》(台湾，2007)。

黄贤强:《槟城的娼妓与华人社会》，见黄贤强:《跨域史学：近代中国与南洋华人研究的新视野》(厦门：厦门大学出版社，2008)。

黄贤强:《客籍领事梁碧如与槟城华人社会的帮权政治》，见徐正光编:《第四届国际客家学研讨会论文集：历史与社会经济》(台北：中研院民族学研究所，2000)。

黄贤强:《马来亚华人社会改革者与中国现代医学先驱：伍连德博士的祖国认同》，见张启雄编:《时代变局与海外华人的族国认同》(台北：海外华人研究学会，2005)。

黄贤强:《南洋归来知识分子与晚清国家与社会——以辜鸿铭、李登辉和伍连德为例》，见中国社科院近代史研究所政治史研究室等编:《晚清国家与社会》(北京：社会科学文献出版社，2007年)。

黄贤强:《移民、检疫、殖民社会：英国殖民政府、中国总领事和新加坡华人》，见夏诚华编:《新世纪的海外华人变貌》(台湾新竹市：玄奘大学海外华人研究中心，2009年5月)。

黄贤强:《张煜南与槟榔屿华人文化和社会图像的建构》，见邱昌泰、萧新煌主编:《客家族群与在地社会：台湾与全球的经验》(台北：中大出版中心智胜文化事业，2007)。

《叻地义学亟宜创设说》，载《叻报》1890年6月27日。

李金生:《一个南洋，各自界说:"南洋"概念的历史演变》，载《亚洲文化》，第30期，2006年6月。

李志:《“侨民意识”与“本地意识”——文学传播学视角下的早期南洋华文文学意识之辨析》，载《南洋学报》，第63卷，2009年12月。

梁德坤:《暨南大学历史沿革简介》，见张泉林等编:《暨南校史资料选辑第一辑（1906—1949）》（广州：暨南大学华侨研究所，1983）。

梁英明:《多元文化社会是历史的选择——论东南亚华人文化认同问题》，见梁英明:《融合与发展》（香港：南岛出版社，1999）。

梁元生:《凝观与反照：十九世纪八十年代星沪之间两本游记的解读》，见梁元生:《新加坡华人社会史论》（新加坡：新加坡国立大学中文系、八方文化创作室，2005）。

廖建裕:《华人与“南洋文化”》，见廖建裕:《东南亚与华人族群研究》（新加坡：新加坡青年书局，2008）。

廖文辉:《战前西方东南亚学研究溯源》，载《南洋学报》，第63卷，2009。

林文庆:《今日远东的观感》，转引自宋旺相:《新加坡华人百年史》（新加坡：新加坡中华总商会，1993）。

南治国:《中国现代小说中的南洋之旅》（新加坡：新加坡国立大学中文系博士学位论文，2005）。

史富强:《论柬埔寨民族起源及扶南王国的产生与发展》，载《河南大学学报（社会科学版）》，第6期，2002。

王国平:《南洋游记三则》，载《东南亚》，第2期，1997。

Washington Irving著，陈心纯译:《海程》，载陈光甫、赵君豪主编:《旅行杂志》，第3期，1929。

吴叡人:《认同的重量:〈想象的共同体〉导读》，见班纳迪克·安德森著，吴叡人译:《想象的共同体》（台北：时报文化出版企业股份有限公司，1999）。

徐云:《中国大陆华侨华人研究的文献计量分析报告》，载《华侨华人历史研究》，2004年12月。

许云樵:《50年来的南洋研究》，见刘问渠主编:《这半个世纪（1910—1960）:〈光华日报〉金禧纪念增刊》（槟城：光华日报社，1960）。

颜清湟:《新马华人社会的阶级结构与社会流动（1800—1911）》，见颜清湟:《海外华人史研究》（新加坡：新加坡亚洲研究学会，1992）。

颜清湟:《清朝鬻官制度与星马华族领导层》，见颜清湟:《海外华人史研究》（新加坡：新加坡亚洲研究学会，1992）。

杨明康:《从〈真腊风土记〉看古代柬埔寨与云南少数民族佛教乐舞》，载《南京艺术学院学报》，第3期，2009。

杨宜音:《文化认同的独立性和动力性：以马来西亚华人文化认同的演进与创新为例》，见《海外华族研究论集第三卷：文化、教育与认同》（台湾：华侨协会总会，2002）。

宰平:《西贡》，见孙季叔编注:《世界游记选》（上海：亚细亚书局，1934）。

张少宽:《槟城极乐寺的石刻》，见《槟榔屿华人史话》（吉隆坡：燧人氏事业有限公司，2002）。

张少宽:《一百年前的印尼华裔荷官及其于槟城之活动》，见苏庆华主编:《庆贺傅吾康教授八秩晋六荣庆学术论文集》（吉隆坡：马来亚大学中文系毕业生协会，2000）。

张煜南:《乘槎日记》，见张煜南:《海国公余辑录卷一》（广州：出版地不详，1898，2005年重印）。

《照会琼海关税务司查照办理出洋护照式样》，见广东省档案馆、广州华侨志编委会、广州华侨研究会、广州师范学院合编:《华侨与侨务史料选编（广东）》（广州：广东人民出版社，1991）。

赵君豪:《王云五先生访问记》，载《旅行杂志》，第 11 卷第 1 期，1937。

赵正平:《南洋之定义》，载《中国与南洋》，第 1 期，1918。

赵正平:《中华民国之前途》，载《中国与南洋》，第 1 期，1918。

郑海麟:《黄遵宪与新、马华侨》，载《文史知识》，第 3 期，2006。

朱双一:《南洋游记 · 逃难记 · 狱中记——若干值得注意的早期东南亚文学作品》，载《世界华文文学论坛》，第 2 期，2002。

英文著作

Bastin, John, compiled, Travellers' Singapore：An Anthology，Kuala Lumpur& New York：Oxford University Press, 1994.

Buckley, Charles Burton，An Anecdotal History of Old Time in Singapore, 1819-1867，Singapore：Oxford University Press, 1984, new ed.

Cavakkaro, Dani, Critical and Cultural Theory Thematic Variations, London：The Athlone Press, 2001.

Chia, Felix, The Babas, Singapore：Times Books International , 1980.

Coughlin, Richard J., Double Identity：The Chinese in Modern Thailand, Hong Kong：Hong Kong University Press, 1960.

DeBernardi, Jean Elizabeth, Penang：Rites of Belonging in a Malaysian Chinese Community, Singapore：NUS Press, 2009.

Doraisamy T.R. (eds.), 150 Years of Education in Singapore, Singapore：TTC Publications Board, Teachers Training College,1969.

Fogel, Joshua A., The Literature of Travel in the Japanese Rediscovery of China, 1862-1945, Stanford, Calif : Stanford University Press, 1996.

Furnivall, John Sydenham, Colonial Policy and Practice : A Comparative Study of Burma and Netherland India, New York : New York University Press,1956.

Godley, Michael R., Overseas Chinese Enterprise in the Modernization of China 1893-1911, London : Cambridge University Press,1981.

Haddon, Alfred C., Head-hunters : Black, white and brown, London : Methuen,1901.

Heidhues, M.F.S., Southeast Asia's Chinese Minorities, Hong Kong : Longman, 1974.

Holzman, Donald, Landscape Appreciation in Ancient and Early Medieval China : The Birth of Landscape Poetry : Six Lectures Given at National Tsing Hua University, February-March 1995, Hsin-Chu, Taiwan : Program for Research of Intellectual-Cultural History, College of Humanities and Social Sciences, National Tsing Hua University, 1996.

Journal of the Straits Branch of the Royal Asiatic Society, Vaduz, Kraus Reprint, June 1882.

Jurgen, Rudolph, Reconstructing Identities : A Social History of the Babas in Singapore, Aldershot, Bookfield USA : Ashgate, 1998.

Keith, Watson, Educational Development in South-East Asia : An Historical and Comparative Analysis of the Growth of Education in Thailand, Malaya and Singapore, Doctoral Thesis of school of education of the University of Reading, 1973.

Kenley, David, New Culture in a New World : The May Fourth Movement and the Chinese Diaspora in Singapore, 1919-1932, New York :

Routledge, 2003.

Lee Ting Hui, Chinese Schools in British Malaya : Policies and Politics, Singapore : South Seas Society, 2006.

Lefebvre, Henri, The Production of Space, Translated by Donald Nicholson-Smith, Oxford : Blackwell,1991.

Lim Boon Keng, Song Ong Siang, The Straits Chinese Magazine, Singapore, 1897-1907.

Liu, Gretchen, One Hundred Years of the National Museum : Singapore 1887-1987, Singapore : National Museum Singapore 1987.

Low, Karen, The Management of Identity : A Case Study of The National Museum of Singapore, Academic exercise—Dept. of Sociology, Faculty of Arts & Social Sciences, National University of Singapore, 1994.

Nye, Joseph S. Jr, The Paradox of American Power, Why The World's Only Superpower Can't Go It Alone, New York : Oxford University Press, 2002.

Nye, Joseph S. Jr, Soft Power : The Means to Success, New York, Public Affairs, 2004.

Ong, Aihwa, Flexible Citizenship : The Cultural Logics of Transnationality, Durham, NC : Duke University Press,1999.

Pratt, Mary Louise, Imperial Eyes : Travel Writing and Transculturation, London, Routledge,1992.

Raffles Museum and Library Annual Report, Singapore.

Reid, Antony., Southeast Asia in the Age of Commerce 1450-1680, New Haven : Yale University Press, 1988-1993.Vol.1.

Rajamogan, The National Museum in Historical Perspective 1874-1981,

Honors Thesis of Department of History of NUS. 1987.

Schick, Irvin Cemil, The Erotic Margin : Sexuality and Spatiality in Alteritist Discourse, London : Verso,1999.

Soja, Edward W., Thirdspace : Journeys to Los Angeles and Other Real-and-Imagined Places, Cambridge, Mass : Blackwell, 1996.

Tan Cheng Lock, Malayan Problems from a Chinese Point of View, Singapore : Tannsco,1947.

Teng Jinhua, Emma, Taiwan's Imagined Geography Chinese Colonial Travel Writing and Pictures,1683-1895, Cambridge, Mass : Harvard University Asia Center : Distributed by Harvard University Press, 2004.

Trevor, William, George Miller (eds.), Education in South-East Asia, Sydney : Novak. 1968.

Weintraub, Andrew N., Power Plays : Wayang Golek Puppet Theater of West Java, Ohio University Press, 2004.

Wiens, H.J., China's March into the Tropics, Washington, D.C : The Office of Navy Research, U.S. Navy, 1952.

Wright, Arnold, H.A. Cartwright (eds.), Twentieth Century Impressions of British Malaya, London, Duban, Colombo, Perth(W.A), Singapore, Hong Kong, and Shanghai : Lloyd's Greater Britain Publishing Company, 1908.

Wong Choon San, Kek Lok Si Temple of Paradise, Singapore : Malaysian Sociological Research Institute, 1963.

Yeoh, Brenda S.A., Contesting Space in Colonial Singapore : Power Relations and the Urban Built Environment, Singapore : Singapore University Press, 2003. 2nd ed.

英文文章

"Alleged Grievances of the Chinese", in The Strait Chinese Magazine, Vol.1, 1897.

Clifford, James, "Travelling Cultures", in Cultural Studies, edited by Lawrence Grossberg, Cary Nelson and Paula A. Treichler, New York : Routledge, 1992.

Hall, Stuart, "Cultural Identity and Diaspora", Jonathan Rahterford(ed.), Identity : Community, Culture, Difference, London : Lawrence & Wishmart, 2000.

Hanitsch, R., "Raffles Library and Museum, Singapore", Walter Makepeace et al. (eds.), One Hundred Years of Singapore, London : John Murray, Albemarle Street, W. 1931.

Historicus (Lim Boon Keng), "Reflections on Biblical Teaching and Christian Practice", in The Straits Chinese Magazine, Vol.5, No.19, Sept, 1901.

Khair, Tabish, "African and Asian Travel Texts in the Light of Europe : An Introduction", Tabish Khair et al.(eds.), Other Routes. UK : Single Books Limited, 2006.

Kuhn, Philip A., "Why China Historians Should Study the Chinese Diaspora, and Vice-versa", in Journal of Chinese Overseas, Vol 2, No.2, 2006.

Lee Chor Lin, "The National Museum of Singapore in Its 120th Year : Disconnecting and reconnecting with the People", Loh Heng Noi, Teh Eng Eng(ed.), Making Museums Matter : A Post Symposium Publication,

Singapore : National Heritage Board, 2008.

Lim Joo Hock, "Chinese Female Immigration into the Straits Settlements, 1860-1901" , in Journal of South Seas Society, Vol.22， No.1&2， 1967.

Mail Edition, Straits Echo, 20th January, 1905.

Makepeace, Walter, "A Review of the Forty Years' Work of the Society" , in Journal of the Straits Branch of the Royal Asiatic Society.78 : X-XVI, 1918.

Ooi Can-Seng, "Dialogic Heritage : Time, space and visions of the National Museum of Singapore" , Teo Peggy (eds.), Interconnected Worlds : Tourism in Southeast Asia, Oxford & New York : Pergamon, 2001.

Ooi Can-Seng, "Orientalist Imaginations and Touristification of Museums : Experiences from Singapore" , Copenhagen : Copenhagen Business School, 2005.

Skinner, G.W., "Chinese and Persistence in Chinese Overseas : A Comparison of Thailand and Java" , in Journal of the South Seas Society. Vol.16, No.1-2(1960).

Tan Chee Beng, "The study of Chinese Religions in Southeast Asia : Some Views" , Southeast Asian Chinese : The Socio-Cultural Dimension. edited by Leo Suryadinata, Singapore : Times Academic Press,1995.

Wee, Vivienne, Chan Yuk Wah, "Ethnicity and Capital : Changing Relations between China and Southeast Asia" , in Journal of Contemporary Asia. Vol.36, Issue3, 2006.

Wolter， O.W., "Restudying Some Chinese Writings on Sriwijaya" , in Indonesia. Vol.42,Oct.1986.

Wu Xiao' an, "A Prominent Chinese Towkay from the Periphery :

The Choong Family", Yeoh Seng Guan et al.(eds.), Penang and Its Region, Singapore : NUS Press, 2009.

网络资料

"中国护照的发展历史"，http : //gothenburg.china-consulate.org/chn/lszj/zjzs/t215854.htm（2011年11月20日）。

Yearbook of Statistic Singapore, 2011. http : //www.singstat.gov.sg/stats/themes/people/demo.html（2011年11月25日）.

莱佛士博物馆（现新加坡国家博物馆）照片，http : //www.pifamo.com/productsinfo.php?ClassID=HIC14374503IE80&id=403.

附录一：《海峡华人杂志》各卷目录（1897—1907年共11卷）

1897年第1卷目录
（见正文）

1898年第2卷目录：

TABLE OF CONTENTS PAGE

LITERATURE

LOCAL POLITICS

MISCELLANEOUS

MUSIC

PERSONALIA

PHILOSOPHY AND PSYCHOLOGY

PUBLIC HEALTH

REVIEWS

1899 年第 3 卷目录：

TABLE OF CONTENTS PAGE

1900 年第 4 卷目录：

TABLE OF CONTENTS PAGE

PHYSIOLOGY

PSYCHOLOGY

PUBLIC HEALTH

RELIGION AND MORALS

REVIEWS

1901 年第 5 卷目录：

TABLE OF CONTENTS　PAGE

HISTORY AND POLITICS

LITERATURE

LOCAL HISTORY AND POLITICS

PERSONALIA

SOCIETIES

SOCIOLOGY

TRAVEL

VERSES

1902 年第 6 卷目录：

INDEX

1903 年第 7 卷目录：

INDEX

1904年第8卷目录：

INDEX

1905年第9卷目录：

INDEX

1906 年第 10 卷目录：

INDEX

1907 年第 11 卷目录[1]：

TABLE OF CONTENTS PAGE

[1] 新加坡图书馆的缩微胶卷缺 1907 年第 11 卷的目录，笔者根据杂志内容整理以下目录。

附录二：*Straits Chinese Annual*[1]（1909年）杂志目录

TABLE OF CONTENTS PAGE

---

[1] *Straits Chinese Annual* 是继 *Straits Chinese Magazine* 停刊后出的一份杂志。宋旺相为其主编。根据这份杂志引言可知，杂志的订户有 200 人，但杂志印刷了 1500 份，主要依托的出版单位是新加坡华人女子学校。

Mr. Low Kway Soo, a well-known self-made Straits Chinese artist, sent his eight pages of illustrations, sketches and caricatures to the first Straits Chinese *Annual.*（根据引言）